U0945424

DANGDAI SHIJIE SICHAO LISHI ZHUTI TANJIU

马克思主义研究丛书

当代世界思潮历史主题探究

DANGDAI SHIJIE SICHAO LISHI ZHUTI TANJIU

韩海涛◎著

中国人民大学出版社

·北京·

◆ 马克思主义研究丛书编委会

总　序

马克思主义是我们立党立国的根本指导思想，是我们认识世界、改造世界的强大理论武器。当前，国际形势正在发生深刻复杂的变化，我国改革发展进入新的关键阶段。时代变迁呼唤理论创新，实践发展推动理论创新。我们正逢马克思主义理论发展的一个大好时机。

从国际来看，马克思主义研究正处于热潮阶段。尽管苏东剧变后，国外有许多人在鼓吹“告别马克思”“抛弃马克思”等论调，但也有不少有识之士在研究马克思，主张“走近马克思”、“重读马克思”、“回到马克思”、“反思马克思”、以新的理论成果“超越马克思”。国际范围内有关马克思主义的理论研讨会在世界各地频繁召开，会议规模越来越大，会议形式越来越灵活，参会人数越来越多，研讨领域越来越宽，讨论问题越来越深入，研究成果越来越丰富。尤其是 2008 年国际金融危机爆发以后，国际范围内涌动着一股研究马克思的热潮。这一切说明，“马克思是对的”，马克思主义的历史并没有终结，马克思主义的影响并没有消除，马克思主义的生机并没有停止。马克思主义仍然是人们认识世界、改造世界的强大思想武器。

从国内来看，中央正在实施的马克思主义理论研究和建设工程处在承前启后、继往开来、与时俱进的重要时期。马克思主义中国化理论成果的形成和发展，为加强马克思主义理论研究和建设指明了正确方向，积累了宝贵经验，奠定了扎实的理论基础；建设中国特色社会主义的伟大实践，为马克思主义理论研究提供了坚实的实践基础；加强党的执政能力建设、推进决策科学化民主化，为理论工作提供了广阔舞台；全党全社会的关心和支持，为理论工作创造了良好的社会环境；马克思主义理论一级学科的设立，为马克思主义理论研究提供了良好的平台；全面建设小康社会，推进中国特色社会主义事业进一步发展，对马克思主义理论研究提出了新的要求。

为了推进马克思主义理论研究，中国人民大学马克思主义学院和中国特色社会主义理论体系研究中心，编写了这套“马克思主义研究丛书”。编写出版这套丛书，只有一个目的，就是回应时代变迁提出的新挑战，抓住实践发展提出的新课题，加强对马克思主义的研究，展示我们在马克思主义基础理论研究和中国化马克思主义理论研究方面的最新成果，为推进马克思主义中国化、时代化和大众化，为推进马克思主义理论学科建设，为着力培养造就一支宏大的、高素质的马克思主义理论队伍作出我们应有的贡献。

马克思主义是与时俱进、不断发展的理论，所以我们希望这套丛书能够伴随着马克思主义的不断发展，一直出版下去，最后真正成为一套名副其实的“丛书”；马克思主义是开放包容、博采众长的理论，所以我们希望，这套丛书的作者队伍不断扩大，能够进入此套丛书的著作越来越多；马克思主义是十分严肃的科学，是颠扑不破的真理，所以我们也希望进入此套丛书的著作质量越来越高。

本套丛书的出版，得到了中国人民大学“211 工程”和“985 工程”的资金支持，首次进入丛书的著作，大都属于“211 工程”科研项目——“马克思主义在当代的发展与创新”和“985 工程”科研项目“马克思主义基础理论研究”的最终研究成果。

本套丛书的出版，也得到了中国人民大学出版社的大力支持。中国人民大学出版社社长贺耀敏先生非常关注此书的编写出版事宜。中国人民大学出版社政治与公共管理分社社长郭晓明先生，以及丛书的每位责任编辑，都为丛书的出版付出了艰辛的劳动。在此，一并表示感谢。

编写出版此套丛书，对于我们来说，只是一个初步尝试。为了使丛书编得更好，恳请读者提出宝贵意见。

中国人民大学马克思主义学院

2011 年 11 月

序　言

进入 21 世纪以来，在世界多极化和经济全球化的推动下，国际社会思潮纷纭多变，直接引起社会变迁的事件时有发生；互联网的兴起和普及，使社会思潮及社会舆论传播的速度更快，对社会产生的影响更加直接，世界变局之大，百年未有。世界历史处在转折的时刻，世界社会思潮此起彼伏，思潮的激荡作为时代的先导，预示着历史发展的走向，提出了新的时代课题，呼唤着新的理论。坚定新时代中国特色社会主义发展定力，站在加快构建中国特色哲学社会科学学科体系、学术体系、话语体系的高度，深入研究 21 世纪世界社会思潮的流变，对强化前瞻性研究、战略性预判具有重要的理论与现实意义。

一、问题的缘起

当今世界，社会思潮风起云涌，当世界进入全球化时代，围绕社会发展重大问题而产生的世界思潮是当代重要的社会现象。

（一）世界思潮不是装在麻袋里一个个各不相干的马铃薯

思潮不是孤立存在的，社会思潮存在于历史趋势中，有各种相互作用的矛盾形成思潮消长起伏的主线，有决定其兴衰的社会发展主脉络和主体，亦有促其发声的主题。从社会思潮发展规律看，其是社会发展到一定阶段的产物，是各种社会历史条件共同作用的结果，这些各不相同的条件共同构成了思潮发生的现实环境。思潮存在于整个社会系统中，社会存在决定社会意识，社会存在的主流或历史趋势决定着思潮的产生，历史的主线决定了思潮的兴起与衰落。在每一时代都有各种不同思潮的相互激荡，思潮的消长与观点的交锋总是与一定历史发展阶段的主要课题密切相关，并围绕着社会发展进程的主线运动，对社会主要问题和课题做出回答与选择，形成历史的合力，或推动，或干扰，或改变社会发展的进程。

（二）世界历史发展的主线决定世界思潮面临共同的问题

历史发展的主线，即社会历史的主要矛盾在社会发展进程中的相互作用。历史发展的主线决定了各种思潮的演变、发展。思潮有大有小，有涨有落，有新兴有复兴，有积极有消极，有的绵延不绝，有的陷于沉寂；其根本原因在于这些思潮的存在与发展、流变与兴衰都与社会问题直接相关。对社会重大问题的回答，是思潮发展的内在动因，也是思潮彼此激荡、相互促进的条件。抓住各种思潮对社会重大问题的回应及其所产生碰撞的这条主线，不仅可以把握社会思潮演进规律以及各种思潮之间的内在联系，更重要的是可以透过社会思潮这一当代重要的社会现象，把握历史走向。

（三）对历史主题的不同认识凸显了世界思潮的兴衰规律

任何社会矛盾和社会课题的产生、暴露都是一个过程，人类对它的捕捉和认识也需要实践。这一过程反映在认识层面，一是思潮对社会主要问题的认识各有各的角度、各有各的重点，也各有各的先后以及主从，有些思潮因是时代的先声而引人注目，有些思潮因不能回答时代课题而销声匿迹；二是思潮对共同问题的回答随时代发展和社会需求而变化。通过追踪思潮的发展过程，有助于进一步认识与把握社会思潮对历史总过程和总脉络中的主要问题的认识水平、实践能力。因此，对世界思潮的研究需要对历史深层的整体把握。

遵循历史的主流与主线，对当代世界思潮的主动脉进行主题研究，是本书在社会思潮研究方法上的创新。

二、本书的结构

（一）本书的逻辑进路

本书的核心：深入当代世界历史的深层脉络，力求通过对当代世界思潮的主题研究，阐释当代世界思潮发展的重要规律。思潮不仅是当代世界历史发展进程的重要社会现象，而且是影响历史发展的重要力量，是当今人类社会面临共同的问题，围绕着历史主题寻求解决方法的结果。为了充分论证当代世界思潮是围绕着我们这个时代历史主题的社会意识活动，本书分为六章，包括总论和分论两大部分，以展现本书整体的思路，阐明酝酿多年的学术观点。

1. 总论

第一章：涉及问题的基本概念和研究状况。对社会思潮的基本含义及特征、国内外社会思潮的研究现状以及当代世界思潮的内涵及其转向等相关基本理论进行界定与阐述。当代世界思潮流变不仅反映着当代世界重大的社会变动，而且是全球化时代重要的社会现象。针对目前国内外对社会思潮的研究现状，从马克思主义视域看，对当代世界产生重大影响的思潮的研究，都不能不触及、不能不回答当代世界所面临的共同主题，进而引出本书的主要研究对象，把握世界思潮所反映的历史主题。

第二章：世界思潮是当代世界重要的社会现象。当代世界思潮是指20世纪70年代以后特别是进入21世纪以来，具有世界影响力的社会思潮。一方面，它是在世界多极化和经济全球化趋势的推动下，对时代精神的折射和社会矛盾的反映，也是在全球化历史进程中，发达国家与发展中国家、西方国家与东方国家以及不同国家、不同民族、不同发展程度的社会群体所面临的共同问题、共同的社会心理和社会矛盾的集中体现；另一方面，它受不同意识形态特征的核心理论和思想体系影响，有着社会舆论广阔而多样化的平台，使社会热点和共同的问题在世界各地广泛传播，在不同社会群体中引起强烈的反响与回应，甚至在一些国家直接引发社会动荡。

第三章：当代世界思潮所蕴含的历史主题及其构成。集中阐述历史主题在当代世界思潮中展现的三大主题的本质特征，既反映历史深层的内在演进需求，又通过现实矛盾的表层回应时代之问。这是全书的理论归旨，即对本书立论的核心概念进行基本界定，对当代世界思潮的三大主题的历史向度展开初步阐释。通过阐释三大主题的内涵以及三大主题与当代世界思潮历史主题的关系，在历史发展深处洞察当代世界思潮的主题转向与未来发展的趋势。

2. 分论

第四章、第五章、第六章是分论。在展现了当代世界思潮总体的发展阶段和发展态势的基础上，对当代世界思潮主题的三大表现形式展开具体研究，深入当代世界思潮的流变，在历史深层中展现时代主题、实践主题（发展主题）和理论主题三大主题的相互交织、相互呼应、相互激荡，以及整体作用于历史主题演进的规律。

第四章：具体揭示当代世界思潮的时代主题。时代主题是由时代的基本矛盾和主要矛盾之间的变化决定的，当主要矛盾发生变化时，时代发生变化，时代主题也发生转换，这种转换对当代世界思潮的流变有着深刻的影响。顺应时代的需要，有些思潮越来越引人注目；不顺应时代的发展，有些思潮便过时了。究其原因，是能否适应时代的变化与要求，能否阐释时代的新变化、解答时代的新问题。

第五章：具体揭示当代世界思潮的实践问题，即当代世界现代化进程的矛盾与当代世界思潮的聚焦。发展是当代世界最核心的问题，是当代人类社会面临的共同现实问题、共同实践问题。本章结合时代主题的转换展示当代世界思潮在发展问题上的回应与选择：现代化在人类历史发展中第一次成为世界共同面临的问题。

第六章：具体揭示当代世界思潮的前沿性理论主题。通过当代世界最新发展所出现的全球化趋势和全球化思潮，透见全球化时代引发的世界性思考，在逆全球化思潮逐渐泛滥的横流中，站在向何处去的十字路口，世界进入全球化时代已经是一个不争的事实，全球化引发当代世界思潮的百家争鸣，有肯定的，有否定的；有怀疑的，有引领的。但全球化问题无疑是当代世界发展所遭遇的重大理论课题，对全球化问题的回答预示着 21 世纪人类社会对未来的选择。

本书所主张的历史是纵向历史与横向社会的结合，在历史大背景下，在当今世界大舞台上，研究当代世界思潮历史主题及其表现形式：时代主题、实践主题和理论主题。时代主题是基础，实践主题是关键，理论主题是焦点，三者共同构成人类社会对历史主题的顺应、认知与选择。

（二）本书的创新性

本书既吸收了目前国内外思潮研究和社会科学各学科研究的新进展，也针对思潮研究中存在的不足和长期以来存在的问题与局限，力求在社会思潮基本理论的研究方面有所突破和创新，开辟研究的新视角、新领域。

1. 尝试性地探索对当代世界思潮历史主题的研究

提出三大主题的含义、特征与内容，力求初步建构对思潮认识系统的理论框架。在时代主题、实践主题（发展主题）和理论主题的历史归旨中透见当代世界思潮历史主题的深刻内涵。

2. 围绕三大主题对当代世界思潮进行初步的梳理

通过对时代主题、实践主题（发展主题）和理论主题的提炼与梳理，将历史主题的理论架构与思潮的具体实际相结合，深化对当代世界思潮的认识与把握。其中，对时代主题的新变化、发展主题的新趋势，以及全球化引发的理论新课题等方面都有创新性的阐释。

3. 本书是一个长期积累的课题

导师许征帆先生曾经说，社会思潮不是装在麻袋里一个个各不相干的马铃薯，社会思潮研究也不是乱哄哄的杂货铺。从世界历史发展出发进行整体研究，才能透过纷繁复杂的社会思潮流变，深层次地把握世界历史的发展趋势。许先生认为，“我们现在所处的时代是世界从资本主义向社会主义过渡的时代”，“这个大时代相当于社会制度交替期的时间跨度。这样的大时代当然是漫长的，而在这一时代中存在着不同的时期，每一时期由于历史条件的不同，可能会有不同的主题，但从大时代本身来说，它的主旋律则是一贯的”①。以先生的思想为指导，本书在多年的社会思潮理论与流派研究中，力争在社会思潮的研究方式和方法上有所突破。

4. 围绕社会“主轴”进行研究

许征帆先生主张“揭开历史之谜，揭开资本主义制度之谜，揭开无产阶级之谜，回答人类历史向何处去、资本主义向何处去、无产阶级向何处去等时代主题，是马克思主义的生长点”②。因此，社会思潮在其流变中有一以贯之的主旋律。对社会思潮的深入研究，需要研究方法上的创新。立足于现实，通过世界思潮所透见的社会重大问题进行研究，“从问题出发”就是从实践出发，从现实出发，才能找到正确理解历史的“钥匙”。本书主张对当代世界思潮的研究要把历史唯物主义方法贯穿到底，通过对世界思潮的客观性、历史性和特殊性的认识，把握各类世界思潮的本质与核心。

---

① 刘建军. 许征帆学术思想简述. 高校理论战线，2001（11）：41.

② 同①37.

三、历史主题的研究方法

历史主题的研究方法首先见于中国近现代历史的研究，毛泽东曾经把中国革命与中国建设分为一个历史主题的上下两篇文章，胡绳在对鸦片战争以来的中国历史研究中提出了历史主题的研究方法。对历史主题的认识与把握也是中国共产党历史发展与实践探索的主题和主线，成为其历史活动的主要轨迹和脉络，是认识中国现代历史主流与本质的重要方法。到目前为止，这一研究方法在不断深入，中国共产党对历史主题的认识已经从“二结构说”发展到“三结构说”，将整个世界的发展与中国历史主题的解决联系起来。由此可见，历史主题的研究方法是客观的：历史主题产生于历史的趋势、历史的需求，研究世界思潮变化的规律，首先要着手研究世界思潮对历史主题的反映。

（一）历史主题的研究对象

将世界作为一个整体性研究，是对当代世界历史发展趋势的反映。马克思在19世纪就以其惊人的洞察力注意到这一趋势，并用“历史向世界历史的转变”的命题加以表述。历史向世界历史的转变是在生产力较为发展的基础上人类交往普遍化的产物，它伴随着资本主义大工业的确立而形成。马克思指出：资本主义“首次开创了世界历史，因为它使每个文明国家以及这些国家中的每一个人的需要的满足都依赖于整个世界，因为它消灭了各国以往自然形成的闭关自守的状态”①。世界形成一个统一的整体，任何民族或国家的发展都不可避免地受到它的影响。因此，对当代世界思潮的主题研究，就不能不以世界历史为其研究单位，沿着主要矛盾运动的历史主线，分析世界历史发展趋势中的总体方向与主要问题和人类面临的历史任务。

（二）历史主题的内在结构

历史主题是指过去的、现在的以及预判未来的人类活动及其产物所集中体现和构成的人类社会的方向问题以及关于其发展方向亟待解决的重大问题。它是主体的人在一定时期的社会历史活动中围绕着主要问题或中心形成的一种活动的产物，是人类社会实践活动基本矛盾的产物，是当下人类社会活动和实践突出的中心问题与主要问题；同时当下的实

---

① 马克思，恩格斯．马克思恩格斯文集：第1卷．北京：人民出版社，2009：566.

践和科学的发展又为解决这一问题提供了现实可能性。历史主题涵盖了三个方面：历史趋势中的时代主题、现实发展中的实践主题，以及人类探索中的理论主题。

（三）历史主题的研究方法

研究世界思潮的主题，需要社会与历史研究相结合，过去、现在和未来研究相结合。历史主题是历史发展的中轴，是当代人类社会发展的历史必然，是当代世界思潮交汇的主旋律，也是当代世界思潮产生与发展的本质属性。从历史主题的角度研究当代世界思潮，就要抓住这些思潮最主要的特征，抓住决定这些思潮消长变化的根本原因。因此，从社会历史发展看时代的主题，再透过时代看清历史的走向以及现实的问题，通过这个核心主线，对各种各样的世界思潮，以及各种世界思潮的此消彼长的关系与规律，有一个整体的、系统的、全面的把握。

目　录

第一章　当代世界思潮的内涵与流变

当代世界思潮是一种复杂的世界性群体意识，是直接反映社会热点的思想流向，是不同地域、不同民族、不同国家的人们社会心理的集中体现，是一系列理论观念、思想学说的特殊载体，也是各种力量支撑的社会舆论议题设置的焦点。当代世界思潮是当代世界社会发展、时代变化、历史走向的精神折射，是历史主题在当代的精神体现。

第一节　社会思潮的基本含义及特征

社会思潮的产生、发展、流变和影响是当代引人注目的社会现象。在经济全球化和世界多极化趋势的推动下，世界思潮作为社会思潮发展的新形式和新阶段，是当代历史变迁的产物，是不同国家、地区、民族以及不同发展程度的社会群体所面临的共同问题、共同的社会心理和社会矛盾的反映，是通过具有一定核心的理论内容和思想体系对全球社会热点和共同问题的回应与选择，并在世界各地得到了广泛传播，引起了强烈的反响。

一、社会思潮的基本定义

什么是社会思潮是一个基本理论问题，需要坚持马克思主义的唯物史观，对它的基本概念进行界定与讨论，全面认识、深入把握它的内涵。一般而言，社会思潮是代表一定阶级、阶层、社会团体、集体，甚至一定民族利益的社会意识形式或现象，它反映一定的社会主题，有较为系统的理论思想和与之相配合的社会心理支撑，是能够对社会产生广泛影响的思想潮流和运动。社会思潮纷纭激荡、复杂多样，是人类精神世界或思想领域一种特殊的现象。思想是行动的先导，社会思潮不仅是对现实运动的反映，而且将反作用于人们的实践活动，给人们的日常生活带来重大影响。

（一）关于社会思潮定义的纷争

中国近代以来的学者就开始重视社会思潮，并敏锐观察到社会思潮正在成为中国社会发展中的重要现象。早在20世纪初，一代思想大师梁启超就有言："今之恒言，曰'时代思潮'。此其语最妙于形容。凡文化发展之国，其国民于一时期中，因环境之变迁，与夫心理之感召，不期而思想之进路，同趋于一方向，于是相与呼应汹涌，如潮然。始焉其势甚微，几莫之觉；寖假而涨——涨——涨，而达于满度；过时焉则落，以渐至于衰熄。"① 梁启超对"时代思潮"的阐述指出了社会思潮的三个要素：反映环境变化、顺应心理感召、契合思想进路。改革开放以来，理论界对社会思潮概念的界定很多，比较有代表性的界定如下：

1. 社会思潮"阶级、阶层利益说"

有观点认为，社会思潮是在一定社会发展阶段或历史时期反映一定阶级、阶层利益、诉求的思想动态、倾向和潮流。其中，社会思潮的主体定义在阶级和阶层的范围，凡社会思潮就要看其代表的阶级或阶层及其利益。例如，《辞海》对"社会思潮"的定义是：（1）某一历史时期内反映一定阶级或阶层利益和要求的思想倾向；（2）涌现出来的思想感情②。也有观点指认："具体地说，一般是指在一定时期内，反映某一阶级、阶层或集团的利益和要求，在某一国家社会生活中广泛传播，对社会生活产生某种程度影响的思想趋势或思想潮流。"③ 此类观点强调社会思潮是以"阶级"为主体，以"利益"为核心，以"传播"为主线，以对社会生活产生影响为标志的思想潮流。

---

① 梁启超．清代学术概论．上海：上海古籍出版社，2019：1.

② 辞海．上海：上海辞书出版社，1979.

③ 张晓红．加强对当代中国社会思潮的研究．湖北社会科学，2005（12）：5-8.

2. 社会思潮“思想感情、心理潮流说”

持有这种观点的学者认为：“社会思潮就是一定社会时期内，与国家主导或核心意识形态不尽相同的、具有一定规模人群比较趋同的思想观念、价值取向或社会心态、大众心理。”① 比如，见诸民间舆论、流行读物、网络论坛、网络媒介等，表现为流行的思想倾向以及大众心理，这类观点强调社会思潮是以所谓大众心理、情感潮流为内涵，与国家主流意识形态相对立的思潮。

3. 社会思潮是社会意识的“综合说”

该派观点认为社会思潮是社会意识的综合表现形式。比如，早期对社会思潮重新定义的王锐生主张，“社会思潮就其本质来说，是物质的经济关系，人们生存的社会条件以思想观点和情绪等形式在社会一部分人的意识之中的反映”②。物质经济基础决定社会思潮的产生和发展，对社会思潮的内容、流变等有着本质的影响。处于大致相同或相似的物质经济地位或生存条件的人们产生的思想观点、社会情绪等将自然而然地汇聚成反映这类人群体利益的社会思潮。梅荣政等人认为，“社会思潮是以一定的社会心理为基础，以相应的社会意识形态为理论核心，在一定历史时期具有相当影响的社会意识的活动形态”③。与此类似，《中国大百科全书》哲学卷这样解释社会思潮：“社会思潮有时表现为由一定理论形态的思想作主导，有时又表现为特定环境中人们的社会心理，是社会意识的综合的表现形式。”④ 这类观点强调社会思潮是思想理论与社会心理相结合的社会意识。

在社会思潮研究领域，“综合说”的提出引发了对社会意识分层界定的社会思潮“中介说”的出现。该观点将社会意识划分为社会心理、社会思潮和思想体系三个层次，三者既有区别又有联系，而社会思潮在其中处于中介地位。这种观点认为，“不能把社会思潮简单地归结为社会心理和思想体系，它本身具有相对独立性，有着比社会心理较多的理论意识，而比思想体系较多的日常意识，因而社会思潮是社会意识发展

① 张博颖．以社会主义核心价值体系引领当代社会思潮．伦理学研究，2007（4）：1－4.

② 王锐生．社会思潮初探．东岳论丛，1981（3）：31－37.

③ 梅荣政，王炳权．论社会思潮总体性研究中的几个问题．思想·理论·教育，2005（19）：36－40.

④ 中国大百科全书：哲学卷 II．北京：中国大百科全书出版社，1987：7651.

链条中的一个环节。是社会意识系统中的一个认识层次”①。无论是“综合说”还是“中介说”，二者对社会思潮的定义都强调其结构由社会思想体系与社会心理构成，即便作为中介的社会思潮也时而以一定的理论体系为主导，时而受大众心理所驱动，是社会意识的客观存在。

4. 社会思潮“时代说”

这种观点认为社会思潮与现实问题紧密联系，与时代发展密切相关。当时代提出新的问题和新的发展诉求时，社会思潮才会应运而生。比如，当时代处在大动荡、大变革时期，当社会处在转型和发展的重要时刻，人们必定会为社会谋求更多更好的发展路径而提出各种理论主张，由此汇聚成具有一定影响力的社会思潮。陈立思明确指出：“思潮的产生，必定是为了回答和解决时代的重大问题，如社会的出路、国家民族的前途、兴邦救国的方略等等。”② 对此，林泰进一步阐释了“社会思潮时代说”③ 的定义。他认为，“反映社会变革发展道路诉求”是对社会思潮本质特征的概括，也是界定社会思潮概念不可忽视的重要着眼点。

5. 社会思潮“非主流意识形态说”

这种观点认为社会思潮“是介于社会思想与主流意识形态之间的思想意识，是非主流意识形态”④。把社会思潮与主流意识形态相对立是目前理论界比较流行的观点，也是值得商榷的定义。在无产阶级占统治地位的国家中，马克思主义是主流的意识形态，在主流的意识形态中依然存在与主流意识形态相向而行的社会思潮，也存在反向而行的社会思潮；从世界历史视野看，在社会主义国家是主流意识形态的社会思潮，在资本主义体系的国家中就是非主流意识形态。因此，社会思潮反映的物质生产方式、其所代表的阶级利益以及是否反映时代的主题才是界定社会思潮的根本标准。

（二）关于社会思潮定义的要素辨析

理论界对社会思潮概念界定非常多样（包括“阶级、阶层利益说”“思想感情、心理潮流说”“综合说”“时代说”“非主流意识形态说”

---

① 肖锦全．论社会思潮作为社会意识一个层次的构想．现代哲学，1997（1）：45-49．

② 陈立思．社会思潮与青年教育．北京：北京大学出版社，2011：8．

③ 林泰，本刊记者．关于社会思潮研究的几个基本理论问题：访清华大学马克思主义学院林泰教授．思想理论教育导刊，2016（5）：35-41．

④ 胡巧雅，王伟平．改革开放40年来社会思潮变迁对政治文化的同质与解构．思想教育研究，2019（9）：70．

等)，且各有侧重，为全面把握社会思潮的定义提供了学术资源供给。虽然学者对社会思潮做出了不同的界定，但他们都普遍承认社会思潮是社会意识存在这一事实。在承认这一事实的前提下，结合理论界已有的研究成果，本书认为界定社会思潮应当着重把握以下五个基本要素：

1. 社会思潮是社会存在与时代精神的折射

社会思潮是社会存在的产物，社会客观环境决定社会思潮的形成和演变，一定的时代流行一定的社会思潮；反之，社会思潮的流行也反映着时代的新需求和社会的新变化。从历史唯物主义出发，社会思潮是时代必然性的产物，与特定的历史条件下一定的生产方式和人们的社会生活条件相联系，是时代精神的体现。在资本主义与社会主义并存发展的时代，在新科技革命推动下进入全球化迅猛发展的时代，在世界历史处在百年未有之大变局时刻，深刻认识时代的变迁和社会历史发展的走向，才能科学认识世界思潮的流变。正如习近平在哲学社会科学工作座谈会上谈马克思主义的生命力和重大影响力时，引用当代西方思想家的著作和观点，指出："美国学者海尔布隆纳在他的著作《马克思主义：赞成与反对》中表示，要探索人类社会发展前景，必须向马克思求教，人类社会至今仍然生活在马克思所阐明的发展规律之中。"①

2. 社会思潮代表一定的民族、阶级、阶层的利益

社会思潮的主体可以代表占统治地位意识形态的阶级、阶层利益，也会反映非主流意识形态的阶级、阶层利益。在马克思主义的学说中，物质生产是人类社会存在和发展的基础，一定的社会和国家的性质由某种性质的物质生产所决定并以其为基础而存在和发展。反映占统治地位物质生产方式的社会思潮必然是居于主导地位的思潮。在与诸多社会思潮斗争的过程中，无论社会制度怎样变迁，社会思潮如何此消彼长，总有一种社会思潮由物质生产方式决定，从而居于主导地位。马克思、恩格斯在《共产党宣言》中指出："任何一个时代的统治思想始终都不过是统治阶级的思想。"② 作为社会意识的表现形式，社会思潮在社会意识形态结构中具有特殊地位和作用。社会意识形态的形成和巩固，离不开社会思潮的作用与反作用。因此，透过社会思潮的纷争，要抓住该思潮所代表的阶级、阶层、民族的根本利益以及自觉与非自觉的反映和诉

① 习近平．习近平谈治国理政：第2卷．北京：外文出版社，2017：329.

② 马克思，恩格斯．马克思恩格斯文集：第2卷．北京：人民出版社，2009：51.

求。马克思主义坚持阶级分析的方法，一定阶级有着共同利益诉求、价值取向和理想目标，具有由共同经济地位决定的政治倾向的一致性、由共同生活方式塑造的心理情感的共鸣性、由共同历史命运影响的理想信念的聚合性。因此，社会思潮“阶级诉求说”的主体要看其是代表统治阶级的诉求，还是代表被统治阶级的诉求，其客观存在着根本利益的冲突，代表着不同的社会历史发展方向。与主流社会意识形态有着相同诉求的社会思潮丰富了主流社会意识形态，而诉求不同、取向不一致的社会思潮，或与主流意识形态存在较大差异，或与其背道而驰，对主流意识形态具有明显的抵抗和冲击，易使主流意识形态发生反向改变。所以，辨别社会思潮所代表的阶级、阶层利益以及所代表的意识形态是不容忽视的要素。

3. 社会思潮聚焦于特定的社会问题或时代主题

社会思潮是社会晴雨表，反映一定时代的特定面貌、主体诉求以及有待解决的问题。这些问题都会聚焦一定的主题，围绕着社会发展根本问题形成的思想引领与社会心理回应，是社会思潮起源的根本。在社会科学和理论研究中，主题一般被认为是尚待研究和解决的课题、问题。比如，我们通常讲哲学的主题、理论的主题，面对新问题，我们会重新思考主题所反映的根本性的理论问题。主题一般被理解为人的主观活动，但主观活动是因问题的出现而进行的理论活动，显然就不可能是单纯的主观活动。它既是客观世界的社会产物，也是主观活动的表现。主题作为人类实践活动的核心，不仅是社会的，同时也是历史的。历史主题是历史所赋予时代的重大的、主要的问题，是关于一个社会的发展与方向的问题。当代世界思潮的历史主题是由当代世界历史发展决定的，时代的选择、社会的发展、未来的走向这些重大的历史主题成为当代社会思潮关注的焦点，是各种思潮的核心内容。

4. 社会思潮是社会意识的一种综合表现形式，是社会心理和理论意识的统一

社会思潮有其独特的内在结构。把握社会思潮的基本要素，不能忽视理论的先导与潜在作用，也不能忽视对社会心理的变迁与回应的研究。社会思潮体现了社会意识结构内部各层次由低到高的运行过程，它既具有理论形态，又具有心理形态。社会心理由一定生产方式、生活方式所决定，包括人们的认知、情感、情绪、意识、情绪、愿望、要求、

习惯、道德、审美等，在社会意识结构中居于基础层次。社会思潮既可以自发地在一定社会心理的基础上产生，又可以自觉地在一定思想体系的引导下形成。社会思潮以一定理论体系为载体，既可以在科学理论体系引导、培育和塑造下成为积极的、推动社会进步的社会思潮，也可能在错误理论体系的影响下成为消极的、阻碍社会发展的社会思潮。

5. 社会思潮是具有广泛“影响与作用”的思想流变

社会思潮作为社会存在的产物，应时代而生，反映时代的主题，代表一定社会主体的诉求，作为与社会心理相结合的思想意识潮流必然会反作用于社会历史的发展。在历史唯物主义的视野中，一定的社会思潮不仅由一定的社会存在所决定，并且社会思潮可以能动地反作用于一定的社会存在。正确反映社会存在的社会思潮是先进的、科学的社会思潮，能够促进一定领域社会存在的发展。相反，错误反映社会存在的社会思潮是退步的，对社会存在起着阻碍的作用。例如，1848 年《共产党宣言》诞生后，马克思主义作为一种新兴的、有着强大生命力和影响力的社会思潮，在指导工人运动的过程中，推动着无产阶级革命事业的进步，展现出自己独特的历史作用。恩格斯后来在《共产党宣言》的 1892 年波兰文版序言中指出，根据《共产党宣言》在一国的发行数量这一社会现象，可以准确地判断该国工人运动的发展状况以及该国大工业发展的程度。社会思潮之所以能成为一种“思潮”，是因为它总要在或大或小、或深或广的领域、范围内为一定的社会群体所掌握和认同，因此它比一般的理论和思想更具有广泛性、群众性，更具有影响力和作用力。

由上可知，社会思潮是在一定的时代，代表一定的社会主体利益，呼应现实的课题，获得一定的思想理论体系支撑，反映一定的社会心理需求，得到广泛传播，对社会产生一定影响的思想流变。社会思潮不仅是当代世界的重要社会现象，而且是影响历史发展的重要力量；思潮的此起彼伏、相互激荡的深层原因是当代世界社会基本矛盾运动的结果。因此，对社会思潮的定义不能简单化理解。

（三）关于社会思潮的意识形态性质辨析

当前，我国理论界对社会思潮与意识形态的关系的理解存在分歧。

1. 把意识形态与社会思潮等同

有一种观点把意识形态等同于一般性的社会思潮。比如，马立诚的

《当代中国八种社会思潮》把邓小平理论当作一种社会思潮，其他社会思潮包括老左派思潮、新左派思潮、民主社会主义思潮、自由主义思潮、民族主义思潮、民粹主义思潮和新儒家思潮[①]。作者有意通过对社会思潮的模糊定义，论证中国特色社会主义思想存在两种不同的方向和“改革观”。显然，作者忽视了社会思潮反映不同意识形态的性质，将处于占统治地位、指导思想的意识形态在中国社会所呈现的正确、积极、进步的社会思潮与处于非主流意识形态指导下的错误、消极、落后乃至反动的社会思潮混为一体，模糊了社会思潮在意识形态根本地位中的明确界线。

2. 把社会思潮与意识形态对立

这类观点认为，“把邓小平理论由党和国家全部理论和实践活动的根本指导思想降为一般社会思潮”是“同中国共产党作为当代中国执政党用以立党立国指导思想的性质地位和作用不可同日而语”[②]。那么，中国特色社会主义思想体系，包括马克思主义是不是社会思潮呢？是不是把马克思主义视作社会思潮就降低了马克思主义在当代世界历史中的地位呢？意识形态与社会思潮之间存在对立关系吗？这里，涉及如何对社会思潮进行定义的问题。作为占统治地位的思想体系也有反映其社会心理大众需求的社会思潮形态。

3. 科学认识社会思潮与意识形态的关系

马克思主义历来重视研究社会思潮。《共产党宣言》是马克思主义辨析社会思潮方法论的经典著作，从科学社会主义作为新思潮取代反动的旧思潮的理论逻辑，从上升为统治阶级意识形态的历史逻辑，以及批判资产阶级文化与错误思潮的现实逻辑，揭示了马克思主义作为一种社会思潮演进的逻辑进路。

代表无产阶级思想的马克思主义首先是一种社会思潮，马克思在1843年致阿尔诺德·卢格的信中曾写道：“然而，新思潮的优点又恰恰在于我们不想教条地预期未来，而只是想通过批判旧世界发现新世界。”[③] 马克思、恩格斯确认他们的思想是一种“新思潮”，是一种改造

① 马立诚. 当代中国八种社会思潮. 北京：社会科学文献出版社，2012.

② 梅荣政，白显良. 中国特色社会主义与新自由主义：评析《当代中国八种社会思潮》. 马克思主义研究，2013（10）：6.

③ 马克思，恩格斯. 马克思恩格斯文集：第10卷. 北京：人民出版社，2009：7.

世界的新思潮。列宁在谈到马克思学说的历史命运时也曾指出："在第一个时期的开头，马克思学说决不是占统治地位的。它不过是无数社会主义派别或思潮中的一个而已。"① 马克思主义在其形成和发展的过程中最初是作为一种社会思潮而存在的，处于思潮的理论诞生阶段。"共产主义已经被欧洲的一切势力公认为一种势力"②，标志着科学社会主义已经成为无产阶级运动的理论，不仅具有了社会思潮的理论硬核，还具有了社会思潮的主体力量以及共产党的领导力量。马克思主义思潮演进为第二种类型——社会思潮与社会运动的结合期，科学社会主义成为反映无产阶级以及人类历史主体的科学理论，成为具有广泛社会动员力的社会思潮。在科学社会主义的指导下，无产阶级成为阶级，建立无产阶级政党，推翻资产阶级的统治，建立社会主义制度，马克思主义思潮必然演进到第三种类型——社会思潮和社会制度的结合期，科学社会主义成为代表无产阶级的占统治地位的社会意识形态时期。

由此可见，社会思潮作为社会意识的存在形式，在历史演进中有思潮、运动和制度三大阶段，呈现以理论为核心的思潮、以理论与社会运动相结合的思潮，以及与社会制度相结合的思潮等三种类型；也有着不占统治地位和占统治地位的政权变化阶段所表现的与主流意识形态同向而行的社会思潮和作为非主流意识形态影响的对立的社会思潮的两种场域。作为区分社会思潮性质的标准是其所代表的物质生产方式以及相应的阶级利益。在社会主义社会，由于"共产主义的物质产品的占有方式和生产方式"③ 带来根本性变革，"精神产品的占有和生产方面"即思想文化领域也必然发生根本变革，作为统治阶级的无产阶级面临着科学社会主义意识形态建构的艰巨任务，在社会思潮领域必然面临着如何扩大社会主义意识形态主阵地的现实，以马克思主义意识形态指导社会思潮同向而行是社会主义建设不可忽视的重要领域。

由于社会思潮在社会意识形态结构中的特殊场域和作用，主流社会意识形态的巩固，离不开社会思潮的助力，在社会主义意识形态的思想理论体系中，爱国主义、集体主义、新时代中国特色社会主义都要成为社会思潮的主流形态，让马克思主义无产阶级政党的先进思想体系通过

---

① 列宁．列宁选集：第 2 卷．3 版修订版．北京：人民出版社，2012：305.

② 马克思，恩格斯．马克思恩格斯文集：第 2 卷．北京：人民出版社，2009：30.

③ 同②48.

理论守正创新的主阵地，不断得到越来越广泛的传播，涵盖越来越多的社会阶层与社会群体，通过教育、引导和启发，促进全社会达成思想共识，这是社会思潮多种形式不可缺少的转化环节。比如，“绿水青山就是金山银山”的“两山论”是习近平总书记立足于马克思主义的唯物史观，应对新时代经济社会发展的强烈呼唤，回答了正确处理经济发展与环境保护关系的重大课题，找到了解决工业文明进程出现重大问题的一把钥匙，是新时代中国特色社会主义的理论创新。它通俗而形象的理论表达深得人心，迅速带来“美丽中国”的建设热潮，中国在治理环境污染方面取得的成就为世界所瞩目。2015 年，习近平主席在出席气候变化巴黎大会开幕式时为全球气候治理提出的“中国方案”获得了外媒的盛赞。在 2019 年创新经济论坛上，麻省理工学院教授约翰·斯特曼表示，作为世界第二大经济体，中国在深入参与全球环境治理、应对气候变化方面将发挥越来越重要的作用。由此可见，应对全球性气候问题的“中国方案”已成为引领世界、具有世界影响的社会思潮。

二、社会思潮的基本特征

在社会意识诸要素中，社会思潮是最活跃、最敏感、变动性最大的要素。社会思潮活跃在社会心理和思想体系之间，社会思潮是时代发展的“晴雨表”。归结起来，社会思潮的特征具体表现在以下几个方面。

（一）社会思潮是一种复杂的群体意识

社会思潮是在一定程度上反映人群集合体的社会意识，既包括以群体存在的主体的自我意识和主体与社会客体的关系的意识，也包括主体与虚拟主体的关系意识，这表现为一定的社会群体的共同愿望和要求。从主体层面看，社会思潮可以跨越多种群体，跨越民族、国家，甚至阶级；从它的反映对象看，社会思潮是多层面社会生活和复杂社会环境交互的产物，是多种群体意识相互交错、相互渗透的结果。例如，反映某个群体政治要求的思潮，可能引发不同群体的反响和呼应；反映全球性问题的生态思潮，则综合反映了当代全球化发展中不同国家、不同民族、不同发展程度的社会群体在面临共同问题时所产生的反应。社会思潮的这种复杂性使得一种社会思潮既反映着一定社会群体经济、政治状况和利益要求，也客观地表现了当今社会问题全球化的特征。正是社会思潮所具有的社会历史的广度和深度，决定了社会思潮的群体性和复杂性，因社会共识而引发社会运动，使得思想认同正在取代利益认同的观点流行，深刻地反映了社会思潮群体意识的复杂性。

（二）社会思潮是对社会热点的直接反映

正如黑格尔所说，存在就是合理。任何一种社会意识都是对社会存在或正确、或错误的反映，其形成与社会基本矛盾密切相关，根植于一定的社会经济制度、政治制度和文化制度。作为社会意识的集中和重要表现，社会思潮是社会热点的直接反映。社会错综复杂的矛盾往往成为社会群体普遍关心的热点。大众从中捕捉与自己密切相关的信息，满足自己的心理需求并试图由此做出选择或进行心理宣泄；政治家们从这些群体性热点中获得社会的最新讯息，对社会发展形势做出预判，探寻社会改革的方案；思想家们从这些社会聚焦中把握时代脉搏，凝聚时代精华，提出体现时代精神的思想和学说。社会热点通常由某个事件引发，并在社会生活中自发形成，在多种社会矛盾的交叉点上出现并得到传播。因此，反映社会热点的社会思潮会与时代共振，是社会变化的“晴雨表”，它提供社会变化、发展走向的信息和预兆。

（三）社会思潮是社会心理的集中交汇

社会思潮体现了社会意识结构内部各层次的运行过程，这一过程由低到高，由简单到复杂，是一个双向互动的过程。它既具有理论形态、舆论形态，又具有心理形态。社会心理对社会生活的反映是直接的，是未经理论加工和系统概括的意识；舆论是经媒介和渠道传播对一定议题代表公众的意见表达，而思想体系是在社会心理的基础上进行加工、概括而成的。布哈林认为社会心理和思想体系的区别就在于其系统化的程度。社会心理是思想体系的贮水池，思想体系是社会心理的结晶体①。社会心理、社会风气在社会上流行，逐渐凝聚和扩散，达到一定的浓度和广度，从而引起思想家的重视，经过理论思维提炼概括，形成表达具有共同倾向的社会心理和思想体系的交汇，就会演进为影响力更大的社会思潮。思想体系并不必然成为社会思潮的一部分，只有通过对社会心理的把握、凝聚、升华以及系统表达，在一定时期内迅速形成和传播，

① 布哈林. 历史唯物主义理论. 北京：人民出版社，1983.

才能形成对社会生活产生影响的社会思潮。

（四）社会思潮是一定理论观念的特殊载体

社会思潮往往以一定的理论形态或思想形态为主导，或自发或自觉地形成，既可以在社会心理的基础上自然而然地产生，又可以在思想体系的有意识引导下起势，在舆论的推动下流变。一方面，经过社会思潮提炼、凝聚的社会心理能够升华为思想体系的科学表达；另一方面，思想体系通过社会思潮的灌输和传播，扩大了自己的影响力和可接受性，从而在更大范围内扩展，普及为群众性的社会心理，最终通过群众性活动转化为社会实践。这样，社会思潮就成了一定理论体系、学说、观念的特殊载体。这种作为载体的社会思潮用理性征服人心，总要在一定领域、范围、时空内为一定阶层或团体所认同和接受，具有某种程度的广泛性和群众性。在理论体系的引导下形成的社会思潮具有不同的发展方向，科学的理论能够培育出积极的社会思潮；反之，错误的理论则导致消极社会思潮的形成和发展。

（五）社会思潮具有意识形态性质

从马克思主义视域看，社会意识由社会心理和社会意识形式构成。在阶级社会中，社会意识诸形式依据它们是否直接反映社会经济形态和政治制度，又可分为意识形态和非意识形态。意识形态作为系统地、自觉地、直接地反映社会经济形态和政治制度的思想体系，反映着人们的经济地位和经济利益以及人们的社会价值取向和历史选择。每个社会基本经济与政治制度决定其占统治地位的意识形态。社会思潮作为特殊的社会意识形式和社会心理，在社会经济形态演进的大时代中，在不同的、具体的时代和历史条件作用下，是活跃于社会心理和社会意识形态之中的一种社会思想潮流。社会思潮具有意识形态性质，如同每个社会的统治阶级的意识形态都是占统治地位的意识形态，它集中反映该社会的经济基础，表现出该社会的思想特征，每个社会占统治地位的意识形态的各意识形式亦会形成占主流地位的社会思潮。当然，每个社会的意识形态都是复杂的，往往存在三种不同的意识形态思想体系，社会思潮也分为三种意识形态类型：或维护占统治地位的经济制度和政治制度以及占统治地位意识形态；或反映已经或正在消亡的旧经济制度和政治制度的意识形态；或反映现存社会里孕育着的新社会因素，以及新的经济制度和政治制度服务的意识形态。

（六）社会思潮是社会发展合力交互作用的精神纽带

正如恩格斯 1890 年在《致约·布洛赫》的信中所指出的："各个人的意志——其中的每一个都希望得到他的体质和外部的、归根到底是经济的情况（或是他个人的，或是一般社会性的）使他向往的东西——虽然都达不到自己的愿望，而是融合为一个总的平均数，一个总的合力，然而从这一事实中决不应作出结论说，这些意志等于零。相反，每个意志都对合力有所贡献，因而是包括在这个合力里面的。"① 历史发展的总合力是经济的、政治的、思想的、意志的，乃至习惯传统、社会心理等因素交互作用的结果。社会演变及向前发展是社会内部各种因素相互作用的结果。社会意识是社会发展中的精神动力，它直接或间接地反作用于社会生产方式。在各种社会因素交互作用的过程中，物质行动力与精神行动力的相互转化、相互促进尤为重要。社会意识内部的社会心理、社会思潮、理论体系等社会意识形式不仅在某一基本层次内部相互作用，而且还直接或间接地影响其他层次。在社会意识诸形式中，社会思潮是最活跃、最敏感、变动性最大的形式，社会思潮活跃在社会心理和思想体系之中，同上层建筑有较为密切的联系，或巩固意识形态，或瓦解意识形态。在各种社会因素相互作用演变成合力，推动社会发展的过程中，社会思潮是社会发展、时代变化的精神折射，起着特殊的精神纽带作用。

第二节　社会思潮的研究现状

作为一种客观的社会现象，国内外理论界从不同角度对社会思潮进行了比较广泛的研究。进入 21 世纪，世界社会思潮风起云涌，已经成为不可忽视的全球性现象，对社会思潮研究的热度、广度和深度显著增强。

一、社会思潮的国内研究情况

改革开放以来，社会思潮的消长起伏成为当代中国的时代特征，引

① 马克思，恩格斯．马克思恩格斯文集：第 10 卷．北京：人民出版社，2009：593.

发了国内学术界对社会思潮不同层次的研究。归结起来，国内学者侧重于以下几个方面的研究：

（一）以学术分类对思潮研究的一般模式

对社会思潮进行学理类研究是最为基础的研究，即以社会思潮为对象，研究社会思潮的概念界定、内容构成、类型划分、特征归纳、历史进程等。主要学术成果有：王霁等的《马克思主义与当代社会思潮》（中国人民大学出版社，1995），吴成的《社会思潮研究》（河南人民出版社，2007），邓卓明的《社会思潮专题研究》（中国社会科学出版社，2012）等。在此基础上，学者们还进一步将社会思潮按照哲学、政治、经济、文化、历史、社会、生态等学科分类，着眼于对思潮流派的静态研究。包括刘福森的《马克思哲学的历史转向与西方形而上学的终结》（北京师范大学出版社，2017），李民琪、张耀祖、许准、齐昊的《资本的终结：21 世纪大众政治经济学》（中国人民大学出版社，2016），郇庆治主编的《当代西方绿色左翼政治理论》（北京大学出版社，2011）等。这种研究模式有助于对知识的积累，对研究对象的深入探索。

（二）以社会舆论对思潮研究的特殊模式

这种研究通常是围绕当时、当下的社会问题、学术问题、社会事件的社会舆论，研究社会思潮特别是社会心理的走向。其研究成果主要有：王君玲的《网络社会的民间表达：样态、思潮及动因》（暨南大学出版社，2013），郑苏淮、林彬、秦红梅的《亚审美：一种新社会思潮》（江西人民出版社，2013），卜建华、王群林的《社会心理学视阈下的网络民族主义研究》（江西人民出版社，2017），魏小萍、陈学明的《当代主要社会思潮的动态研究与批判》（中国社会科学出版社，2018），周晓恒的《人工智能：开启颠覆性智能时代》（台海出版社，2018）等。这种研究模式的特点是在一定时期凸显新思潮的产生和影响，通常紧紧抓住当时、当地的热门话题，对社会思潮热点进行研究。

（三）按照不同国家（地区）的思潮国际研究模式

对社会思潮区分为国内思潮、国外思潮、西方思潮、东方思潮等进行研究，对不同国别、不同文化背景下的思潮进行梳理。主要研究成果有：段忠桥等的《当代国外社会思潮》（中国人民大学出版社，2003），马德普的《当代西方政治思潮》（中国人民大学出版社，2012），徐世澄的《当代拉丁美洲的社会主义思潮与实践》（社会科学文献出版社，2012），朱汉国等的《当代中国社会思潮研究》（北京师范大学出版社，2012），王铁铮的《全球化与当代中东社会思潮》（人民出版社，2013），李慎明的《世界社会主义和左翼思潮：现状与发展趋势》（社会科学文献出版社，2014），郭丽双的《当代俄罗斯社会思潮研究》（人民出版社，2018），洪晓楠的《当代西方社会思潮研究》（人民出版社，2018）等。可见，我国自改革开放以来此类研究著作颇丰，对社会思潮的研究起了很大的推动作用，也引起了较强的社会反响。

（四）社会思潮与意识形态对立的研究模式

主要是在国内社会思潮的研究领域，将社会思潮与社会意识形态对立起来，从主流思想的负面相关角度入手，认为社会思潮与社会意识形态、主流思想相背离或相对立，并对社会舆论的形成、政策的制定等产生影响。这种研究认为，社会思潮与国际、国内的形势变化密切相关，且会受主流意识形态的影响。当主流意识形态引领加强，影响范围广，程度深时，不良社会思潮就会受到一定程度上的抵制和削弱。目前，此种研究在国内影响突出。例如，人民论坛对国内外社会思潮的新动向、新趋势的持续研究。人民论坛问卷调查中心建构的“社会思潮动态监测指数”，从关注度、活跃度与影响力三个主要指标①监测评价社会思潮的变化，筛选出国内外值得关注的十大社会思潮并对其进行排序，借此对重大社会思潮的演变趋势进行分析、研究和预测，并提出应对策略。2019 年初，人民论坛问卷调查中心公布了 2018 国际重大思潮演变趋势研判，认为 2018 年全球政治经济发展饱受负面思潮干扰，逆全球化思潮在以美国为首的西方国家持续发酵并扩大影响，多元思潮综合体“特朗普主义”强势发展，以贸易保护主义、单边主义、民粹主义、极端主义等为代表的负面思潮的影响力不断扩大，对全球化政治、经济等的发展造成了不利影响。根据关注指数和影响指数，最值得关注的国际十大思潮分别为：贸易保护主义、民粹主义、单边主义、排外主义、极端主义、新自由主义、生态主义、种族主义、女性主义、普世价值论。这种研究模式在本质上是舆情研究，而非社会思潮研究。这种舆情调查有助于我们了解国内外社会思潮动向，但该调查主要着眼于对错误思潮关注度的统计，在一定程度上忽视了对与社会意识形态和主流思

① 在这三个指标中，“关注度”指“学界及公众对某思潮的关注程度”，“活跃度”指“思潮参与讨论交锋的活跃程度”，“影响力”指“思潮核心观点对舆论与政策的影响程度”。

想相契合的社会思潮的关注。

（五）社会思潮对策性研究模式

针对国内社会思潮的流行进行对策性研究是广泛而多样的，从文化、价值观、社会心理等层面，探讨以马克思主义、社会主义核心价值观引领社会思潮的思路、方式、路径或基本原则；从社会思潮影响的主体对象出发，探讨一定主体抵制错误思潮影响、形成正确价值观的方法；从社会思潮传播手段、路径等出发，探讨社会思潮传播的路径优化等。这种对策性研究试图构建起一个符合主流意识形态的社会思潮回应与引领机制，从而加强思想政治教育，增强主流思想的社会影响力，维护国家意识形态安全。主要成果有：梅荣政的《用马克思主义引领社会思潮》（武汉大学出版社，2008），佘双好等的《当代社会思潮对高校师生的影响及对策研究》（中央编译出版社，2012），李建华的《多元文化时代的价值引领——社会主义核心价值体系建设与社会思潮有效引领研究》（人民出版社，2012），张骥等的《马克思主义意识形态引领多样化社会思潮若干问题研究》（人民出版社，2013），艾四林、王明初的《社会主义主流意识形态与当今中国社会思潮》（人民出版社，2014），陈伟军的《社会思潮传播与核心价值引领》（人民出版社，2015），卜建华的《当前社会思潮的传播与维护国家意识形态安全研究》（江西人民出版社，2015），陈勇的《社会主义核心价值体系引领社会思潮的方式和途径研究》（中国社会科学出版社，2016），邓卓明的《改革开放以来中国共产党引领社会思潮研究》（人民出版社，2017）等。自党的十八大正式提出培育和践行社会主义核心价值观以来，结合核心价值观引领进行的社会思潮研究着眼于价值观传播、道德教育、思想政治教育、意识形态安全等方面，提出了通过高校教育、大众媒体宣传、文化建设、主流意识形态引导等多种措施和对策，对提升核心价值观引领的覆盖面、有效性具有重要意义。

二、社会思潮的国外研究动向

国外理论界也非常重视对各类社会思潮的研究。当代国外思潮在全球化趋势的推动下，作为时代精神的折射和社会现实的反映，在当代全球化发展中不同国家、不同民族、不同发展程度的社会群体所面临的共同问题、共同的社会心理和社会主要矛盾的推动下，呈现出纷纭多变的趋势，社会思潮的全球化也更加激烈涌动。国外理论界主要是应对时代变化，社会科学的探究主题出现转向，反映着社会思潮流变的新动向。

（一）哲学思潮的研究

国外学者重视从新的角度回应当代重大问题的理论热点：关注当代人类面临的现实问题，对人类自身以及人性的深入探讨，特别表现出对道德和伦理问题的关注，由此引发了政治哲学在当代的复兴。更多的哲学家把研究的重心转移到与社会现实紧密相关的公平与正义等问题的讨论上来，科技发展的成就与前景推动了哲学对人类本质的重新思考。例如，美国哲学家、法学家罗纳德·德沃金的《刺猬的正义》（周望、徐宗立译，中国政法大学出版社，2016），加拿大哲学家凯·尼尔森的《平等与自由：捍卫激进平等主义》（傅强译，中国人民大学出版社，2015），美国哲学家托马斯·内格尔的《平等与偏倚性》（谭安奎译，商务印书馆，2016），美国政治学家和道德哲学家玛莎·C. 纳斯鲍姆的《正义的前沿》（陈文娟、谢惠媛、朱慧玲译，中国人民大学出版社，2016）等。21 世纪国外哲学正义主题流变表明其一方面致力于从传统哲学中寻找理论资源，另一方面则是希望从当代科学发展和社会变迁中寻找新的生长点。这意味着作为时代精神的哲学思辨面临着困惑，呼唤新思想、新观念的提出。

（二）经济思潮的研究

受 21 世纪经济危机的影响，西方经济思潮出现了若干新动向。比如，新自由主义的衰落、对资本主义的反思和对“新资本主义”的构想。但这种新资本主义只是“紧缩银根”“加强监管”“减少投机”“政府更多干预”的资本主义，只是口头许诺“让那些无法充分享受市场经济益处的人群的生活得到改善”的资本主义，是一种添加了伦理色彩或感情色彩的资本主义。关于对新自由主义的反思和对新国家干预主义的构想，新国家干预主义占据上风，并成为主流。经济民族主义自 21 世纪以来异军突起，政府动用行政力量，借助立法等形式，通过阻碍外国公司对本国企业的并购、限制对外国产品的进口，增加关税，并对外国劳动力在本国的就业实行限制等措施，以实现对本国企业、产品及劳动者就业机会进行保护。对新自由主义经济全球化的反思和对全球经济新秩序的构想，关于对西方经济学的质疑和对马克思经济学的再认识，资本主义市场经济不可能避免金融危机和经济危机，社会主义市场经济有可能避免金融危机和经济危机等成为理论热门话题①。

（三）社会政治思潮的研究

国外学者聚焦于民粹主义、新民粹主义以及民族主义的研究。民粹主义席卷西方，正在向发展中国家蔓延；民族主义思潮风云骤起，温床效应显见。进入21世纪以来，尤其是2008年国际金融危机后，各类社会政治思潮在世界范围内此起彼伏，从新自由主义主导的全球化的长驱直入到贸易保护主义泛起的逆全球化思潮迭现，从奉行第三条道路的社会民主主义式微到欧美极左极右翼新民粹主义的蜂拥而至，从利己出发的极端民族主义到引发全球性恐怖主义猖獗的极端主义。代表多种利益诉求并进而赋予极端政治目的的社会思潮，成为左右当今世界格局的重要显性力量。在当前国际政治思潮中，影响最大、范围最广的是民粹主义思潮。目前不仅席卷欧美主要国家，也在发展中国家蔓延，给世界带来不确定性，对世界格局产生强烈冲击。对外则表现为极端民族主义势力正在进入欧美主流政治舞台，对于国际政治、国际局势的冲击与破坏不可低估。与之相随的是宗教极端主义处在非常活跃期，治理防范难度巨大，短期内很难见效。

（四）全球化思潮的研究

在全球发展过程中，国外学者积极关注逆全球化思潮。近年来，逆全球化思潮暗流涌动，伴随着贸易保护主义来势正猛并渐成规模，与各种极端社会政治思潮相呼应，世界范围内经济领域呈现出防范、排斥全球化经济进程，无视贸易规则千方百计维护本国利益的贸易保护主义，单边主义、孤立主义的流行。当贸易保护主义在国际范围内扩展并上升为一种普遍意识时，深受其影响的逆全球化思潮也将凝结成一种政治共识，继而成为影响国家甚至国际政治走向的社会思潮。许多国家对这种逆全球化思潮高度关注和保持警惕②。逆全球化思潮的流行，正在挑战着过去几十年来人们对世界特别是全球化历史进程的基本认识，进一步助推了分离主义势力的发展。欧美民族主义、种族主义在难民危机和民粹运动中复苏。在全球化思潮大行其道之时，反全球化思潮也一直并

① 吴易风．当前金融危机和经济危机背景下西方经济思潮的新动向．北京：中国经济出版社，2010：125.

② 李瑞琴．当前国际社会主要思潮新动向新趋势及应对．人民论坛·学术前沿，2018（7）：52.

存，作为全球化思潮的必然产物，它是对传统秩序下的旧全球化历史进程的直接反动。反全球化代表了弱势与受害群体对全球化所带来的世界难题、阴暗或黑暗面的揭露，是对全球化的强势压迫的抗争，是对全球化的所谓不可规避性挑战的回应。

（五）文化思潮的研究

国外理论界积极关注后多元文化主义思潮。美国著名学者塞缪尔·亨廷顿[①] 20 世纪 90 年代深刻地洞察到，未来人类社会内部的大分歧、全球政治的根本冲突将发生在不同文明的民族和团体之间，文明之间的分界线将成为未来的战线。21 世纪，伴随着全球化时代的来临，发达国家与发展中国家之间出现了大规模的移民潮，这一现象给民族国家带来了重要影响。各国对“多元文化主义”的态度也由拥护支持转向了怀疑、批判。随着资本全球化，消费主义、泛娱乐化思潮开始冲击世界各国（地区），在互联网的助推下，自媒体如雨后春笋般出现，娱乐取向极端化、审美取向感官化、价值取向虚无化成为资本异化的文化标志。

（六）生态环境思潮的研究

国外理论界还积极推动生态思潮的研究。21 世纪以来，“就像有很多种社会主义和自由主义一样，也有很多种生态主义”[②]。生态主义甚至被视为当代第三大意识形态。生态主义致力于改变“人类中心主义”的价值取向，从根本上推翻“人类中心主义”，建立“生态中心主义”的价值取向。生态社会主义主张人类中心主义思想，即人类在解决生态危机、重新认识人类对世界的态度时，不应放弃“人类尺度”，并致力于思想的传播和国际组织体系的构建，强化对现实政治实践的影响。生态资本主义则主张在进一步现代化的发展中，通过生态技术解决人类面临的生态问题。

（七）科技思潮的研究

科技发展日益成为国外理论界关注的新宠。伴随着第四次工业化浪潮，人工智能成为当前科技研究和产业发展的新热点，同时也成为新世

---

① 塞缪尔·亨廷顿（1927—2008），美国著名政治学家，代表作品有《变化社会中的政治秩序》《文明的冲突与世界秩序的重建》《第三波：20 世纪后期民主化浪潮》《我们是谁：对美国国家认同的挑战》等。《文明的冲突与世界秩序的重建》关于当今世界文化和文明的研究，对理解和把握当代文化思潮具有重大参考价值。

② 多不森. 绿色政治思想. 济南：山东大学出版社，2005：2.

纪新思潮的热点话题：人工智能能否超越并取代人类。美国学者雷·库日韦尔（Ray Kurzweil）认为人工智能超过人类已经成为不争的事实，随着人工智能超过人类智能的“奇点临近”，在未来社会人工智能将统治世界。悲观的未来主义在西方十分流行，比尔·盖茨甚至主张采用向人工智能和机器人征税的方式来减缓人工智能和机器人在人类社会使用的速度。生物技术和基因工程若不受控制地发展，将对现有社会秩序构成十分现实的威胁。在此背景下，一股强大的反科技主义思潮应运而生。

在社会思潮的综合性研究方面，佩里·安德森在《思想的谱系：西方思潮左与右》一书中全面考察了当代世界思想领域的各种变化，从极右派、自由主义中间派到马克思主义左派，从保守思想、自由思想到激进思想，其独特的视角至今罕见，研究的方法与成果值得借鉴。

第三节　当代世界思潮的内涵及其转向

进入21世纪，随着一系列重大历史事件的发生，世界正在经历新一轮大发展大变革大调整，世界向何处去的问题再度凸显，多样化社会思潮呈现全球化涌动的趋势。“一切划时代的体系的真正的内容都是由于产生这些体系的那个时期的需要而形成起来的。”① 面对百年未有之大变局，人类身处新的历史坐标中，世界究竟向何处去，成为时代发展的重大课题。“当今世界是一个变革的世界，是一个新机遇新挑战层出不穷的世界，是一个国际体系和国际秩序深度调整的世界，是一个国际力量对比深刻变化并朝着有利于和平与发展方向变化的世界。”② 社会思潮全球性流变出现了新的走向。

一、当代世界思潮的含义及特征

当代世界思潮是指20世纪70年代后，特别是21世纪以来具有世界影响的社会思潮。一方面，它是在世界多极化和经济全球化、文化多样化趋势下，当代全球化发展中不同国家、不同民族、不同发展程度的

① 马克思，恩格斯．马克思恩格斯全集：第3卷．北京：人民出版社，1960：544.

② 习近平．习近平谈治国理政：第2卷．北京：外文出版社，2017：442.

社会群体所面临的共同问题、共同的社会心理和社会矛盾的集中体现和社会现实的反映；另一方面，它又具有一定的核心理论内容和思想体系，是时代精神的折射，在世界各地得到广泛传播，引起了强烈的反响与回应。它的存在具有社会思潮的一般特征，又具有全球性的自身特征。

（一）当代世界思潮具有鲜明的时代性和历史性

作为一定社会意识形式的综合反映，社会思潮由社会存在决定，其内容或正确或错误地反映社会存在，都反映一定的时代诉求，社会思潮的流变也映衬着时代的发展。社会发展到某个时代，特定的社会经济和政治等状况决定着社会思潮的流行内容和方向，这些内容即是被黑格尔称为“时代精神”的内容。马克思指出：“在不同的财产形式上，在社会生存条件上，耸立着由各种不同的，表现独特的情感、幻想、思想方式和人生观构成的整个上层建筑。”① 社会历史的矛盾运动必然引起时代的变化，在当代社会背景下产生的社会思潮，必然反映着当代人类社会历史复杂矛盾的运动和时代的变化。社会历史运动是历史发展的物质层面，是历史运动的深层次，是隐藏在历史现象下的规律性源流；社会思潮是历史发展的精神层面，是历史运动的表浅层次，是历史运动在人们的意识中所激起的思想的泡沫或浪花，是历史运动生动而丰富的现象，它最为活跃，易于变化，体现了鲜明的时代性。世界思潮的历史性就表现在它是当代世界历史变迁的精神折射，是在和平与发展的时代，人类社会面对共同的问题，在思想上、社会心理上所做出的反应。

（二）当代世界思潮具有显著的前瞻性和能动性

人类社会的发展变化都是由有意识的、有激情的、经过思虑的人们的活动所造成的，都表现为思想指导下的行动。由于人们的思想产生具有其物质根源，恩格斯认为“人们的一切法律、政治、哲学、宗教等等观念归根结蒂都是从他们的经济生活条件、从他们的生产方式和产品交换方式中引导出来的”②，因此，人类社会的每一种发展变化，在它酿成之前，都或多或少地伴随着一定程度或范围的思潮论争。社会思潮往往走在社会变动的前面，预示着某种社会变动行将出现。社会思潮涌动的前瞻性特别发生在时代转折的历史时刻，是一定的社会经济形态变

① 马克思，恩格斯．马克思恩格斯文集：第 2 卷．北京：人民出版社，2009：498.

② 马克思，恩格斯．马克思恩格斯全集：第 21 卷．北京：人民出版社，1965：548.

革、社会生产力孕育巨大飞跃、世界环境发生重大变化的产物。在和平与发展的时代，社会生产力的巨大进步推动了世界各国对现代化的发展与追求，新的科技革命拓展了人们对人类历史的认识场域与空间视域，全球化加速与全球性问题的出现使潜在的人类社会存在的问题成为关注的焦点，相关思潮的总结与预测带来了包括未来意识、创新意识、共享发展意识、可持续发展意识、关切子孙后代意识在内的许多新的社会观念的形成和流行，表明人类寻找能动性改变世界的思潮流变。

（三）当代世界思潮具有突出的主题性和共振性

从社会思潮发展变化的整体看，社会思潮的争鸣与激荡不仅反映着历史的变化和时代的特征，而且通过社会思潮鲜明的主题性和共振性凸显历史的主流、主线。就主题性而言，当今世界面临的共同问题构成了当代世界思潮共同的话语，世界的和平与发展、贫困与现代化、公平与正义等，无论话语体系多么不同，观点相互冲突，立场鲜明对立，都从不同的角度、不同的意识形态回答、反映、观照时代主题、社会发展的问题以及未来的全球趋势。当代世界思潮的主题性，凸显了社会思潮是一种流行性的社会意识现象，一种以时代为背景、以社会为场所、以群体为主体、以主题为主线、以思想舆论为场域的社会意识运动形式。不同社会思潮的并存、继起、冲撞、融汇和消长，构成一定时期社会意识变动的宏观图景。任何社会思潮都是一定时代的社会环境的产物，因而构成这一社会环境的各种社会历史条件，不仅是社会思潮借以存在的现实基础，而且是社会思潮借以凸显的理论前提，决定着当代世界思潮所面临的时代主题。每一种思潮都代表一种对课题的把握和解答，反映一定阶级和社会集团的立场和利益，反映了时代的主题和社会的课题就会引发社会强烈的共鸣，而对这个课题的回答越深刻，越能满足现实的需求，就越能引发社会不同利益群体的共振，甚至打破彼此利益差异的界限而相互呼应，就会大大推进社会思潮的扩展和对历史选择与走向的影响。

（四）当代世界思潮具有空前的民族性和全球性

如果说，当代世界思潮的时代性、历史性是从时间上考察当代世界思潮的特征，那么，当代世界思潮的民族性、全球性则是从空间上考察其自身特征。在当代，全球化迅速发展，世界不断呈现历史的整体性和世界历史的特征，其思潮的民族性和地域性愈发地显示了人类社会发展的多样性。不同的民族由于在不同的自然环境、社会环境和文明中生活，形成具有民族特点的心理素质和文化传统，因此，社会思潮作为思想文化的重要表现和组成部分，具有鲜明的民族性。当代世界所形成的历史主题或课题，在不同国家（地区）有着各自的阶段性，并不是毕其功于一役就可以解决的，同时解决的路径和方案也是不同的，必然带有民族多样性。当今全球化已经成为我们这个时代共同的历史境遇，原本民族性的社会思潮在共同的历史空间中相互碰撞、相互激荡，有着基本共性。特别是全球化在 20 世纪 90 年代以后通过市场经济的全球化得以完成，使时代主题更加突出，越来越多的人类共同问题为越来越多的人所认识，社会思潮的蔓延、流行越来越具有全球性。人类历史不再是只有一个中心的话语权，而是越来越多的不同国家、不同民族，甚至不同发展水平的地区都出现了共同的社会思潮以及主题的呼应。

（五）当代世界思潮具有广泛的实践性与反思性

当代世界思潮反映的是当代人类社会发展走向的重大现实问题，是迫切需要解决的问题，对全世界人民共同关心的主要问题的破解，成为社会思潮关注的中心，成为覆盖面相当广泛的群体意识，直接影响着社会的选择与社会的实践。社会思潮的全球化是各种价值观对话、交融的过程，由于社会思潮的主体更多地广泛参与使得当代社会思潮更具有实践性，并成为媒体关注的中心，如在人权、环保、民主、公平、劳工、女性等问题上，社会思潮的反响具有越来越大的影响力和社会公信力，传统政治不得不关注这些思潮，甚至利用社会思潮的广泛传播作为话语权。当代世界思潮还具有强烈的反思性，由于时代发生的新变化越来越明显，由于科技革命已经带来经济结构乃至社会结构的变革，也由于重大的世界性历史事件的接连发生，当代世界思潮不仅出现全球化和民族化交织的局面，而且出现了历史性的反思，不仅反思工业革命以来人们的思想、观念和后果，通过百年未有之大变局，反思世界面临的基本问题，更通过对历史的反思延伸对未来的预测和价值的引导。人类社会在百年未有之大变局中，究竟向何处去：不同主体、不同民族乃至不同文化都有着不同的思考与回应，世界思潮处在激烈的碰撞与交流中。

二、当代世界思潮流变的时代背景

当今世界越来越呈现出纷繁复杂和急速多变的面貌，爆发一个又一个的重要历史节点，左右着世界格局的变迁，提出了许多新的理论和实践问题，把“世界向何处去”这一问题推到了风口浪尖，成为世界思潮出现重大转向的时代背景。

（一）百年未有之大变局的时代特征

1. 性质不同的重大历史性事件频繁发生

从 20 世纪 90 年代至今，世纪交汇之际重大历史性事件频发，出现了一系列的重要历史节点。苏东剧变，引发对社会主义前景的担忧；美国“9·11”事件发生，使 21 世纪“文明冲突论”预言一语成谶；2008 年国际金融危机引发整个资本主义的深刻危机，令西方国家的资产者惊呼资本主义要就此终结；2013 年中国提出的“一带一路”倡议，在短时间内吸引了世界大多数国家的参与，标志着中国成为新全球化规则的重要制定者、国际公共产品的重要贡献者，开创了联动发展包容性全球化的新趋势；2016 年以来美英等西方发达国家不适应整个世界经济发展的总体态势，新民粹主义泛滥，掀起了逆全球化浪潮，令全球贸易体系乃至各大经济体遭遇自 20 世纪 70 年代以来最大规模的危机；2020 年初在全球爆发的新冠肺炎疫情带来的全球公共卫生大危机以及经济大萧条，凸显了百年未有之大变局的剧烈动荡。

2.“世界向何处去”成为引发全世界共同关注和思考的主题

重要的历史变局表明 21 世纪以来的时代提出了新问题，出现了新特点和新趋势，世界向何处去具有了新的内涵。其一，以往世界向何处去的问题常常与历史进程中的风暴时期息息相关；而 21 世纪世界向何处去的问题再度凸显，同和平与发展的时代主题密切联系，世界面临的主要问题是发展，然而，该如何发展？和平赤字、发展赤字、治理赤字、信任赤字、非传统安全赤字是摆在全人类面前共同的严峻挑战。其二，以往世界向何处去的矛盾，往往只集中在世界局部的地区或个别国家；而今世界向何处去的问题再度凸显，已广泛地遍及世界不同社会文明、处于不同发展阶段地域范围内，名副其实地成为全球性的共同问题。如何打通心结、互联互通，是新时代全球化亟待解决的问题。其三，以往世界向何处去的问题论争，内容比较单一；当代世界向何处去的问题则具有范围不断扩展、内容日益深化的特点，呈现出前所未有的复杂性演进态势。其四，以往世界向何处去问题的产生，主要矛盾集中在物质生产方式造成发展需求的无限性和全球范围支撑发展的客观条件有限性的矛盾，围绕“增长的极限”展开国家间激烈的争夺和一系列国际战争和冲突；而今世界向何处去问题的突出，主要是全球生产方式跨越了地域界线，导致社会制度各异的国家在全球化进程中共同面对危机与挑战、机遇与发展。其五，以往世界向何处去问题，按照资本逻辑主导的发展模式通过商品输出、资本输出、战争输出乃至污染输出方式解决；而今在经济危机、政治危机、社会危机、生态危机、文化危机、公共卫生危机日益严重和普遍化的世界，以输出危机、转嫁危机，追求本国或国家集团利益而不顾他国利益的解决方式，带来全球性的发展危机，没有国家可以独善其身。

（二）重大转向中社会思潮呈现新的时代特征

21 世纪以来，国际社会思潮呈现出一些新的特征，包括从多角度呈现出不稳定性、扩散性、多变性；传播渠道具有广泛性、多元性、立体性；理论思潮介入社会问题、热点问题，呈现意识形态性与非意识形态性两端；社会思潮、社会舆论结合呈现社会动员与精英民粹化的推波助澜等。具体表现如下：

1. 世界思潮具有较强的社会政治性

国际社会的一些主要社会思潮，尤其是受西方价值观影响和主导的社会思潮服务于执政当局，具有明显的资本主义意识形态特征，在向世界范围的传播和渗透中不仅企图影响社会主义国家的开放与发展决策，也试图影响其他发展中国家的安全与道路选择。正如丹尼尔·辛格所言，世界思潮不再仅仅是“拥护道德或政治义务的伟大签名者”①，而大都力图付之于行动、用之于社会，极易引发社会舆论对大众心理的引导，成为某种政治力量的杠杆。在关注 21 世纪资本主义意识形态涌现的各种主义与各种理论之外，不能不看到作为意识形态的马克思主义在 21 世纪的历史坐标中有了更新的发展。雅克·德里达指出：“不能没有马克思，没有马克思，没有对马克思的记忆，没有马克思的遗产，也就没有将来，无论如何得有某个马克思，得有他的才华，至少得有他的某种精神。”② 2008 年国际金融危机爆发后，《资本论》在世界范围内的销量猛增；2018 年正逢马克思诞辰 200 周年与《共产党宣言》发表 170 周年，《青年马克思》《马克思和阶级斗争》等相关书籍和影视作品面

① 辛格. 谁的新千年：他们的还是我们的?. 北京：中国人民大学出版社，2002：126.

② 德里达. 马克思的幽灵. 北京：中国人民大学出版社，1999：21.

世，世界多地举办纪念马克思的相关活动。这些事实都证明了马克思主义在 21 世纪具有真理的力量。

2. 世界思潮“分化与重叠”特征显著

在分化方面，曾经的“第三条道路”已经逐渐分化为“左”和“右”两个极端，在经历了从激进到温和又到激进的过程之后，形成了左与右的大众对立。民粹主义、民族主义、极端主义应运而生，成为世界流行思潮中分化社会大众的显性思潮，在美国、欧洲、拉美都产生了较大的影响。主流性与非主流性分化、意识形态与非意识形态分化、不同宗教影响的对立与分化、显性思潮与隐性思潮分化，其表现是社会思潮的非主流性以及“非意识形态性”思潮的凸显。在重叠方面，社会思潮主要在社会舆论议题上存在着相互交融与重叠的隐性特征，往往一个思潮以学术面貌或者其他方式出现，而不是直接发挥作用，或者对影响的社会群体相互交叉重叠，使原本属于不同群体的受众形成了“重叠共识”。

3. 世界思潮的社会影响力不可小觑

与传统意识形态利用思想理论促进社会思潮生成机制不同，流行社会思潮出现了社会舆论引导社会思潮生成与传播、强化意识形态影响力的新特征。社会舆论是从社会热点事件中发酵产生的，而社会思潮的引领者们则会利用这些社会热点事件或话题，快速形成具有影响力的社会舆论，左右社会思潮对当今世界的影响。社会思潮的国际影响力不仅表现在话语上，还表现在行动上，反全球化游行、反 WTO、反 G7 以及 Me Too 等运动都深刻影响着世界格局的变化。

三、当代世界思潮的重大转向

一系列重大的历史性事件发生，以历史节点的方式标注了历史坐标的风向与趋势，出现了传统资本全球化解决方式转向新全球化解决方式的演进趋势。新的历史演进与发展表明，资本普遍化的全球性危机依靠单一国家无法摆脱困境，任凭单一霸权只能令世界走向不确定性。时代呼唤适应新时代的全球性治理与解决方案，也推动全球范围的社会思潮流变出现了重大转向。

（一）21 世纪世界马克思主义思潮出现新格局和新发展

时代发展出现新的现实问题，使 21 世纪世界马克思主义迎来新的大发展时期。从历史发展来看，马克思主义自诞生至今的170多年历史长河中，社会主义从空想走向科学，从理论走向实践，社会主义从一国走向多国，马克思主义思潮从欧洲遍及世界，特别是在中国成功地扎根，取得了一个又一个历史性的飞跃。马克思主义作为对人类社会有着深刻历史性影响的世界思潮，每到大转折大调整大变革的历史关头，都成为世界向何处去的风向标，成为有着广泛影响力的世界性思潮。

1. 21世纪世界马克思主义思潮的新格局和新发展

21世纪之交，英国广播公司（BBC）在全球范围进行了“千年思想家”评选活动，马克思独占鳌头，马克思主义在世界仍然充满活力。2008年国际金融危机后，世界马克思主义思潮进入了振兴发展阶段。

从地域分布角度看，世界马克思主义思潮的活跃地区辐射了欧陆国家、英语国家、苏联和中东欧国家、亚非拉国家。特别是中国举办了纪念马克思诞辰200周年的大会，坚定马克思主义是科学真理的信念。第一次举办了世界共产党参加的专题研讨会，在马克思诞辰200周年之际，共同探讨21世纪马克思主义与世界社会主义的未来。从活跃的形式看，世界呈现多样化地研究马克思主义理论的新高潮，与马克思主义研究有关的组织机构、学术杂志、学术论坛、学术网站在全球多达数百家；研究马克思主义的学者空前活跃，出版了大量的与马克思、马克思主义、当代资本主义、社会主义、共产主义、激进左翼思潮研究相关的著述。从研究的主题看，世界马克思主义思潮出现了新的思想振兴，对以美国为首的资本主义国家在世界范围内推行新自由主义造成的全球经济、政治、文化和生态危机展开了全方位的批判，建构一系列马克思主义政治哲学、政治经济学、意识形态的新话语、新观点、新主题，例如对代表新的积累模式和资本主义当代精神的“技术资本主义”批判、对压抑人心灵的“文化资本主义”批判、对全球经济摧毁性的“金融资本主义”批判、对与资本积累同步扩展的“灾难资本主义”批判、对剥夺主权的“债务资本主义”批判、对转移生态危机的“空间帝国主义”批判等。从世界马克思主义多样化形态看，国外马克思主义思潮理论主题和形态出现新的转向和变化，致力于批判当代资本主义内在矛盾从而变革资本主义，主张市场社会主义、生态社会主义、女权社会主义等思潮；致力于以马克思的批判理论，揭示当代资本主义内在矛盾的后法兰克福学派、生态学马克思主义、历史学派的马克思主义、日常生活学派的马克思主义、女权主义的马克思主义、管理学派的马克思主义等；致力于揭示当代资本主义现代化道路困境的后现代主义、后殖民主义、东方主义等；致力于揭示当代资本主义全球化困境的各种发展理论，如依附理论、世界体系论、全球化理论等；致力于对资本主义流行的消费主义价值观进行批判的生态学马克思主义等。从社会主义国家的马克思主义发展看，在西方世界马克思主义愈发流行的背景下，受马克思主义影响的传统社会主义国家则出现了致力于发展本国特色的社会主义潮流，如越南模式、朝鲜模式、古巴模式和老挝模式。从在野党争取执政党地位国家的共产党看，不断推出建设本国特色的社会主义目标。而一些发展中国家的共产党在个别国家、个别地区实现了上台执政或联合执政，以及地方执政。正如大卫·施韦卡特在《超越资本主义》一书中指出的那样："马克思的全面见解依旧具有生命力：资本主义让一个真正的人类世界成为可能，但只有超越资本主义才能迈进这个世界。"①

2. 中国特色社会主义引领下世界马克思主义思潮的创新发展

从21世纪世界马克思主义思潮在政治、经济、文化、生态以及意识形态领域发展的新趋势、新流变、新转向看，中国特色社会主义对21世纪科学社会主义的捍卫、振兴、引领、再塑起着至关重要的作用，在世界社会主义运动陷入低谷时，捍卫和挽救了世界社会主义；在资本主义金融危机席卷全球经济，并使其进入衰退期时，中国特色社会主义取得巨大成就，成为世界经济的"引擎"和"压舱石"，振兴了世界社会主义；面对西方发达国家掀起的逆全球化潮流，中国提出构建人类命运共同体和"一带一路"倡议，引领和塑造了21世纪科学社会主义的新趋势，展现了21世纪马克思主义的新发展。21世纪世界马克思主义思潮的重大转向说明，处于新一轮衰退期的世界资本主义与处于新一轮上升期的科学社会主义之间的竞争与博弈进入多角度、全方位的实力对比期，社会主义作为具有500年影响的社会思潮，马克思主义作为科学社会主义思潮，已经成为当今世界具有广泛影响的话语体系。

(二) 世界思潮"转向东方"成为新趋势

世界思潮研究的传统西方视角正在发生剧烈分化，世界向何处去的

---

① 施韦卡特. 超越资本主义. 北京：社会科学文献出版社，2015：88.

西方中心主义视角正在向多元视角、东方视角、发展中国家视角转变。

1. 西方意识形态理论体系、话语体系遭遇现实危机的挑战

西方社会思潮内部出现了从学术研究向社会问题、大众问题、全球问题的转变，学术理论比以往任何时期都更关注政治问题、社会问题、全球问题，这是世界思潮流变的新动向。究其根本原因，是世界资本主义正在经历新一轮的衰退期，资本主义全球化出现的大调整大变动大震荡，引发西方社会思潮的理论流变转向资本主义危机研究、反思研究、批判研究。具体而言，在哲学思潮方面，更加关注公平、正义、道德、伦理等理论主题回应当代重大问题，引发政治哲学在当代的复兴。在科技思潮方面，伴随着第四次工业化浪潮，前所未有的不确定性难题，亦成为新世纪思潮的热点话题，其中不乏悲观的未来主义流行，认为人工智能超过人类已经成为不争的事实。在经济思潮方面，2008 年国际金融危机后，出现了新自由主义的衰落，新国家干预主义、经济民族主义正占上风，对资本主义的反思和对“新资本主义”预判的思潮流行。在政治思潮方面，经济危机带来政治场域的分化与对立日趋严重，民粹主义席卷西方，正在向发展中国家蔓延，民族主义、种族主义、分离主义与民粹主义合流温床效应显见，宗教极端主义、恐怖主义、极端民粹主义在世界各地猖獗。在文化思潮方面，后多元文化主义的流行，强化了移民和种族问题的转向与对立，并上升到种族的社会分裂层面。在生态思潮方面，生态思潮的多元谱系流行正在成为世界第三大意识形态。

2. 西方主流意识形态出现分裂、对峙局面

各种意识形态在社会舆论与社会思潮相互作用下争夺主导地位，从而产生了强烈的二元对立的理论表达，其主流意识形态的对立性、分裂性特征明显。(1) 新 (neo-) 类：追求超越传统思想的所谓新思潮，如新保守主义 (neo-conservatism)、新自由主义 (neo-liberalism)、新资本主义 (neo-capitalism)；(2) 非 (non-) 类：与主流价值或形式的分庭抗礼，如非政府组织 (non-government organization)；(3) 后 (post-) 类：反抗挑战现代化的思潮，如后殖民主义 (post-colonialism)、后现代主义 (post-modernism)、后工业化理论 (post-industrialization)、后现代化理论 (post-modernization)；(4) 反 (anti-) 类：对传统或主流意识形态的抗争与反对，如反全球化思潮 (anti-globalization)；（5）各种终结（the end of）类思潮：历史的终结（the end of history）、意识形态的终结（the end of ideology）、新自由主义的终结（the end of neoliberalism）、资本主义的终结（the end of capitalism）、现代化的终结（the end of modernization）、全球化的终结（the end of globalization）等。世界资本主义正在经历新一轮的衰退期，作为资本逻辑主导下的经济全球化，引发全球性危机的后遗症，令贸易保护主义泛起的逆全球化思潮迭现，被赋予了民族主义、国家主义政治认同的社会思潮逐渐成为左右当今世界的重要显性力量，并推动一些具有极端思潮的政治人物登上各国政治舞台。极端民族主义、民粹主义势力不仅在一些发展中国家泛滥，而且深深楔入欧美国家，成为从边缘直指发达国家中心的政治力量，这对于国际政治、国际局势的冲击与破坏具有不可低估性，挑战着整个全球化发展进程。

3. 世界思潮研究呈现“东方视角”

首先，后殖民主义思潮从西方文化的中心开拓出重新审视东西方文化关系的新视阈。20 世纪 90 年代以来，在全球化背景下，西方国家以其现代化和主导全球化的优势，在向全世界传播先进科学技术和管理经验的同时，也输出着西方“普世价值”观和欧洲中心主义的意识形态，把西方现代化道路视为发展中国家的唯一道路。后殖民主义思潮正是这种理论议题与现实困境的产物。该思潮认为，世界历史是不同文明、民族、地域、国家的价值观和生活方式综合作用的产物，西方启蒙运动以来产生的价值观不是唯一正确的价值观。后殖民主义思潮在 21 世纪之交的西方文化舞台脱颖而出，从文化视角解读现代性中的殖民主义、全球文化霸权主义，表现出强烈的反西方中心主义倾向，同时也对东方视角中影响发展中国家的道路选择和文化自信的“自卑心态”进行了批判，主张重振东方民族文化。

其次，中国崛起成为世界思潮“转向东方”重大转向的决定性因素。21 世纪，伴随大国兴衰的趋势，“转向东方”已经成为世界思潮重大话题，例如，俄罗斯主张“转向东方”的社会思潮试图寻找符合国情的经济发展之路，充分利用有利的地缘政治地位，积极搭上中国经济发展的快车。自 2012 年以来，俄罗斯将“转向东方”上升到国家综合发展战略的高度。2019 年，普京在参加于北京召开的第二届“一带一路”国际合作高峰论坛时就明确提出要与中国共同推动欧亚空间一体化进程。世界思潮“转向东方”也反映在将中国视为主要竞争对手的“零和思维”中。从美国社会思潮和国家意识形态流变看，经济民族主义、新国家干预主义正在取代新自由主义思潮，利用民粹主义推行美国优先，把中国作为头号敌人和对手的“脱钩”思潮流行，主张与中国保持合作关系的人被讽刺为“拥抱熊猫的人”，丑化、攻击中国的人被誉为“屠龙派”，各种“中国威胁论”成为美国新自由主义的救命稻草，推动美国采取极限施压的各种手段挑战中国发展的底线。

当前世界思潮“转向东方”集中体现为对中国道路、中国方案的强烈关注，其中有三大重要变化：一是中外交流全面互动呈现出历史的新高度。从双边到多边，大国、周边、发展中国家高频次交流互动，中国“朋友圈”越来越大，中国的国际影响力实现了前所未有的提升。二是党的十九大以来，国际社会到中国交流、学习的政要越来越多，各国政党共同关注中国经验和发展，引发了国际社会广泛介绍中国的发展进步的热潮。新时代中国特色社会主义正在终结所谓发展中国家“有独立性无现代化、有现代化无独立性”的困境，为广大发展中国家提供更多独立发展的选择。“历史终结论”“共产主义失败论”“马克思主义失败论”在新时代中国特色社会主义的蓬勃发展中终结①。三是中国倡议的构建人类命运共同体和“一带一路”新思维新理论不断引领世界思潮“转向东方”，郑永年认为“‘一带一路’也是全球化”②，正在深刻改变着旧世界格局，开始构建新型发展道路和国际治理的模式。

（三）全球化思潮的推动者由西方发达国家向中国转变

全球化的时代已经到来，通过全球信息、资源、市场的流动与共享，直接介入并深深震撼着以传统国家关系为支点的全部社会生活，转变了世界思潮的流向，使得以往民族性、地域性的社会思潮正在被世界性的社会思潮所取代，全球化成为世界的强势语境和热门话题，各种思想、舆论的话语体系与问题界域呈现出主题转换。如何看待这样迅猛发展的趋势，面对各种突如其来的危机，这既成为一个具有重大理论意义的现实问题，亦成为世界各国无法回避的共同课题。作为曾经全球化思潮引领者的西方国家，面对 21 世纪发展过程中的重重

---

① 辛向阳．五个终结：新时代中国特色社会主义的国际意义．科学社会主义，2018（1）：4-10．

② 郑永年．大趋势：中国下一步．北京：东方出版社，2019：231．

危机，纷纷停滞、式微，逆全球化思潮流行。正在崛起的中国则成为全球化进程中的坚强力量，倡导新的全球治理，在推进全球互联互通中寻求现代化发展的新进程、全球化演进的新路径。毫无疑问这是世界格局的转折点，标志着传统西方引领全球化正在向中国以及亚洲引领全球化转变。

1. 西方主导的全球化具有明显的“西方中心主义”倾向

发端于西方的全球化以及全球化思潮，带有明显的“西方中心论”和“国家中心论”倾向，属于西方全球化理论体系，即视“全球一体化”为各民族、国家（地区）的“趋同”或“同质化”，无论在社会制度还是在生活方式上，从思想文化到价值观念理应与西方一致，在全球化历史进程中西方国家永远是中心、“主角”，非西方国家只能处于边缘或半边缘的“配角”位置，走向现代化发展道路只有西方模式。西方全球化思潮不仅有丹尼尔·贝尔的“意识形态终结论”、布热津斯基的“大失败理论”、弗朗西斯·福山的“历史终结论”和亨廷顿的“文明冲突论”等著名理论，也有各种“贫困陷阱”“中等收入陷阱”“塔西佗陷阱”“债务陷阱”“修昔底德陷阱”“金德尔伯格陷阱”等思潮暗流涌动，否定非西方国家选择符合本国国情、维护民族文化传统实现现代化的可能性。随着新自由主义全球化危机的加剧，西方国家的优势与其自身相比日渐衰落，世界格局中的主要矛盾发生了重大变化——由冷战时期两大集团的矛盾转化为西方与非西方的矛盾、发达国家与发展中国家的矛盾、守成国家与新兴国家的矛盾。这些变化为全球化进程增添了不确定性，也说明西方全球化思潮面对 21 世纪的真问题表现出迷茫与无解，但西方国家依然掌控着国际话语权。进入 21 世纪以来，全球化思潮出现重大转向：西方陷入从主张全球化到反全球化思潮和逆全球化思潮的大震荡、大分裂中，东方以中国模式、中国现代化进程为核心的全球化思潮逐步产生世界影响。

2. 西方主导的全球化走向逐步式微的现实景象

首先，反全球化思潮与运动始终伴随全球化思潮。在新自由主义全球化思潮的高歌猛进中，英国的阿兰·鲁格曼以《全球化的终结》警示世人，迄今为止，被人们近乎滥用的“全球化”概念不过是由目前最为强大的“三级集团”，即美、欧、日三大经济巨人主导下的超级跨国公司的全球化经营。这种三级体制宰割下的区域化经营不仅不可能推进全球化经济运动的发展，反而会因为它们内部的区域资本化战略及其分歧与壁垒，以及各种外部因素的制约，致使人们翘首以盼的全球化运动走向终结①。与反全球化思潮同向而行的是反全球化的运动，则是当代西方各种反资本主义新社会运动的延续。

其次，逆全球化思潮成为西方的主流思潮。自 2008 年国际金融危机后，全球经济发展不景气，西方国家主张地区保护主义、孤立主义、分离主义的逆全球化思潮日趋成为主流。2016 年 6 月，英国以公投表决脱欧，既是欧盟区域一体化进程的倒退，也是全球化的倒退。2017 年美国正式开启了“特朗普时代”，其核心是确立“美国优先”的全球利益再分配格局。因此，无论是就业政策、产业政策、贸易政策、能源政策以及外交政策无不以所谓的纠偏“全球化轨道”为出发点，以修复其全球秩序与格局。在美国等发达国家形成了新民粹主义思潮发展趋势。这种社会思潮从民族主义立场出发，将世界对立为内外两个部分：于内，本国或本民族都被看作全球化的受害者和受剥削者，在全球化的分配中受到了不公正的剥夺；于外，其他国家或民族则成为全球化的受益方，利用全球化分享其带来的利益与效率。民粹主义与逆全球化思潮合流，成为一些政治家登上政治舞台的有力支撑，保护主义、排外主义、本国优先等逆全球化由思潮走向国家治理的舞台。

最后，美国“霸凌”式全球化不断引发全球性“文化冲突”和经济动荡。以往以民族国家为基点，通过商品输出、资本输出与武力征服等手段建立起来的殖民主义与资本主义的世界体系，正在被当代资本主义通过金融、科技、信息、人才、大众传媒等新的全球资本主导逻辑取代，实现其新的经济扩张、政治扩张和文化扩张。后殖民主义认为，西方的全球化实质是第一世界对第三世界的剥削，第三世界滋养着第一世界，各种新手段诸如科技至上主义都成为帝国主义霸权的幌子，殖民霸权被披上了合法性的外衣。对此，许多发展中国家纷纷采取了“守势”来抵御“强势”文化的入侵。

3. 中国逐渐成为新一轮全球化的推动者

逆全球化思潮滥觞而汹涌，在 21 世纪交汇的每个重大历史节点，中国道路、中国作用、中国方案以及中国在历史转折期和全球普遍危机

---

① 鲁格曼. 全球化的终结. 北京：中央编译出版社，2000：6-31.

中对整个世界产生了举世瞩目的影响。正如习近平同志指出的："20 年前甚至 15 年前，经济全球化的主要推手是美国等西方国家，今天反而是我们被认为是世界上推动贸易和投资自由化便利化的最大旗手，积极主动同西方国家形形色色的保护主义作斗争。"[①] 新的历史转折与发展表明，资本普遍化的全球性危机依靠单一国家无法解决，时代呼唤适应新的全球治理与解决方案，也推动了全球范围的社会思潮流变出现了重大转向。中国倡导、开启了人类携手应对全球问题的新型全球化进程，做出了无愧于全球新兴大国地位的引领性贡献。

首先，中国倡导构建人类命运共同体的新理念。根据自身的发展经历和参与全球化的经验，中国提出了以"构建人类命运共同体"为引领的全球化新理念，以"一带一路"倡议创设新的全球化互联互通的平台，在逆全球化、反全球化的各种世界思潮中，坚定地举起引领新全球化进程的大旗。习近平总书记不仅提出"坚持走和平发展道路，推动构建人类命运共同体"，同时将这一新理念列为新时代中国特色社会主义发展的基本方略之一，成为习近平新时代中国特色社会主义思想的重要内容。这一新理念引起世界各国广泛关注，亦获得越来越多的认同，多次被写入联合国及相关国际组织的文件和决议中，被认为是为变革中的全球治理模式、构建全球公平正义的新秩序提供了中国方案与中国智慧。

其次，中国主张推进新型全球化进程。习近平主席在世界经济论坛 2017 年年会开幕式上的演讲中指出："把困扰世界的问题简单归咎于经济全球化，既不符合事实，也无助于问题解决。"经济全球化确实带来了新问题，世界面临的使命是要适应和引导好经济全球化，消解经济全球化的负面影响，必须改变的是全球化进程中的相关制度安排是否具备新时代的特征，即持久和平、普遍安全、共同繁荣、开放包容、清洁美丽的新型全球化。新型全球化的价值追求是构建人类命运共同体，推进方向是开放、包容、普惠、平衡和共赢，其中，共赢是新型全球化区别于旧全球化的内在品质。"一带一路"倡议是践行人类命运共同体理念、推进新型全球化的合作平台，它正在改变 1492 年以来世界范围内人类交往的方向，这将使欧亚大陆再次成为世界交往的核心地区；以新科技

① 习近平．习近平谈治国理政：第 2 卷．北京：外文出版社，2017：212.

革命为动力，“一带一路”正在改变全球的工业链、产业链和资金链，改变经济全球化的方向，以西方为核心的经济全球化正在向以中国为引领的新的经济全球化发生历史性的转向。随着“一带一路”沿线国家和中国经济的蓬勃发展，发展中国家的舆论有了很大的改变。“一带一路”给各国带来了巨大收益和发展机遇，使得各国舆论不再一味受西方媒体引导，对中国正面积极的报道和观点越来越多。

世界正经历百年未有之大变局，作为对时代问题的回应与选择，社会思潮演进有其自身特点和张力。因此，从国际国内两个大局着眼，辩证地、历史地研判 21 世纪以来世界思潮的走向与现实影响具有重要理论与现实意义。正如习近平主席明确指出的：“认识世界发展大势，跟上时代潮流，是一个极为重要并且常做常新的课题。中国要发展，必须顺应世界发展潮流。要树立世界眼光、把握时代脉搏，要把当今世界的风云变幻看准、看清、看透，从林林总总的表象中发现本质，尤其要认清长远趋势。”①

① 习近平．习近平谈治国理政：第 2 卷．北京：外文出版社，2017：442.

第二章　社会思潮在当代世界的影响

进入 21 世纪以来，国际经济周期性震荡，局部战争与冲突频发，安全、发展、全球性问题加剧，国际社会思潮纷纭多变，直接介入社会动荡的事件时有发生。互联网的兴起和普及，使社会思潮以及社会舆论传播的主要阵地从传统媒体转到了网络，社会思潮出现的频率更高，传播的速度更快，相互间的碰撞更加直接，社会思潮的发展与影响也越来越具有世界性，社会思潮相关主题的争论也日益成为世界性的热门话题。

第一节　百年未有：当代世界之大变局

基辛格在他的名著《大外交》中开宗明义地指出："每一世纪似乎总会出现一个有实力、有意志且有知识与道德动力，希图根据其本身的价值观来塑造整个国际体系的国家。"① 自 20 世纪 70 年代到 21 世纪 20 年代，世界接连发生诸多历史性事件，全球经济发展的重心从欧美转向亚太，从大西洋转向太平洋，大国地缘政治战略频频指向东方，发展中国家与发达国家的关系发生转向，国际经济政治秩序正在发生不可逆转

---

① 基辛格．大外交．海口：海南出版社，2012：2.

的重大变革。面对世界百年未有之大变局，世界思潮呈现出全球性、多样性、复杂性的发展态势，成为令人注目的全球现象。正如马克思指出的："一切社会变迁和政治变革的终极原因，不应当到人们的头脑中，到人们对永恒的真理和正义的日益增进的认识中去寻找，而应当到生产方式和交换方式的变更中去寻找；不应当到有关时代的**哲学**中去寻找，而应当到有关时代的**经济**中去寻找。"①

一、当代世界重大变局演进的两大阶段

当代世界格局的重大变动从 20 世纪 70 年代开始至今经历了两个发展阶段：20 世纪 70 年代初至 90 年代末是当代世界格局转换阶段；21 世纪以来是当代世界格局板块调整阶段。世界历史正在发生着前所未有的新变化，人类社会面对前所未有的新挑战，遇到了前所未有的新难题。

（一）当代世界格局转换阶段

20 世纪 70 年代初至 90 年代末，随着世界和平与发展，多极经济、政治和科技力量不断崛起，引发重大世界历史性事件发生，经历了从对抗的冷战格局转向全球化发展的新格局。

1. 世界经济格局出现多极力量的崛起

20 世纪 70 年代前后世界经济呈现新拐点，在 1968—1974 年经济领域接连发生令人瞩目的历史性事件：其一，1971 年，美国宣布以美元为核心的布雷顿森林体系结束，加速了全球性货币流动。其二，1973 年，石油输出国组织联合采取石油价格猛涨措施，资本主义世界爆发大规模的能源危机，此后 80 年代，经济进入低速发展时期。其三，1968—1985 年美日发生贸易战。双方爆发了日本出口美国的纺织品、彩色电视机、小汽车、计算机和电信器材等 5 次贸易摩擦，日本飞速发展成为世界第二大经济体。其四，"外国投资审查局"率先于加拿大建立，随后在其他国家也成立了相似机构②。这几个事件表明 20 世纪 70 年代的世界经济出现了重大变化：布雷顿森林体系的结束意味着美国战后向西方国家提供"经济安全网"时代的结束。美日贸易战反映了战后形成的资本主义世界体系内的矛盾加剧，新的经济力量正在成长。石油

---

① 马克思，恩格斯．马克思恩格斯文集：第 3 卷．北京：人民出版社，2009：547.

② 林德特，金德尔伯格．国际经济学．上海：上海译文出版社，1985：1.

危机则显示了发展中国家以资源为武器改变长期以来国际资本对发展中国家的盘剥，与发达国家讨价还价，以及资源经济对世界经济的影响加大。对跨国公司的管理表明世界各国已经开始在经济和政治上管控跨国公司所涉及的全球经济。

20 世纪 70 年代世界经济的重大事件，凸显世界经济格局呈现多极化发展的新态势。1970 年，随着经济迅速发展，苏联成为仅次于美国的世界第二经济强国。日本成为资本主义世界经济第二大经济体（见图 2－1）。

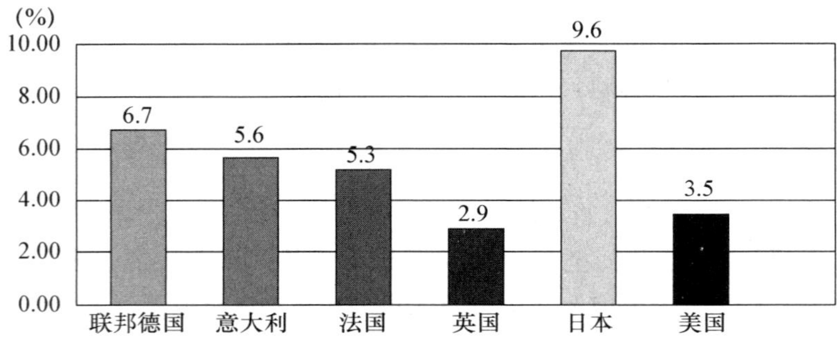

图 2－1　20 世纪 70 年代发达资本主义国家 GDP 增长速度对照

20 世纪 70 年代中期，西欧成为资本主义世界三大经济中心之一，而美国经济在世界经济格局中的比重开始下降。美国在世界 GDP 中的比重从 1960 年的 33.7%下降到 1974 年的 24.4%，布雷顿森林体系结束也标志着美国经济霸主地位的下降。由此，美国、苏联、欧共体、日本四大经济力量构成的世界经济四极格局基本形成，战后美国一家独大的经济格局结束。经济格局的变化是世界政治格局、科技格局、军事格局等世界格局变化的基础，预示着世界格局进入新的变化阶段。

20 世纪 70 年代的经济危机使世界各国开始大举实施改革。以美国为首的发达国家面临大幅的经济负增长和高通货膨胀率，普遍进行了经济政策和经济结构的调整，例如“里根革命”和“撒切尔新政”。西方国家对市场经济体制进行了调整，市场经济呈现出多样化模式，有美国的自由市场经济模式、德国的社会市场经济模式、日本的政府导向型市场经济模式等。新科技革命刺激了经济全球化进一步发展，加速国际资本流动，推动其经济结构的调整。在新科技革命的推动下，以美国为首的发达国家开始向后工业经济形态转型，采用第三次科技革命的成果特别是计算机技术，进行经济结构调整，出现了大规模的资本更新，通过技术创新保持了在国内及国际市场的竞争力和高技术领域的垄断地位。当第一产业和第二产业在国家经济中所占比重迅速缩小时，美国和其他发达国家在高技术生产领域和农业生产领域占据世界主导地位，美国甚至成为世界市场主要的粮食供应商。后工业经济的两翼发展使其本身以高技术产业为第一产业提供支持，以智力资源为首要依托，显示出美国经济全球化的特征。与此同时，社会主义国家还停留在社会主义能否搞市场经济的争论上，虽然有将市场视为中性机制的理论，但在实践中却被视为搞资本主义而举步维艰。在同样的国际经济环境中，大部分发展中国家经济呈现分化，多数国家陷入发展陷阱，也有的顺应全球化发展异军突起。其中，20 世纪 70 年代起，东南亚国家开始转向出口导向型经济，充分运用市场机制实现向工业化国家的转型。而中国自 1978 年改革开放开始重返国际经济舞台，加强对外开放，通过社会主义市场经济的改革，推动现代化发展。

2. 世界政治格局出现两极向多极过渡

世界内部的矛盾公开化表明两极格局出现松动。西方阵营中英国在核武器问题上与美国争执不休，法国提出以“缓和、谅解、合作”为特征的“戴高乐主义”，缓解与苏联完全对立的状况，德国开始实施“新东方政策”，与西方保持合作的同时也寻求和东方的合作契机。由于对苏联模式的不满，社会主义阵营内部也逐渐出现裂痕，从 20 世纪 40 年代末的苏南冲突，到 50 年代的波兰事件、匈牙利事件……，标志着苏联社会主义阵营的分化。

第三世界的崛起对两极格局发起挑战。两大集团内部矛盾公开化的同时，来自外部的广大发展中国家作为一支重要政治力量崛起和壮大，为维护独立和主权，反对帝国主义、霸权主义、殖民主义的控制和干涉，它们走上了联合斗争的道路。1955 年的亚非会议，1961 年开始的不结盟运动，1964 年建立的七十七国集团，以及东盟、石油输出国组织、非洲统一组织的成立，都标志着第三世界作为一支整体力量登上国际舞台，大大改变了世界力量的对比。1971 年中国恢复了在联合国的合法席位。1973 年，在石油输出国组织的石油斗争中，发展中国家在原有的国际政治力量发生分化的背景下争取建立国际经济新秩序的斗争，使国际政治格局处于引人注目的变动中。

两极向多极过渡的演进趋势不断加速。一方面是美苏激烈争霸成为国际政治格局的主导方面；另一方面，第三世界、中国、西欧、日本多种国际力量迅速成长，构成了两极多元并存、相互制约的复杂局面，两极格局下开始出现了多种和平力量的成长。重大的事件是 1972 年尼克松访华、1975 年美国全面结束越南战争，以及美国为了维护既得的霸权采取了“均势战略”，与苏联签订了一系列政治、经济、军事协定，使欧洲局势全面缓和。而苏联借机强化对第三世界国家的军事控制，又引发新的一轮美苏争霸。世界格局到底是霸权稳定，还是均势和平；是战争手段维护和平，还是建立共同安全体系；……不同的政治力量活跃起来，形成了不同国家战略。新的政治力量试图打破两极争霸格局，获得更大的和平发展空间。

3. 全球化的新趋势与全球性问题的涌现

各国经济发展中全球性特征不断凸显。20 世纪 70 年代后，西方国家逐步放松了对经济活动的管制，把企业推向市场；美元与黄金比价脱钩，各国相继实行汇率自由浮动，放松对资本的管制，加速国际资本流动，不仅缓解了资本主义内部的矛盾，而且推动了经济全球化的发展。70 年代，东亚发展中国家采取了政府主导的开放型市场经济，以出口导向为经济战略，充分发展私营经济，发挥市场机制，一跃成为新兴工业化国家（地区），为其他发展中国家寻求现代化之路提供了成功启示，推动发展中国家加强经济发展中的对外开放性，中国也在 1978 年重返国际经济舞台，为经济全球化注入了活力。全球化发展正在成为经济增长和发展的新兴之路。

在全球化中，经济一体化凸显了对世界经济的影响。70 年代，世界基本形成了两大平行市场，市场经济还只是半球化，但经济一体化组织在世界经济中的作用增强。其中，世界银行、国际货币基金组织和关贸总协定等国际经济组织建立了世界多边合作机制和相关国际经济规则；各种区域经济合作迅速发展，以 1973 年英国加入欧共体为标志，欧洲一体化进程加快；此后世界陆续出现了阿拉伯共同市场、西非经济共同体、加勒比共同体、中美洲共同市场，但经济实力不强，一体化程度不高，只有欧洲共同体一枝独秀。1988 年，美国与加拿大建立了北美自由贸易区，显示了经济全球化的作用与影响。

世界各国放松了对跨国公司的投资限制。70 年代前西欧各国为了恢复经济和发展，对美国资本的兼并活动采取了限制和反控制的措施，政府甚至出面干涉美国大公司对本土公司的收购。70 年代后，各国政府的态度发生了转变，以法国为标志，放松了对跨国公司投资的管制。与发达国家对跨国公司采取更多法律监管手段（比如设立审批机构、对投资部门的限制、对股权的控制、对进入方法的批准以及国民待遇等）不同，发展中国家 70 年代中期后为了吸引外资展开竞争，使跨国公司获得了比以往少见的选择权优势，到成本最低的国家创建工厂，在税率最低的避税港建立资金管理公司，跨国公司迎来了新的发展期。这对后来跨国公司全球化的发展影响很大。

由于世界经济越来越朝着一体化方向发展，国际政治全球化趋势加强，世界各国的相互影响加大，相互依存日益加深，全球性问题日益凸显。所谓全球性问题，是指人类生存发展面临重大危机。它具有全球性、综合性和挑战性三大特征，涉及全球所有国家的利益、所有人民的安全，关系到整个人类文明的发展前景。1972 年联合国召开了第一次人类环境会议，有 110 多个国家参加，通过了保护人类生存环境的《联合国人类环境会议宣言》。从环境问题开始，越来越多的全球性问题凸显了对世界的影响。

从世界总体环境看，20 世纪 70 年代标志着当代世界完成了从战争与革命到和平与发展时代主题的转换，世界和平总体性质无法改变，和平已经成为一种时代潮流。

（二）当代世界格局板块调整阶段

进入 21 世纪以来，重大的历史性节点事件接连发生，世界格局正经历百年未有之大变局，“世界怎么了，我们怎么办”成为全球性的困惑，与此同时，世界格局呈现重大的板块变化，新全球化趋势正在重塑全球秩序。

1. 重大历史事件加速世界多极格局形成

20 世纪 90 年代至今，伴随着一系列重大的历史事件发生，世界正在经历新一轮大发展大变革大调整，左右着世界格局的新变化。

第一，伴随着苏东剧变，世界经济格局发生重大板块转移。美国自 1894 年成为世界第一大经济体后一直保持至今，世界第二大经济体首先是欧洲国家；苏联在 20 世纪 70 年代曾经跻身世界第二大经济体，被美国视为发起挑战的国家；日本在苏联之后成为世界第二大经济体并逐步达到美国 GDP 的 69.6%，时任美国财政部长萨莫斯评价，“一个以日本为顶峰的亚洲经济区造成了大多数美国人的恐惧，他们认为日本对美国所构成的威胁甚至超过了苏联”①。自此，预言世界经济中心转移的理论思潮开始流行，即预测 21 世纪世界经济中心从大西洋地区转移到太平洋地区，21 世纪将是“亚洲世纪”，或者是“亚洲太平洋世纪”。日本将成为未来世界经济的中心。

第二，美国“9・11”事件发生，引发了 21 世纪“文明冲突论”的流行。“文明冲突论”预设了伊斯兰文明和中国文明对当前主导世界文明的西方文明以冲击，“9・11”事件令亨廷顿的“文明冲突论”在 21 世纪产生了强烈影响。与此同时，1991 年、2003 年以美国为首的西方集团与伊拉克萨达姆政权之间的战争，2001 年起美国及其盟国与阿富汗塔利班政权和“基地”组织之间的战争，2011 年开始的叙利亚内战，都是美国挑起的。这些战争在伊斯兰教国家之间，以及国家内部扩大了冲突范围、制造了矛盾与不和，致使中东政治版图坍塌。“文明冲突论”还认为，中国将成为美国的最大冲击者，将在崛起后成为霸权国家。“中国的历史、文化、传统、规模、经济活力和自我形象，都驱使它在东亚寻求一种霸权地位。这个目标是中国经济迅速发展的自然结果。所有其他大国英国、法国、德国、日本、美国和苏联，在经历高速工业化和经济增长的同时或在紧随其后的年代里，都进行了对外扩张、自我伸张和实行帝国主义。没有理由认为，中国在经济和军事实力增强后不会采取同样的做法。”②

第三，2008 年国际金融危机引发整个资本主义深刻动荡，世界格局出现重大转折，正是此次危机揭露了资本主义生产方式的固有矛盾依然存在的客观事实，当资本家自以为通过产业转移和国际分工为资本扩张提供了新空间的时候，资本主义国家内部形成的产业空心化和贫富差距不断加大的社会现实，再次敲打着资本家们的神经。法国经济学家马斯・皮凯蒂的《21 世纪资本论》③ 在西方世界引起了人们对资本主义的反思，在世界产生了巨大的反响，如何解决贫富悬殊的问题是人类社会继续维持作为共同体局面必须要解决的问题。

---

① 宋鸿兵. 货币战争文集：第 1 卷. 武汉：长江文艺出版社，2015：192.

② 亨廷顿. 文明的冲突与世界秩序的重建. 北京：新华出版社，2009：205-207.

③ 皮凯蒂. 21 世纪资本论. 北京：中信出版社，2014.

第四，2016 年以来美英等西方发达国家不适应整个世界经济发展的总体态势，掀起了逆全球化浪潮，令全球贸易体系乃至各大经济体之间面临着自 20 世纪 70 年代以来最大规模的危机。逆全球化的主要发生国恰恰是最初推动全球化进程的西方资本主义国家，随着资本主义生产方式固有矛盾不断以新形式出现，逆全球化思潮开始在这些国家兴起，特朗普带领美国政府退出多个多边组织，倡导单边主义，英国脱欧，欧美各国收紧了与难民、移民相关的政策，民粹主义政党给其他主流政党施压并诱使国家政策向右翼偏斜，新民粹主义在欧美流行①。

第五，2010 年以来，中国 GDP 超过日本成为世界第二大经济体，美国《华尔街日报》形容这是“一个时代的结束”，同年 IMF 向中国等新兴大国转让 6%的投票权，世界经济格局的转变开启了中国由经济全球化的参与者、追随者向推动者、促进者的转变。2013 年中国提出“一带一路”倡议，在短时间内吸引了世界大多数国家参加，标志着中国成为新经济全球化国际规则的重要制定者、国际公共产品的重要贡献者，开创了联动发展包容性全球化的新趋势，也标志着中华民族的伟大复兴进程正在震撼着整个世界，中国成为 21 世纪重大历史事件的主角活跃在世界舞台。以美国为首的西方国家掀起了又一轮“中国威胁论”，一方面把“一带一路”倡议误读为当代的“马歇尔计划”，认为这是中国谋划主导世界政治经济格局的新战略，其中包括“中国模式输出论”、“朝贡体系复归论”、“国际秩序另起炉灶论”以及“国际扩张主义”；另一方面，又提出“中国产能过剩威胁论”“地缘政治冲突论”“生态威胁论”等，把中国新时代外交战略从“韬光养晦”到“奋发有为”的调整炒作为中国开始改写或重新制定国际规则的标志。

2. 世界板块变动与重构中的新特征

第一，重构中的经济变局，经济力量对比出现板块均衡化趋势。发达国家也正在经历百年未有之大变局。从 1919 年到 2019 年的 100 年，是西方发达国家从世界殖民体系的顶峰走到瓦解的百年，世界总体地位经历了从强盛到衰落的发展过程。第一次世界大战之后，奉行资本主义制度的欧洲列强成为世界的主导力量；二战后美国和日本开始挑战欧洲的中心地位并逐步加大发达国家之间的内部竞争；美苏冷战爆发将世界

① 韩海涛. 欧美新民粹主义思潮的主要特征与发展趋势探究. 马克思主义研究，2020（1）：137.

两极化的格局发展至极致，最终，在经济发展不均衡的背景下，苏联落败，随着冷战格局的结束，世界进入了一超多强的时代。作为多强的发达国家在集团化的冲突中不甘于地位、权力等的式微，欧盟通过不断扩展国家联合体，在国际事务中的作用越来越大，成为不可忽视的主要力量之一。目前，欧盟是世界上最大的经济联盟，2019 年其经济规模略低于美国，英国脱欧却将逆转欧盟快速扩张的势头。日本在进入 21 世纪时是世界第二大经济国家，它在经济、科技等诸多方面发展迅猛，集中体现为制造业、服务业等产业的竞争力，并在亚洲以电子、机械产业为中心，形成了一个以日本为中心的国际分工体系。2010 年，日本被中国赶超，目前是世界第三大经济体。中国作为最大的发展中国家，在 21 世纪世界经济格局中快速崛起，2019 年中国人均 GDP 迈上 1 万美元的台阶。根据世界银行 2018 年的数据，世界人均 1 万美元以上的国家，人口总规模大约 16 亿人，随着中国作为 14 亿规模的人口大国人均 GDP 超过 1 万美元，使全世界 76 亿人口中的 30 亿人进入这个行列。中国的崛起意味着发展中国家和新型工业化国家在世界经济中的地位越来越强，处于整体上升态势。可见，世界经济板块中各大经济体间的差距缩小，竞争愈加激烈，以中国为首的发展中国家经济板块和东亚经济板块在世界经济格局中的地位正在发生百年来最大的变动。

第二，重构中的政治变局，世界权力中心出现转移。自 2008 年国际金融危机爆发后，欧美各国也不同程度地走向衰落，因此它们对世界权力中心转移的影响也极为不同。美国的发展有一定放缓的迹象，但在当前依然是世界唯一的超级大国，其综合实力不可小觑。此外，东亚成为世界权力中心是基于东亚的总体实力超过欧洲的现实，而东亚实力的增强在很大程度上是基于中国的崛起。当前，中国的经济规模已经接近欧盟，再加上日本、韩国等其他东亚国家的发展，东亚地区的总体实力必然超过欧洲，总量上也超过美国。尽管当前世界权力转移还没有完全实现，但世界权力板块发生转移是必然的趋势。

第三，重构中的文明变局，古老文明正在复兴。随着全球化的不断推进，各种文明的交流和融合趋势越发明显，生产与生活方式的共性也逐渐增多，民族的产品越来越成为世界的公共产品，新的“全球文明”正在形成，这种全球文明不再是曾经占据优势地位的西方文明，而是超越文明差异、遵循文明平等的具有人类共性的更高级别的新文明。这种文明的构建一定离不开古老文明的复兴，也是各国多样化文明的回归。20 世纪 70 年代以来，现代化进程中成就最大、最引人注目的国家，都处于人类古老文明的核心区：中国、印度、巴西、土耳其……古文明的复苏不是偶然结果，而是这些国家在经过 100 多年的现代化努力之后，逐渐从自己的文明中寻找到独特的发展道路，对自己的发展恢复了信心，使古老文明获得了新生。复兴不仅仅是文明的再次重现，而是尝试用古老的智慧解决现代的问题。

第四，重构中的科技变局，加速推动世界变局。科技变革是人类社会大发展大调整的关键动力，第一次工业革命让人类从中世纪的阴霾中彻底走出来，第二次工业革命创造的高度繁荣的物质世界使资本主义走向顶峰的同时，也使其不得不再次审视资本主义固有矛盾的存在。当前，人类社会正在从第三次信息化革命中走出，并迎来第四次智能化工业革命。21 世纪的新科技革命与以往科技革命不同并涌现出新特征，体现在以下三点：一是智能化，基于自动化和大数据的发展，人工智能正迎来发展新高潮，新科技革命不断拓展着人类自身的资源；二是分散化，分布式能源、分布式制造、个性化定制、共享经济等日益模糊着生产者与消费者、创造者与应用者的界限；三是高速化，由于能量和信息传输已经实现了光速化，智能化的到来使社会发展的各个领域都追赶着光速化的时代。基于此，21 世纪的新科技革命不断孕育自身的同时，也带来世界发展格局的深刻变化。抓住新科技革命机遇，就掌握了发展的先机，掌握了世界经济政治格局中的主动权。

二、全球权力中心的重塑与转移

2008 年国际金融危机爆发以来，西方世界再次陷入发展颓势，贫富差距问题、老龄化问题、难民危机、民粹主义和民族主义兴起、经济增长乏力等问题一直困扰着西方世界。与此同时，以中国为首的亚洲国家不断振兴发展，全球权力中心正在随着西方世界陷入颓势而转向东方，东升西降已经成为现实趋势。

（一）全球权力中心转移的历史演进

全球权力中心转移是指由政治势力、经济实力、文化影响力等多重因素造就的综合实力在全球各国较量中转向处于优势地位的国家或政府。从这一角度看，全球权力中心形成于世界历史形成之后，并从地理大发现至今的600余年间多次呈现洲际式转移。从最初的西班牙、葡萄牙、荷兰，到率先进行第一次工业革命的英国，经两次世界大战后转移到美国，全球权力中心在资本主义世界历史进程中多次在发达国家之间转移，并不断向生产力最先进、最能领导全球技术创新和生产力变革的国家转移。当今世界的百年变局正是在以美国为全球权力中心的20世纪世界格局背景下展开的，从一极到多元，世界经济增长的重要区域从大西洋沿岸向太平洋沿岸转移，广大发展中国家成为全球权力中心变革的有力竞争者，特别是亚洲作为广大新兴国家和起飞的发展中国家集中区域，亚洲的全球号召力与软实力越来越使西方相形见绌。因此，论及全球权力中心的转移就必然涉及全球权力中心美国的当前境况，也涉及以中国为代表的广大发展中国家对全球权力中心的有力竞争。

（二）美国：从世界发展的常量转变为世界发展的变量

从20世纪全球权力中心的宿主美国在21世纪的发展情况来看，世界最强的国家美国对世界发展的影响正在从一个常量转变为最大的变量。从二战后世界秩序的主导者和维护者，到21世纪成为世界秩序的阻挠者，特别是2008年国际金融危机后力挺保护主义、民粹主义与单边主义的“美国优先”，美国对多边机构和多边条约“合则用，不合则弃”，频频上演“毁约”和“退群”。与此同时，美国满世界肆意挥舞制裁和关税大棒，严重冲击国际多边体制，成为当今世界秩序和格局最大的影响变量。哈佛大学博士、塞缪尔·亨廷顿的学生法里德·扎卡瑞亚所写的《后美国时代》认为，随着美国地位的下降，世界进入了“后美国时代”。美国经济实力在可预见的未来仍有大幅领先的趋势，但从2008年国际金融危机开始，美国经济的霸权地位就已陷入结构性衰退。第一，美国维系经济霸权的“战略机遇期”难以重现。美国正经历着国际体系的重大变革带来的霸权地位危机。第二，美国经济未来发展空间受限。在新技术方面，美国未能找到使生产力出现革命性变革的产业以使经济持续增长，保持其在世界的绝对领先地位。第三，维系经济霸权的国际信誉严重受损。经济霸权的另一个重要特征是金融霸权，美国因金融危机引发信用失信，信誉惨跌，美国信用模式受到质疑。在世界百年未有之大变局之下，世界经济也迎来了大变革、大调整的新起点。美国经济霸权地位走向衰落，正在成为世界经济最大的干扰源和经济全球化的绊脚石。

（三）中国：从世界发展的被动者到世界发展的推动者

世界进入 21 世纪的重大历史节点事件就是中国加入 WTO，作为全球最大的发展中国家全面进入经济全球化的舞台，推动世界多极化向全新广度和深度发展，发展中国家的地位和作用快速攀升，在世界格局中占有越来越重要的地位，正在冲击着美国的霸主地位。

第一，从工业革命带来的历史大变革来看，科学技术革命深刻影响人类发展走向。进入 21 世纪以来，中国在科研能力上的研发已经逐渐有赶超欧美的趋势。新兴产业快速发展，传统产业加快转型升级，新的经济增长点不断显现，中国在百年未有之大变局下的科技进步，成为冲击美国世界地位的最大动力。第二，从制度对世界格局改变的规律看，英国取代西班牙的世界主导地位，根本上是在历史进程中资本主义制度取代了封建制度；现代美国超越英国成为世界霸主，根本上是美国拥有更为彻底的资本主义民主制，更适应 20 世纪人类社会发展；进入 21 世纪，中国对美国造成的冲击，源于社会主义制度的优越性，社会主义国家在世界格局中成为越来越重要的一支力量。在大发展大变革大调整中，中国采取的许多前所未有的积极政策赢得了越来越多的国家支持与参与。

三、国际安全挑战依旧错综复杂

在百年未有之大变局下，和平与发展的国际环境总体上处于稳定状态，但国际安全面临的挑战依然错综复杂：一些发达国家对多边主义及相关国际机制的破坏是许多地缘冲突加剧的根本原因，网络及空间安全问题也日益成为国际焦点，但尚未形成规范网络空间的国际规则，非传统安全日益成为人类面临的新挑战。

（一）当前世界共同面对非传统安全挑战

尽管和平与发展依然是时代主题，但随着经济社会的发展、交往范围的扩大，非传统安全的问题清单正在不断拉长、延展，正日益成为世界各国面临的主要安全挑战。非传统安全具有突发性、不确定性、跨国性、复杂性，涉及面广、牵连性强，往往会给世界带来难以料想的挑战与风险，其主要表现形式是：

第一，恐怖主义。自 20 世纪 90 年代，恐怖主义开始成为威胁世界安全和秩序的重要因子，其突发性、极端暴力和危险性、难以防范性等诸多特点使恐怖主义成为非传统安全中的首要难题。纵观当代人类社会中出现的几次恐怖主义事件，不难发现恐怖主义与极端主义、分裂主义、民族主义等行为相互交织，更增加了恐怖主义的危险性和极端性。第二，重大生态环境事件。人类不断发生自然环境恶化的现象，全球变暖、流行性疾病频发、部分物种逐渐灭绝、自然资源面临枯竭、土壤水资源大气环境污染等生态环境问题不断显现，严重威胁着人类的可持续发展。第三，网络安全。网络安全问题是随着互联网技术的普及而逐渐形成的。网络虚拟空间拓展了国家安全治理的边界，人类的战争已经从陆海空三领域延伸为陆海空天网五领域，网络已与陆海空天并列成为国际势力争夺控制的重要领域之一。第四，重大传染性疾病。重大传染性疾病严重威胁着人类的生命安全，越来越成为影响全球的公共卫生安全事件。尽管当代的医疗卫生技术有了突飞猛进的发展，但也不可能完全杜绝重大传染性疾病的产生、发展和传播。第五，经济安全，特别是金融安全和能源安全。2008 年席卷全球的国际金融危机，给世界发展带来了巨大冲击。能源安全也是局部战争发生的策源地，能源紧缺会造成世界整体性的经济动荡。

（二）非传统安全挑战加剧世界格局变动

在维护和平局势方面，世界面临的威胁主要来自非传统国际格局。有非传统国际格局就有传统国际格局，即国家与国家的对峙、集团与集团的对峙，而非传统国际格局下政府与非政府之间的对峙和博弈。当前，世界面对的挑战与威胁不断增多。

在世界格局变动方面，中美俄大三角关系是当前和今后一个时期影响世界格局走向的关键因素。从军事实力、地缘影响力、国际话语权乃至综合实力等多个角度，中美俄三国在国际社会的地位和影响力都是其他国家难以替代的。特别是进入 21 世纪以后，美国影响力的弱化和新兴国家的快速崛起，推动世界格局进入历史性变化的转折期。美国继续维持世界霸主地位，掌握世界话语权，是其国家战略和对外政策选择的根本出发点。而中国和俄罗斯则以国家民族复兴为目标，在提升自身实力的同时也积极参与国际事务，推动国际秩序的改革调整，成为推动国际战略格局发展的关键因素。

在科学技术变革方面，科学技术依然是第一生产力，是推动世界格局变动的重要因素。第四次工业革命是以智能化为核心，以人工智能、大数据、物联网等技术为代表的新工业革命加速大国竞争。当前中国在无人机、互联网、云计算、生物医药、分享经济等方面有不少领先世界的科技成果，对以科学技术领先的美国取得和保持全球霸权地位构成了冲击，美国采取遏制中国打压中国的战略，形成对国际安全格局的重大挑战。

综上所述，在世界百年未有之大变局下，以美国为代表的西方实力正在削弱，政治上美国不再一国独大，经济上受到新型经济体的冲击，安全领域受到非传统国际格局的挑战，意识形态上美国的文化灌输遇阻。由西方意识形态主宰世界的时代正式结束，多种不同文明相互影响、相互竞争、和平共处、相互适应的时代正在快速发展。以中国为代表的广大发展中国家在国际安全格局中的战略地位不断稳固，应对传统与非传统安全问题的自身能力不断增强，自我保护能力与日俱增，国际安全格局呈现均衡化发展。

第二节　思潮回响：思想理论与社会心理的流变与共振

社会思潮是在一定历史条件下形成的具有共同趋向、产生广泛影响的思想流变，在它发生、发展进而产生广泛影响的过程中，或者有一定的理论意识作主导，渗透到其他社会意识形式中，影响社会心理变化，从而引起文化界、理论界的思想共振效应；或者因时代变化，起于某种自发的社会心理逐渐在日常生活中扩散，从而引起思想家和知识分子的重视，经过理论特别是舆论的传播，形成具有共识取向的不系统、不定型、自发的社会思潮，直接反映与人们日常社会生活联系紧密的社会意识流变。当代世界社会思潮在世界经济与政治发生深刻变化而变化的同时，也日益彰显重要的世界性影响。

一、世界思潮迭起折射时代难题

历史的转折总是提出各种各样的问题和新的挑战，要求人类社会应对与回答。全球经济发展的态势和正在呈现的多极政治趋势为各种思潮交汇于世界舞台提供了条件，由于面临的共同问题和共同挑战的日益增多，世界思潮此起彼伏、交织碰撞，寻求新问题和新挑战的答案。

（一）思潮聚焦当代世界面临的重大矛盾

作为当代世界重要的社会现象，越来越多的社会思潮成为世界性思潮，具有世界性影响，反映人类社会发展在当今时代的巨大变化。列宁曾经指出："为了解决社会科学问题，为了真正获得正确处理这个问题的本领而不被一大堆细节或各种争执所迷惑，为了用科学眼光观察这个问题，最可靠、最必需、最重要的就是不要忘记基本的历史联系，考察每个问题都要看某种现象在历史上怎样产生，在发展中经过了哪些主要阶段，并根据它的这种发展去考察这一事物现在是怎样的。"① 世界格局正在发生历史性变化的同时，世界思潮演变也在发生新的流变。

1．全球面临贫富差距加大的矛盾

20 世纪 70 年代以来，全球化加速，世界经济发展不平衡问题开始凸显，世界资源分配不公平所带来的贫富差距拉大的矛盾，在全球范围内既表现为富国与穷国之间、发达国家与发展中国家之间的矛盾，亦表现为每个国家内部富人与穷人之间的社会矛盾。

从发达国家与发展中国家贫富差距看，发达国家通过经济霸权、金融武器、国际收支、全球化发展规则的制定等继续对发展中国家进行剥削；占据资源优势的国家利用天然资源获得全球化的财富；一些发展中国家凭借正确的国家发展战略和人民的勤劳努力获得快速发展。但经历这几十年全球化的发展，结果是富国越来越富，穷国越来越穷。在世界排名前 10 位的经济体创造的 GDP 占全球经济总量的 80%，排名倒数的 170 个国家的 GDP 只占全球经济总量的 10%。世界经济的增量和财富越来越向少数国家集中。

从全球富人和穷人之间的贫富差距看，即便是经历了 1997 年东南亚金融危机和 2008 年国际金融危机的严重破坏，也没有阻止社会贫富差距越拉越大。据英国《卫报》2018 年 4 月 7 日预测，到 2030 年，世界上最富有的 1%的人，将掌握全球财富的 2/3；2008 年以来世界最富有的 1%的人的财富，以每年 6%的速度增长，预计到 2030 年，这些人持有的财富将增长到 305 万亿美元，占世界财富的 64%。

① 列宁．列宁选集：第 4 卷．2 版．北京：人民出版社，1972：43．

“收入分配不平等、发展空间不平衡已成为全球经济治理面临的最突出问题”①，也是21世纪以来世界发展的重大矛盾。全球性的贫富差距引发了世界性的民粹主义思潮的兴起，不仅席卷西方各国，而且正在向发展中国家蔓延。对内的民粹主义与对外的民族主义思潮合流，对世界格局产生强烈冲击。贫富差距的扩大还引发了思想理论界共同聚焦于与社会现实紧密相关的公平和正义等问题的讨论，比如2019年诺贝尔经济学奖，就颁发给了研究全球贫困问题的几位经济学家。

2．全球面临南北发展转向的矛盾

随着经济全球化的发展，发达国家和发展中国家的矛盾加剧。所谓南北矛盾即大多数地处南半球的发展中国家和大多数地处北半球的发达资本主义国家之间的矛盾。二战以后，发达国家GDP曾占全球70％左右，主导建立三大国际机构的是发达国家，形成的国际机构、国际秩序、国际规则代表和维护的是以美国为首的发达国家的利益，发展中国家基本没有发言权。

近几十年来，南北关系发生了很大变化，20世纪90年代市场经济的全球化使和平与发展时代的主要矛盾发生了变化，政治对抗的矛盾让位于发展竞争的矛盾，世界上新兴经济体和发展中国家持续快速发展，经济体量越来越大，世界各国形成了不同的模式和路径的选择。各种思潮围绕着世界市场与主权国家的矛盾、国家与市场的矛盾、国家间的矛盾、国家间政治关系与经济关系的矛盾等，提出了各式各样的理论主张，如新自由主义的“全球市场经济论”以及“华盛顿共识”；社会主义市场经济论、市场社会主义论以及“北京共识”在世界的流行。到目前为止，发展中国家GDP总量占到全球的60％，而发达国家则下降到40％；发展中国家在联合国、WTO、IMF等国际组织中的地位和话语权不断提升，在二十国集团（G20）、金砖国家会晤机制、上合组织中发挥决定性作用，参与全球治理的意愿和能力同步增强，成为决定全球治理新架构的重要“撬动性”因素。新兴经济体和发展中国家整体崛起，推动原来的南北关系发生深刻变化，对美国主导的全球治理体系提出了挑战，在竞争中合作、遏制中依存将是南北关系中的主要矛盾。

---

① 为完善全球经济治理拓展新实践．人民日报，2019-09-08（3）．

3. 世界面临新旧全球秩序之间的矛盾

社会思潮聚焦全球化理论成为时代的重大课题，通过全球化与反全球化和逆全球化思潮的交锋深刻地反映了时代变化趋势。西方著名学者拉尔夫·达伦多夫甚至认为，全球化“可以从1967年7月20日开始”①。因为这一天，人类首次登上月球，地球便作为一个整体进入人类的视域。这虽然是一个偶然的历史事件，但各国、各地区的思想家们确实已经看到了世界整体的变化，看到了时代的发展难题。

随着全球交往的领域不断扩大，交往内容日益复杂，参与交往的行为主体日渐增多，不仅国家，许多非国家行为主体在国际社会也日益崭露头角，国际行为主体的多元化，特别是非国家行为主体发展迅速，作用越来越大。各种国际行为主体不仅试图通过国际政治活动来实现各自的利益和目标，通过参与经济全球化确立其在世界上的地位，而且试图通过思想的交流、文化的传递、观念的推广扩大自身的发展和利益。进入21世纪，世界和平赤字、发展赤字、治理赤字、信任赤字、非传统安全赤字越来越突出，人类面临的风险和挑战层出不穷，以西方国家为主导的全球化进程呈现出“逆全球化”“民粹主义”“保护主义”等趋势。世界历史的发展已然到了十字路口，对传统全球化以及全球治理提出了质疑。以中国为代表的一大批新兴发展中国家的崛起要求改变传统的规则和秩序，建立新型全球化的呼声越来越高，并提出了新型全球化的主张。新型全球化是指以“一带一路”为载体，以平等为基础，以开放为导向，以合作为动力，以共享为目标，通过互联互通促进沿线各国之间的内在联系，使各经济体在形成新的价值链过程中改变世界发展不均衡、不公正、不合理的状态，努力构建一个和平、繁荣、开放、绿色、创新、文明、廉洁的世界。习近平指出：“从亚欧大陆到非洲、美洲、大洋洲，共建‘一带一路’为世界经济增长开辟了新空间，为国际贸易和投资搭建了新平台，为完善全球经济治理拓展了新实践，为增进各国民生福祉作出了新贡献，成为共同的机遇之路、繁荣之路。”②

（二）时代难题催生新理论与新学科

20世纪70年代以来，研究新现象、回答新问题的新思潮、新理论

① 贝克．全球化与政治．北京：中央编译出版社，2000：201.

② 习近平．齐心开创共建“一带一路”美好未来：在第二届“一带一路”国际合作高峰论坛开幕式上的主旨演讲．北京：人民出版社，2019：2.

迭起。当代世界思潮的兴起离不开各学科的理论发展，而时代提出的新问题也给新学科、新理论的创建提供了发展机遇和空间。全球问题、生态问题、环境问题、新技术的发展、新的经济形态的出现、新的国际环境和国际关系的变化，使一些边缘学科兴起并引人注目。比如，生态学、未来学、信息学等，它们都有自己特定的研究对象、课题及方法，由于切入时代重大问题而获得快速的发展。

1. 研究、预测人与自然关系的理论快速兴起

生态学在 20 世纪初就成为一门独立的学科，但 60 年代末开始进入社会科学的视野，成为研究世界发展与环境危机的重要方法，为其他理论提供了新的视域。生态学主张将环境和发展作为一个整体来对待。由于存在着系统关联，如食物链，人们不适当的活动会造成生态破坏，这些问题反过来又会限制社会发展。因此，这个学科受到高度注视，世界逐渐出现各种各样的生态主义，新兴的生态学与传统思潮出现了综合的趋势、结合的趋势，扩展了在世界的影响。如，生态社会主义、生态资本主义、生态自由主义、生态殖民主义、生态无政府主义以及深生态学、浅生态学等，各种思潮都高举绿色的旗帜，生态学自身也获得了发展。

2. 关注人类社会未来发展成为新的理论主题

由于时代发展难题的汇集，新思潮在借鉴与吸收有关思潮和科学成果中产生。生态学认为社会的发展是有规律的、是可以预测的，自然也可以通过管理来协调解决人类与自然紧张的矛盾，同时启发了未来学对待全球性环境生态问题的研究视角。未来学是 1934 年提出的，但真正成为一门科学是 20 世纪六七十年代的事情。未来学是指以未来问题为研究对象的新兴综合性学科，主要探讨大工业生产方式和新科技革命给社会发展带来的影响，对未来发展的方向和前景进行预测和说明。未来学对未来主义的重要启示是：科学预测是可能的，未来研究可以成为科学。对新科技革命造成的社会变化进行研究和预测，把设计人类社会的未来前景以摆脱现有的工业社会遇到的发展困境作为自己的目的。

3. 聚焦全球化发展路径成为新学科发展的机遇

没有哪个新兴学科这样来诠释自己的研究对象，而国际政治经济学就申明自己是在回答国际体系发展中的问题起源和发展的。自 20 世纪 70 年代，国际政治经济学出现在西方学术界，围绕着当代世界的现实

问题和西方主导的国际体系的问题，进行实证、区域化、全球化的解决方案研究。以解决问题作为学科的目的是国际政治经济学兴起的关键，国际政治经济学进入我国学术界是20世纪90年代以后的事情。国际政治经济学依次提出了当今世界建立国际体系的五大理论：其一，国际相互依存论。顺应世界格局变革，主张相互依存是客观的，并不必然是互利的、非零和的和完全平等的。其二，国际霸权稳定论。认为在开放和自由的市场体系中，单极霸权才能维持和管理资本主义的国际体系。其三，国家主义论。强调全球化中国家的行为和国家的利益，以美国带头推行的贸易保护主义以及欧洲区域一体化的深化为例，主张国家主义或经济民族主义。其四，依附论。是发展中国家探讨自身走向现代化的理论。依据发展中国家与发达国家的关系、世界秩序与发展中国家发展的关系，提出了中心-外围论，以及外围对中心国家（地区）不同形式的依附和寻求发展的模式。其五，世界体系论。是继承马克思主义理论传统而产生的分析当代世界的理论，它把当代世界看作一个资本主义的世界历史体系，寻求超越历史困境的社会主义全球化之路。

（三）老问题需要的新思考和面临的理论挑战

时代变局再次深层次地触及了社会历史走向的问题。无论苏东剧变，还是2008年国际金融危机，这些时代的事件都鲜明地标志着时代发展需要人类从更大的历史空间和更深层次的历史视域回应与解决发展的问题。

1. 社会走向再度成为世界思潮汇聚的焦点

时代转变对社会走向和社会发展提出了新挑战，特别是从20世纪70年代到90年代，社会走向问题再度突出。所谓“社会走向”指的是具体社会形态向前运动发展的走势与趋向，它是人类历史的客观运动在一定时期、一定社会的具体表现。社会走向同人类历史客观运动的规律性相联系，受规律决定与制约。同时，人类社会是在人的有意识的活动中发展变化的，不同的人都要按照自己的利益要求和认识水平“拉动”社会的发展，并对社会的发展做出自己的预期。因此，聚焦社会走向的争论是必然的。在当代，随着全球化趋势的加快，社会走向问题呈现出鲜明的时代特点。

在和平的环境中如何探索社会走向是一个新问题。以往两极格局的存在使社会走向与社会发展问题的探索和选择成为两种社会制度的较量、两种势力范围的扩张、两种意识形态引领的社会思潮在全球的针锋相对。随着两极格局的不断瓦解，新科技革命的影响更加深入，围绕着社会走向的历史主题，社会思潮明显有着和平时代的特征。对社会走向的论证更加全面丰富，来自不同社会制度下的思想交锋，来自不同的社会和社会群体反映不同的利益，来自不同的学术领域和不同的学科从不同的视角探讨共同的主题。人们对社会走向的论证，广泛地涉及世界上不同社会制度的各个领域、各个国家，名副其实地成为一场全球性、世界性的论争，成为各国关注的中心问题。

2. 资本主义的终场演出，没有续集

1989 年，福山曾以《历史的终结》一文宣告资本主义的自由民主制度是“人类最后一种统治形式”。西方资本主义借助前所未有的经济全球化和经济一体化，建构了资本主义主导的世界体系，牢牢掌握了资本获得“超额利润”的霸主地位，特别是随着信息技术的快速发展，极大地促进了以美国为核心的金融资本主义在全球的扩张，引发了全球性的需求不足和社会发展的动荡。2008 年国际金融危机，全面暴露了资本主义的种种社会困境，关于“资本主义向何处去”的论争不仅成为资本主义社会各种社会思潮交锋的焦点，也日益成为世界性的话题。正如《资本的终结：21 世纪大众政治经济学》① 所揭示的当代资本主义危机和困境的谜团，这是资本主义的终场演出，没有续集。法国学者托马斯·皮凯蒂所著的《21 世纪资本论》一书更是在全世界引起广泛关注，迅速成为全球畅销书，该书用大量数据揭露了资本主义贫富差距扩大的总趋势，指出收入不平等已成为 21 世纪中心议题。各国左中右翼知识分子从不同侧面对资本主义制度进行了反思。著名的生态马克思主义学者大卫·哈维指出，有了皮凯蒂，我们仍需要马克思。沃勒斯坦（又译华勒斯坦）等五位学者推出了《资本主义还有未来吗?》一书，一致认为资本主义体系将在未来的几十年中面临重大挑战、出现重大转折。萨米尔·阿明连续推出《世界范围的价值规律》（2010）、《终结资本主义的危机还是终结资本主义》（2010）和《当代资本主义的内爆》（2013）等著作，揭露全球资本主义的困境与终结。娜奥米·克莱

① 李民骐. 资本的终结：21 世纪大众政治经济学. 北京：中国人民大学出版社，2016：201.

恩的《休克主义：灾难资本主义的兴起》① 批判了新自由主义流行的40年，蓄意利用战争、政变，乃至自然灾害给发展中国家造成休克状态，给世界各地带来了灾难资本主义。她的《改变一切：气候危机、资本主义与我们的终极命运》② 一书继《寂静的春天》之后，再次将环境问题带入人们的视野，指出资本主义正在加剧气候的恶化。如果人类不主动做出改变，世界自己也会发生剧变。让·雅克·朗班的《资本主义新论》③ 敏锐地看到席卷全球的经济危机引发了一股宣告资本主义终结的全球思潮，人们将经济萧条、气候变化、环境破坏、贫富分化、崇尚物质与消费的社会风气都归咎于资本主义，因此必须重新审视资本主义的问题。即使在资本主义内部也出现重大分歧，美国白宫预算和管理办公室前主任戴维·斯托克曼推出了《资本主义大变形》④ 一书，直击资本主义核心国家——美国，认为美式资本主义已沦为权贵资本主义，华尔街成为巨大的投机赌场，欺骗、掠夺普罗大众，美国成为权贵资本主义的牺牲品。在新兴国家，韩国学者张夏成的《韩国式资本主义》⑤ 揭露韩国式的资本主义在获得解决高速增长的同时，与其他发达国家的资本主义一样问题重重，存在着收入不平等和两极分化日趋加剧等现象；特别是产生大量韩国特色的问题，如市场竞争极不公平，社会财富和经济力量向财阀集中，就业结构极度不稳定，社会福利不足，政商勾结，阻碍了竞争和创新等。21世纪资本主义世界的危机充分证实了“资本本身是处于过程中的矛盾”⑥，“资本主义生产的**真正限制**是**资本自身**”⑦ 亦即资本主义的基本矛盾。资本主义在面临危机之时也积极寻求危机的解决方案，在面临资本增长即将遭遇壁垒的同时，也努力为资本扩张开辟新的时间与空间。正如马克思关于“两个决不会”⑧的深刻判断所言，在资本

---

① 克莱恩．休克主义：灾难资本主义的兴起．桂林：广西师范大学出版社，2017.

② 克莱恩．改变一切：气候危机、资本主义与我们的终极命运．上海：上海三联书店，2018.

③ 朗班．资本主义新论．北京：东方出版社，2015.

④ 斯托克曼．资本主义大变形．北京：中信出版社，2014.

⑤ 张夏成．韩国式资本主义．北京：中信出版社，2018.

⑥ 马克思，恩格斯．马克思恩格斯全集：第46卷下．北京：人民出版社，1979：219.

⑦ 马克思，恩格斯．马克思恩格斯文集：第7卷．北京：人民出版社，2009：278.

⑧ “两个决不会”是马克思在1859年《〈政治经济学批判〉序言》中阐发的重要思想：“无论哪一个社会形态，在它所能容纳的全部生产力发挥出来以前，是决不会灭亡的；而新的更高的生产关系，在它的物质存在条件在旧社会的胎胞里成熟以前，是决不会出现的。”

主义生产力还没有完全释放出来之前，旧的生产方式是不会完全僵死的。

3. 社会主义遭遇历史“大考”

关于“社会主义向何处去”更是掀起了全球性的大讨论，苏东剧变，令“社会主义失败论”“历史终结论”一时甚嚣尘上，“中国崩溃论”在世界舞台不绝于耳；有些社会主义思潮由此销声匿迹；有些社会主义思潮摇身一变，与资本主义融为一体；有些社会主义思潮异军突起；有些社会主义思潮复兴与创新。除了对社会制度走向的研究外，更多的社会主义思潮针对实践中出现的新矛盾展开研究，虽然社会主义因苏东剧变曾经历发展的低潮阶段，但是资本主义并未解决国家与市场、公平与效率、社会与自然等矛盾。由于这些矛盾在和平与发展阶段上升为社会的主要矛盾，并有不断加剧和激化的可能，对这些问题的研究成为时代主题的新内容。进入21世纪，伴随2008年国际金融危机的爆发，世界各国社会主义者都试图寻求一种既不同于资本主义的发展，又能避免苏东社会主义模式弊端的道路，带来了世界社会主义思潮的全面复苏，也使世界社会主义思潮迎来了新的转机，呈现出新的发展态势。其中，民主社会主义、市场社会主义、生态社会主义、女权社会主义、委内瑞拉“21世纪社会主义”及新出现的“千禧社会主义”是较具有影响力的世界社会主义思潮，中国特色社会主义成为世界社会主义思潮的坚定引领者，镌刻着世界社会主义的新坐标。

4. 传统大国理论回归人们的视野

面对百年未有之大变局，全球化时代的国际秩序如何变化，成为世界性大国战略亟待回答的问题，令一些传统理论回归人们的视野，比如，政治地理学、地缘政治学成为国际热门学科。2004年，在麦金德发表著名的演讲《历史的地理枢纽》100周年之际①，西方学术界在纪念这位英国学者对地缘政治学所做的历史贡献时，认为他服务于国家外交政策和军事战略的地缘政治学思想至今影响着全球格局。麦金德理论通过论述全球地理空间中陆地与海洋关系的变迁，考察人类历史发展的演变规律，将世界历史划分为三大时代，即欧亚大陆的亚洲时代、海

---

① 哈尔福德·麦金德是以全球视野提出地缘政治学的第一人，1904年在英国皇家地理学会上，他做了题为《历史的地理枢纽》的著名演讲，提出了麦金德地缘政治理论。“谁统治了东欧，谁就统治了大陆腹地；谁统治了大陆腹地，谁就统治了世界岛；谁统治了世界岛，谁就统治世界”是他的名言。

洋世界主导的欧洲时代，以及1900年后大陆强国与海洋强国争夺世界统治权的新时代。这个新时代就被后人称为“麦金德时代”。一些西方学者认为，进入21世纪的世界依然处在麦金德所说的大陆强国与海洋强国争霸的时代。如同当年麦金德主张英国通过联盟以及贸易保护主义维护其在全球的优势，政治地理学强调大国争霸是必然的，地理空间决定了人类的政治空间，全球自然地理环境——欧亚大陆形成的心脏地带与边缘地带的地理空间决定人类社会政治力量的变迁，曾经的欧洲长期依附于亚洲，近代以来才形成亚洲附属于欧洲的格局，进入20世纪，人类社会进入大国争霸的世纪，即大陆强国与海洋强国争霸的时代，所有美俄、中俄、中美的大国关系都由地缘政治决定，中国要么像日本那样成为美国的附庸国，协助美国完成全球统治；要么使中国成为美国利益相关方，类似实现像与英国一样的共治，利用中国的经济力量和地缘政治完成美国对全球的统治。要实现这一战略，就必须在经济和政治上改造中国，以符合美国作为全球金融帝国的要求，在政治上对中国进行操控。然而中国拒绝美国的帝国主义战略，提出世界多极化和新的国际政治经济新秩序的主张，面临这样的背景，美国加强了地缘政治战略布局，从“亚太平衡战略”转变为“重返亚太战略”以及美日印澳“四国联盟”的建构，对中国实施大国对抗战略，从而实现美国的世界帝国战略。这是一个崛起中的全球性大国必然面临的全球性战略问题。新地缘政治战略认为谁统治了边缘地带，谁就可以控制世界的命运，而中国恰恰处于这样的边缘地带。美国的基辛格和布热津斯基的地缘政治战略思想以及布局都围绕着这一理论展开。如何应对中国崛起，成为20世纪70年代后特别是进入21世纪以来国际思想界的热点，也是美国战略布局的重点。

二、“终结论”流行折射时代的重大变局

社会思潮已经成为当代世界重要的社会现象，其消长起伏反映了当代世界重大的社会变动，思想不可避免的现实性决定了历史的走向，而思想的选择总是同我们过去的历史相关。

（一）“终结论”的兴起与流行

在思想文化领域，折射时代重大变局的“终结论”思想意识自20世纪70年代以来成为热门话题，从科学界对当代科学发展的提问到文学作品“终结”意识和社会心态流行，鲜活地标志着一个时代变化的到

来。“终结论”从 20 世纪 60 年代开始，以“终结”为话题成为思想文化领域的前沿课题和争论的焦点，各领域精英从不同的角度对“终结”的内涵给予不同的判断，预言时代的变化成为思想家们的理论主题。预言种种“终结”图景的社会发展变迁始于哲学领域，或者说是“哲学终结论阶段”。其著名的代表作是：贝尔的《意识形态的终结》（1960）、德里达的《现象学和形而上学的终结》（1966）和海德格尔的《哲学的终结》（1973）。这三篇“终结论”著作引发了“终结论”思潮的兴起，并从社会历史发展、现实体制的变革、全球化新特征以及思想文化变革等四个层面思考当代世界正在发生的巨大变化，成为引人注目的社会理论和社会心理交汇的热点。

（二）“终结论”思潮争议的四大主题

“终结论”思想意识所聚焦的主题，引起跨世纪世界性的广泛关注和思想学术界的长期争论，从社会心理上预示了当代世界正处在时代转折的节点。

1.“历史终结论”

由福山提出的“历史终结论”认为，只有资本主义的自由民主制度才是 20 世纪最好的选择，成了世界历史的归宿、意识形态的终点、人类统治的最后形态，并且将构成历史的终结。在福山做了预测性的判断后不久，发生苏东剧变和冷战结束，引发了思想界对“终结”含义的争论。以马克思主义视角研究当代世界的伊曼努尔·沃勒斯坦以《自由主义的终结》为题回应福山，认为 1989 年以来所发生的柏林墙倒塌、苏联解体、马列主义意识形态式微，看似是 1945—1989 年这一时期的“终结”，实际上是 1789—1989 年自由主义的终结。他从自由主义思想史角度观察，认为“1989 年应是一个政治——文化时代——一个技术取得惊人成就的时代之终结”。格罗·詹纳在《资本主义的未来：一种经济制度的胜利还是失败?》一书中提出了资本主义未来是胜利还是终结的命题，并认为资本主义的“可怕之处我们已经见识到了——它是到目前为止人类历史上破坏性最强的工具”，他期待未来社会要有“一种为社会服务的市场经济，要带有‘社会的’标志，代表公众的利益，为国际分工、公平分配或人们的和平提供最好的基础”①。“历史终结论”

① 詹纳. 资本主义的未来：一种经济制度的胜利还是失败?. 北京：社会科学文献出版社，2004：265-266.

激起学术界的反对，德里达认为“终结”迫使人们去思考“历史的终结是否只是某个历史概念的终结”。托夫勒认为，从第一次浪潮到第二次浪潮再到第三次浪潮，人类的文明并没有终结，而是正在创造出一种第三次浪潮的政治新文明。在美国“9·11”事件后，持文明冲突论的亨廷顿更提出历史不是“终结”，而是冲突加剧，未来世界不会终结于自由民主制，而是“分化为几个大文明体系并相互冲突”。有学者指责福山之论是“原教旨自由主义”，夸大了西方自由主义，“9·11”事件恰恰证明这种思想忽视了与之不同的其他地域和国家的文化，只能造成相互间的不理解甚至对立。

2.“传统发展道路终结论”

什么样的发展以及如何发展的问题日益进入人们的视野，传统发展的终结成为热门话题。美国学者艾尔斯的《转折点：增长范式的终结》(1999)一书中列举的五种增长模式为：罗斯托经济发展阶段论，刘易斯二元结构论，赫希曼不平衡发展论，亨廷顿增长、民主、稳定、自主、效益五大目标论和佩鲁综合整体效益发展论。该书从发展理论的演进和困扰人类生存和发展的全球性问题，得出传统的经济增长方式终结的结论。美国学者斯科特·拉什和约翰·厄里的《组织化资本主义的终结》(1987)依据后资本主义时期高科技产业在组织结构上发生网络化分散化经营管理的新变化，提出了组织化资本主义的“终结论”。大卫·科兹的《来自上层的革命——苏联体制的终结》总结了苏联1917年确立政治体制、20世纪90年代初走向解体的历史过程，宣布苏联体制的终结。美国学者比尔·麦克基本的《自然的终结》1989年正式问世，从人类经济发展对生态环境破坏的视角，警告人类对自然的伤害必将受到自然的惩罚。

3.“全球化终结论”

英国学者阿兰·鲁格曼以《全球化的终结》提出了对世人的警示。他认为，迄今为止，被人们近乎滥用的“全球化”概念并无实在意义。作为全球化最基本构成要素的经济事实已经表明，不存在一种“纯粹的全球化”。人们所谓的“全球化”，不过是由目前最为强大的“三级集团”，即美、欧、日三大经济巨人主导下的超级跨国公司的全球化经营，只是一种资本扩张式的区域性行为，而非人们所想象的无限制扩张的经济全球化。其内部的区域资本化战略和经营战略的分歧与壁垒，将引发全球化运动走向终结。针对全球化进程对国家主权的挑战，澳大利亚的凯米莱里·福克尔在《主权的终结》中提出全球化的“主权终结论”，针对市场经济全球化，特别是通过互联网进行超越国界的金融与商业活动造成国家主权“缩小”和“碎片化”，提醒人们认识在国际经济与政治秩序中各国主权行为的原则性与重要性。美国的威廉·斯班诺在《教育的终结》一书中认为，全球化时代教育产业化、市场化和教育手段高科技化，使学校根据市场要求机械复制出各种谋职营生的工具式人才，教育的神圣性和人性精神已经消失了，从而无可挽回地走向终结。巴罗的《多样性的终结》则忧虑信息技术的发展和广泛应用，带来了“多样性的减少”的弊端。

4.“传统科学、哲学、艺术、教育的终结论”

美国学者约翰·霍根的《科学的终结》声称“科学发现的伟大时代已经过去了”，科学不会有什么重大突破性新发现。他说，“伟大的科学发现”是指“最纯粹最崇高的科学”，亦即对宇宙学及人在宇宙中位置进行研究的基本科学。同年，普利高津在《确定性的终结》中提出当代科学研究将发生转向，人类正处于新理性诞生的转折点上，未来的科学将不再以确定性为基准。新科学的精神是后现代精神，是科学范式从确定性转变为不确定性、从连续性转变为非连续性的研究。如果把牛顿的确定性及机械地分析世界的方法作为工业化生产力思想的第一块基石、作为人类从自然社会向工业社会转变的思想转折点，那么，普利高津提出的科学研究的不确定性，自组织的、整体自然的认识世界的方法，就是信息化生产力思想的第一块基石，是人类从工业社会向信息社会转变的思想转折点。美国哲学家卡弘的《哲学的终结》、阿瑟·丹托的《艺术的终结之后》，以“现代性的终结”“人的终结”“哲学的终结”为主要理论旨趣的后现代主义把“终结”的矛头指向了当代哲学及文化。

第三节　社会思潮流变聚焦当代世界重大问题

社会思潮已经成为当代世界重要的社会现象，其消长起伏反映了当代世界重大的社会变动，而全球化的发展，推动着社会思潮在全球的相互影响和对时代与历史发展的反思与探索。

一、重大的历史事件引发社会走向思想流变的交锋

世界真的面临终结吗？或者面临转折？对历史的昭示必然要面对历史的反思。当两极格局逐步走向解体，作为当代世界重要的社会现象，社会思潮聚焦世界向何处去、人类向何处去的重大问题的理论思考，触及人类社会走向的历史主题。

（一）苏东剧变引起了全球性的社会主义思潮流变

历史走向的论争是世纪难题，也是最高难度的历史课题。苏东剧变再次掀起了关于社会形态更迭中社会主义走向的争论。西方的主流观点认为，在资本主义与社会主义的对抗中，资本主义获得了最终的胜利，社会主义已经死亡，资本主义会成为历史的终极状态。同时，苏东剧变也引发对社会主义思潮的历史反思，关于社会主义的大讨论成为全球性的话题，并在前所未有的范围内展开，突破了一国、多国的局限，突破了传统学术的界限，成为世界性思潮。

1. 民主社会主义思潮隐匿消失了

民主社会主义转变为致力于当代资本主义的改革与现代化的思潮，离社会主义越来越远。民主社会主义思潮从 20 世纪 70 年代到 90 年代经历了半球化向全球化的发展，成为国际范围内影响甚广的一股世界性思潮。从 70 年代开始，流行西方的民主社会主义在苏东国家逐步盛行起来，出现了“人道的、民主社会主义”思潮，使民主社会主义第一次具有了“全球化”的意义。“人道的、民主社会主义”作为一种思潮，不断企图成为社会主流思潮，影响、改变社会主义的现状及历史走向。由于这些社会主义国家没有适应技术革命的需要和本国发展的要求而进行改革，它们在现实政策中不断失误并在发展中遇到困难，在与各种社会思潮的争论与较量中，特别是在历史的关键时刻始终缺乏正确的科学理论指导，客观上为民主社会主义的蔓延提供了机遇。80 年代末 90 年代初，民主社会主义成为苏东主流的社会思潮，社会主义的发展方向出现了转向，而西方的民主社会主义也经历了新的变化，苏东剧变后西方国家的社会民主党围绕是否继续使用“民主社会主义”一词展开了激烈的争论，英国工党率先修改了已有近 80 年历史的《党章》第四条，即阐述社会主义目标时不再提“生产、分配和交换手段的公有制”和“民众管理及控制企业与公共事业”。就连新自由主义、新保守主义也认为

民主社会主义的历史使命已经终结。拉·达伦多夫是公开宣布“社会民主党世纪的终结”的第一人。随着民主社会主义关于“要不要社会主义”“要不要公有制、国有化”“要自由的市场还是社会的市场”的大讨论，民主社会主义思潮基本融入新自由主义思潮。

2. 生态社会主义思潮异军突起

生态社会主义 20 世纪 70 年代在西方率先发起了绿色运动，到 90 年代成为引人注目的左翼社会思潮。这一思潮作为当代西方新社会运动和社会主义思潮结合的产物，反映了马克思主义对当代西方社会主义思潮的直接影响，反映了当代生态危机的解决与社会主义的必然联系，也反映了当代西方社会主义者根据当代资本主义所面临的生态危机所引发的诸多新问题，重新深化了对社会主义的理解。它提出了一整套以维持生态平衡为基础、以满足新型需要为目标、人与自然和谐发展的未来社会理论，并试图寻找一条通向生态社会主义的现实路径。这股社会思潮被西方左翼理论家视为 21 世纪社会主义的希望。

3. 市场社会主义思潮异常活跃

源于 20 世纪 30 年代的市场社会主义在经历了 50—80 年代苏东社会主义经济改革理论探索阶段失败后，一些西方左翼学者在深刻反思苏联东欧社会主义失败教训的基础上，提出市场社会主义是发达资本主义国家走向社会主义的唯一可行的方案。自 80 年代以来，这些主张市场社会主义的左翼学者纷纷著书立说，提出了各种各样的市场社会主义模式，形成了一股新的市场社会主义思潮。90 年代后，市场社会主义思潮在欧美很有影响，它是西方左翼理论家在现行资本主义条件下追求实现社会主义价值目标的理论探索，其目的是通过寻找超越现行资本主义的替代模式来达到效率与公平的统一。美国纽约大学政治学教授、著名的马克思主义学者奥尔曼认为，“市场社会主义现已成为世界范围内左派争论的一个主题”①。新一代市场社会主义理论试图证明市场和公有制的有机结合在效率和平等上的双重吸引力，并为生产资料公有制做了辩护。

4. 世界社会主义思潮振兴崛起

中国特色社会主义成为世界社会主义思潮的坚定引领者，镌刻着世

---

① 奥尔曼. 市场社会主义：社会主义学者中的争论. 北京：新华出版社，2000：2.

界社会主义的新坐标。其一，民主社会主义思潮再度思考如何建设可持续的福利社会探索资本主义的改革，社会党国际增加了建立新的国际秩序的追求。其二，市场社会主义在信息技术革命的推动下，提出了“哈耶克之后的社会主义”模式的市场社会主义新模式，以改造资本主义的经济基础，重新建构社会主义形态。其三，生态社会主义进入21世纪以来，试图将反全球化的生态环境运动引向社会主义，用马克思主义理论支撑来解决现实的生态问题，并开辟了生态环境问题研究的新领域。其四，女权社会主义出现了与自由主义女权主义、激进主义女权主义、马克思主义女权主义、社会主义女权主义、后现代女权主义等流派渐趋融合的趋势；受后现代主义和多元化理论的影响，女权社会主义越来越关注收入、种族、阶级、民族和性别的差异性，受金融危机福利紧缩政策的影响，从生产领域的抗争转移到对再生产空间的抵制。其五，在发展中国家，委内瑞拉“21世纪社会主义”颇有影响，是近十几年来委内瑞拉的主流意识形态和国家发展战略，用“另一个世界”“替代资本主义”。其六，2008年国际金融危机后产生的千禧社会主义之风正在当代西方社会刮起，即西方“千禧一代”青年人对“社会主义”重新燃起热情。它主张国家干预和公平分配，要求更多的社会福利，倡导环境保护，是西方左翼思想的新发展。其七，中国特色社会主义引领致力于发展本国特色的国家，新时代中国特色社会主义既是21世纪世界社会主义运动走向振兴的中流砥柱，又为其他发展中国家实现现代化提供了选择。

（二）全球化进程中主流资本主义思潮的新变化

自20世纪70年代以来，随着世界格局和时代主题的变迁，全球化进程的深化，科学技术的飞速发展，西方社会人们的生活方式、思维观念、价值判断、理论思维、政治意识和研究方法都发生了较大变化，这深刻地反映在异彩纷呈的当代西方社会思潮中，亦反映于西方资本主义主流思潮在理论上的新变化。

1. 捍卫资本主义的新自由主义思潮在全球的推广

新自由主义是一种维护资本主义制度的思潮以及意识形态，它以自由放任为原则，强调以私有制为基础的市场机制对资源配置的自发作用，反对政府对经济生活的干预。20世纪70年代西方遭遇危机，新自由主义思潮重新兴起，随着世界经济政治格局的转变，逐渐在资本主义世界占据统治地位。苏东剧变成为新自由主义最大的试验场，一时间，新自由主义在世界其他地区得到推广。首先，新自由主义思潮不但继承了新古典经济理论鼓吹市场机制作用、反对政府干预的基本思想，而且把自由市场经济制度的作用无限夸大，被称为自由市场经济制度的“原教旨主义”。其次，新自由主义思潮与国家战略紧密相连。20 世纪 80 年代初期，美国、英国、加拿大和联邦德国等主要西方国家在经济生活中都执行一系列减少国家干预、加强市场机制作用、刺激私人企业制度繁荣的国家政策和措施。进入 20 世纪 90 年代之后，新自由主义思潮成为国际战略。在苏联直接以“休克疗法”结束关于经济发展是依靠市场还是依靠政府的长久争论，将市场资本主义作为经济发展的最佳形式。东亚推行国家全面开放资本市场、证券市场、金融市场经济，当时学者把东亚模式的成功归功于自由市场经济制度的胜利。再次，新自由主义在广大的发展中国家推销“华盛顿共识”，把新自由主义视为发展中国家经济发展必须奉行的金科玉律。“华盛顿共识”主张国有企业私有化和巩固私有产权，实行外贸、投资和金融自由化，执行汇率贬值和紧缩性财政政策的稳定化，其结果是接连使拉美、苏东、东南亚等国家遭受严重的经济危机，引发了整个世界对新自由主义思潮及其模式的批判与反思，主流新自由主义思潮遭遇挫折后开始与经济民族主义、民粹主义结合，在世界范围内掀起了逆全球化思潮，以修补新自由主义对全球化的失控。

2. 新保守主义政治思潮理论频出

与新自由主义思潮相呼应的是以西方中心主义为特征的新保守主义占据着西方意识形态的统治地位。

“共产主义失败论”的代表人物是美国的兹比格涅夫·布热津斯基，他在 1989 年的著作《大失败——二十世纪共产主义的兴亡》中认为马克思主义是以道德为动力的乌托邦式的社会工程，是对历史的错误判断和人性的严重误解；全世界正进入以技术革命为显著特征的“后工业社会时代”，即民主主义的时代，马克思主义和共产主义的失败不可避免。

“文明冲突论”是美国学者塞缪尔·亨廷顿在《文明的冲突》的论文和《文明的冲突与世界秩序的重建》的著作中提出的。他认为冷战时期所谓第一世界、第二世界、第三世界的划分已经过时，冷战后的国家不是根据政治、经济体制或经济发展水平而是根据七个或八个主要文明来划分。世界的权力结构以文明为中心发生转移，西方文明正在衰落，亚洲文明正在兴起，伊斯兰文明的人口在激增，国际关系的非西方化特征将更明显。各文明之间将发生影响全球政治的冲突，非西方文明对抗西方文明的局面已经形成。

“民主和平论”的鲁塞特在《把握民主和平：后冷战世界的原则》等著作中强调，冷战结束是自由民主制度的胜利。现代化民主国家之间不会发生战争或绝不开战。转型中的民主化国家发生战争的可能性较大，而民主国家与非民主国家之间的战争不可避免。只有自由民主制度能够带来世界的“永久和平”。

“新帝国主义论”是英国的罗伯特·库珀提出的，他把全球分为三类国家：第一类是西方发达的“后帝国、后现代国家”；第二类是由索马里、阿富汗等前殖民地国家组成的“前现代国家”；第三类是印度、巴基斯坦和中国这样的“传统现代国家”。前现代国家可能会为那些对后现代国家构成威胁的非国家分子提供“基地”。而要对付这些挑战，最好的办法就是新帝国主义的“丛林法则”，先发制人、以暴制暴。这一理论很快成为美国“先发制人”侵略战争的战略依据，被西方国家视为对付“失败国家”“邪恶国家”“流氓国家”的最好方式。还有就是西方国家广泛流行的“中国威胁论”。最早提出“中国威胁论”的是日本。1990 年 8 月，日本防卫大学副教授村井友秀在《诸君》月刊发表文章《论中国这个潜在的威胁》，认为从国力的角度中国是一个潜在的敌人。这一论调随后促使美国在高唱“历史终结论”的同时，断定“中国将是下一个苏联”以及“下一个敌人”。其主要代表人物，如兹比格涅夫·布热津斯基、约翰·米尔斯海默、罗斯·芒罗等，从西方大国崛起的历史经验和理论中推导出“国强必霸论”：从中国军事实力发展推定中国“已具备侵略能力”①，“共产主义”国家不仅是西方的敌人，也是世界祸根，宣扬 21 世纪“最大的威胁是中国的核武装和共产党专政”；从“文明冲突论”的角度提出作为不同文明集团和国家的“中国文明威胁论”，认为“中国的崛起对美国形成了更根本的挑战”②；从中国的人口特征鼓吹“中国粮食威胁论”，1994 年美国学者布朗发文《谁来养活中国》，预言 2010 年中国粮食缺口达 2 亿吨以上，世界无法养活中国，将引发全球不安定与发展停滞。

进入 21 世纪，中国的和平发展不断证实“中国威胁论”的破产，

---

① 吴鹏．“中国威胁”论剖析．世界经济与政治，1993（10）：10.

② 亨廷顿．文明的冲突与世界秩序的重建．北京：新华出版社，2010：204.

然而“中国威胁论”却不断翻新花样。一方面，将“中国军事威胁论”从“航母威胁”“常规潜艇威胁”上升到“新型核潜艇威胁”以及“太空军备竞赛”，不断升级，认为“中国是最有潜力与美国进行军事竞争的新兴大国”①。另一方面，2010 年，中国超越日本成为世界第二大经济体后，不断改写了世界经济格局重大数据和比例关系，“中国经济威胁论”“生态环境威胁论”“资源能源威胁论”开始浮出水面。紧接着，“中国软实力威胁论”“文化威胁论”“中国民族主义威胁论”“中国国际秩序威胁论”等依次流行。2015 年美国思想界和舆论界挑起了“如何看待中国崛起与世界关系”的大辩论。一些观点认为中国这个东方社会主义大国实现了跨越式发展，意味着“一个‘文明型国家’的崛起、一种新的发展模式的崛起、一种独立的政治话语的崛起”，而更多观点则集中指责“中国锐实力论”“‘一带一路’威胁论”“新帝国主义列强论”“债权帝国主义论”等。中国由“虚拟敌人”成为美国“真实存在”的挑战。

3. 超越左右的“第三条道路”思潮兴衰

发达国家在世界四处推销资本主义方案的同时，在其内部，各种社会思潮正处在种种对立关系的两难选择中。哲学思潮中的科学主义和人本主义，经济思潮中的自由放任主义和国家干预主义，政治思潮中的自由主义和保守主义，历史思潮中的乐观主义和悲观主义，文化思潮中的理性主义和非理性主义，无不是社会分裂中精神困惑的表现。20 世纪 90 年代中期以来，一种新的、以超越左右为标志的“第三条道路”思潮在西欧国家兴起。它由美国民主党在 90 年代初率先提出，后由英国工党大力提倡，接着德国社会民主党、荷兰工党、意大利左翼民主党等纷纷响应，通过理论创新、政治倡导，对欧洲的政治经济施加实质性的影响，“第三条道路”思潮得到了更广大范围的传播，日益成为西欧各种思潮的主流，甚至被称为“新欧洲道路”。吉登斯于 1994 年推出的《超越左和右》为这一思潮奠定了理论基础，试图通过建构一种既包含左也包含右的独特思想体系，超越老派的社会民主主义和新自由主义。“第三条道路”思潮的实质是资本主义社会为了迎接全球化挑战，克服自身弊端，保持内部活力而提出的试图“超越”左和右的一种改良思

① US Department of Defense. Quadrennial Defense Review Report.（2006－02－03）. http://archive.defense.gov/pubs/pdfs/qdr20060203.pdf.

潮，试图给人们留下某种关心每一个人现实利益、为每一个人安全生活着想的思想导向，很容易引起社会的关注，迎合社会心理。受2008年国际金融危机的打击，西方社会右翼不断抬头，“第三条道路”思潮淹没在欧美新民粹主义浪潮中。

4. 欧美新民粹主义思潮泛滥

进入21世纪以来，民粹主义在世界范围内呈现新的崛起态势，并成为具有世界影响力的思潮。与历史演进中的传统民粹主义思潮不同，以往的民粹主义多发于资本主义现代化早期经济制度不太发达的国家。而在当今时代，新民粹主义频发于发达国家，且蕴藏在金融资本主义强势崛起以及由全球扩张引发的世界经济危机中，其表现是民粹主义政治运动、政党力量、政治领袖和政治影响力席卷大西洋两岸，对发达资本主义国家自身和全球社会产生巨大影响。欧美国家内部矛盾激化，英国的脱欧、美国的特朗普主义、法国的黄马甲运动等成为新民粹主义兴起的标志性事件，“集体右转”① 的民粹化成为所谓“民主典范”国家的政治生态。新民粹主义将民族国家内部经济社会发展不平衡的矛盾外化为全球性的矛盾，与经济民族主义、种族主义、单边主义、贸易保护主义等多种消极社会思潮合流，在世界向何处去的重大全球性问题上逆潮流而行，引发全球化进程的动荡与回潮，加剧了21世纪世界经济发展的不确定性。

二、发展主题推动世界现代化的思想探索

自20世纪70年代以来，世界格局转变中前期和平比发展更重要，两极格局的存在，使世界各国不可能一心一意求发展；20世纪90年代以后，威胁和平的两极结束，相互军事对抗的解除，使发展问题进一步上升为世界的核心问题。随着全球化的深入，以发展为主题的思潮持续探索，日益成为对现实有着很大影响的社会思潮。

（一）现代化思潮成就强国之梦

以现代化理论回应发展诉求的世界思潮，始自20世纪70年代后。政治独立、经济富强，是战后发展中国家的普遍愿望，现代化理论由此产生。诺贝尔经济学奖获得者、发展经济学创始人之一缪尔达尔曾说，

---

① 韩海涛. 欧美新民粹主义思潮的主要特征与发展趋势探究. 马克思主义研究，2020（1）：137.

“现代化”作为一种新价值观，已经成为新兴民族国家知识阶层精英分子的理想和“官方信息”，几乎成为一种国教，是“新民族主义”的一个重要组成部分。自布莱克 1966 年《现代化的动力：一个比较历史的研究》一书出版后，世界上有关现代化理论的研究专著可谓汗牛充栋。现代化理论从根本上说乃是一种有关社会发展的学说。在当时，大多数经济学家认为，发达国家的现代化是工业化的结果，发展中国家的现代化也要走工业化的道路。20 世纪 90 年代后，越来越多的国家认识到工业化的传统现代化之路存在大量问题，发达国家在寻求新的现代化——“第二次现代化”，即大数据时代经济的现代化之路，发展中国家则必须面对创新现代化的历史重任。

（二）发展主义思潮探索不同的发展模式

由于早期现代化思潮将现代化等同于西方化，将现代化等同于工业化，这使得落后国家的现代化实践出现工业化失误、收入分配两极分化、通货膨胀严重等社会问题。20 世纪 70 年代后，发展主义思潮崛起，逐步背离西方的现代化理论，提出了更具发展中国家特色的理论和政策。1967 年，美国学者 A. G. 弗兰克发表了《发展社会学与社会学的低度发展》一文，否定了“传统”与“现代”的划分。他认为，在当今世界的任何角落都不可能找到传统社会，因为任何国家都不是孤立发展的。两年后他在《资本主义与拉丁美洲的低度发展》中更尖锐地提出，经济发达和不发达是同一个硬币的正反两面。在此，“发达”与“不发达”取代了“现代”与“传统”，成为激进发展学派关于发展的核心概念①。发展主义在不断扩展中，也遭到了不同思潮之间的争论和反对。1972 年《增长的极限》的出版，被视为“批判发展学派”的全新思维范式，对传统发展观进行了否定。

（三）现代化思潮的终结与转换

现代化的历史进程到 20 世纪 70 年代出现了新的难题，面临着新的挑战。一方面，传统现代化引发了人与自然关系的失衡，生态问题已经成为全球性问题。生态主义思潮随着 20 世纪 70 年代西方“绿色运动”的兴起而产生，是对生态问题全球化的理论回应。莱切尔《寂静的春天》拉开了现代生态主义思潮的序幕，终结了传统发展道路。20 世纪

① 阿恩特. 经济发展思想史. 北京：商务印书馆，1997：134.

70 年代罗马俱乐部发表的《增长的极限》使西方社会普遍意识到人和自然的紧张关系，生态主义、环境主义、生态社会主义此起彼伏地在西方出现。生态主义从根本上质疑当前的政治、经济和社会制度，对传统现代化理论和思潮进行了否定。

另一方面，新科技革命的发展促进了否定传统现代化、寻找新的现代化之路思潮的流行，探索未来社会发展模式的理论方兴未艾。后现代主义是自 20 世纪 70 年代以来西方最为时尚的学术理论思潮，并迅速成为一种质疑西方现代社会主流价值观的批判性文化思潮。其理论特点是在彻底否定现代性的同时，凸显后现代社会的文化逻辑，从而实现对现代性的超越。以福柯为代表的法国后现代主义思想家率先质疑理性的普遍有效性和合法性，进而彻底否定现代性、现代化，主导了世界现代化历史进程的整个西方工业文明。随着新科技的发展，现代化的出路何在？后现代化的发展模式何在？未来主义思潮应运而生，从 20 世纪 60 年代末 70 年代初在西方发达资本主义国家出现，到 90 年代以后成为具有全球性影响的社会思潮，后陆续涌现了“第三次浪潮”、知识经济思潮、信息经济思潮、共享经济思潮。其共同特点是研究新科技革命对人类社会未来发展的影响，以解决现有的工业社会遇到的发展困境。这股思潮反映了时代的发展难题，反思科学技术、发展与环境在全球化中必须面对的选择，而且不断吸收和借鉴有关社会思潮的理论成果。由于发达国家在经济危机后出现经济发展停滞，面对信息革命和知识革命席卷全球，知识经济逐步在世界范围内崛起，第二次现代化思潮开始流行，即实现从工业时代向知识时代的转换。如果说工业化、城市化是第一次现代化的重要特征，那么知识化、网络化和国际化就是第二次现代化的主要特点，第二次现代化更凸显出智能、科技、分散化等特点，对经济基础、自然环境、人生观与价值观等提出更高要求，也凸显了这是世界格局重新洗牌的重要契机。当后现代主义走入了第二次现代化阶段，“后现代”不仅意味着对现代化的解构，更意味着对现代化的重新定义。

三、全球化迅猛发展深刻改变了世界思潮的流向

全球化是我们这个时代最重要的特征之一。全球化是一种客观事实，是一种发展趋势，它是世界历史进程的一部分。那么，如何看待这样迅猛发展的趋势，是一个具有重大理论意义的现实问题，亦成为世界

各国无法回避的共同课题。它直接介入并深深震撼着以传统国家关系为支点的全部社会生活，不仅使世界进入一个新的时代，而且深刻地改变了世界思潮的流向。

（一）当代全球化理论兴起的两条路径

全球化理论是全球化进程发展到一定阶段的必然结果，其前身是把世界作为整体思考的方法。全球化进程发端于西方，随着人类发展到当代，越来越多的原先带有局部性、地区性的社会发展基本问题成为全球性问题，全球化理论沿着两个不同的路径几乎同时展开。一个是从社会历史发展的纵向看全球化的发展。以往的全球化理论是西方全球化理论，带有明显的“西方中心论”和“国家中心论”倾向。对这种西方化的全球化理论的批判有着源远流长的历史。但对“国家中心论”的批评始于 20 世纪 60 年代，认为“国家中心论”无法把越来越多的国际活动角色纳入分析视野，难以准确地描述整个世界的变化，应该用“世界社会”或“相互依存”这样更具包容性的概念替代民族国家。“西方中心论”与“反西方中心论”、“国家中心论”与“反国家中心论”间的斗争最终导致了 20 世纪 70 年代全球化理论的出现，这就是沃勒斯坦的世界体系论，它对传统全球化理论提出了挑战。沃勒斯坦在 1974 年推出的《现代世界体系》（第一卷）中用“体系”（system）概念置换了“民族国家”概念，并将其作为研究世界的基本单位，从批判的角度描绘了资本主义扩张的内在动力和过程。“依附论”作为现代化理论的批判者，也从全球化的角度提出了不平衡发展造成了世界的中心-边缘结构特征。社会历史理论方向的全球化理论认为，历史发展方向将是社会主义的全球化，资本主义的世界体系将被新的世界体系所取代，或者是一种新型的全球化发展。传统西方学者仍然不愿放弃与全球化时代相悖的“西方中心论”，视“全球一体化”为全球化的本质，强调全球化意指各民族、国家和地区的社会制度、政治体制、生活方式、思想文化、价值观念的“趋同”或“同质化”，认为西方国家理应成为全球化的“主角”，非西方国家只能成为“配角”或无意义的“边缘”，贬低甚至否定非西方国家选择符合本国国情、尊重民族文化传统的现代化发展道路的可能性。

另一个是沿着横向的现实全球性难题而兴起，针对全球性危机而显示出早期全球化理论的特色。以罗马俱乐部对全球问题的研究为发轫，结合未来学、发展经济学的研究，从经济增长带来的世界性问题，到工业化带来的生态问题，使全球问题的研究迅速流行，出现了不同的流派，如技术决定论派、后工业社会论派、生态主义论派、文明论派、进化决定论派等，提出了各具特色的全球化学说和思想。“增长极限论”认为，20 世纪 70 年代的世界性危机不是暂时的，而是反映了传统发展模式中所固有的一种持久趋势，依靠技术并不能克服危机。因此，人类处在发展的困境中，必须寻求解决全球难题的出路。其提出的路径是经济零增长方案。生态主义则主张从自然的问题透视社会问题，寻求生态现代化的解决方案。未来主义认为，全球性问题的产生是由于工业化，因此，寄希望于后工业社会解决全球工业化所带来的问题。早期全球化理论的兴起，第一次系统地把世界作为一个整体加以研究，抛弃了对国家、民族等局部利益的研究，把人类的共同利益视为研究的对象，并系统证明了人类相互依存的存在和影响。在另一个半球，以苏联为中心也开始了全球化问题的研究，特别是从 20 世纪 80 年代开始，苏联出现了研究全球问题的热潮。20 世纪 80 年代中期，中国随着改革开放新思潮的涌动也开始受未来主义的影响而开始参与全球化问题的研究，掀起热潮则是 20 世纪 90 年代以后的事情。

（二）全球化截然不同的三种理论回应

冷战格局的瓦解，全球范围内确立了市场的主导地位，这为经济全球化的深入提供了制度基础，推动着世界各国经济发展、政治开放、文化交流以及人们日常生活方式的变化，成为改变世界的重要趋势。西方国家的优势随着越来越多的非西方国家对世界事务的积极参与及力量的增强而相对下降，西方与非西方的矛盾替代了冷战时期的两大集团矛盾而成为世界格局中的主要矛盾。辨清人类置身于其中的全球化进程的现状及其未来前景，成了 20 世纪 90 年代全球化理论必须回答的问题。为了回答这个问题，不同领域的学者从各自不同的角度做了许多有益的尝试，推动了全球化理论在 20 世纪 90 年代的发展创新，也促使反全球化运动的出现。21 世纪以来，全球化在广度、深度、强度、密度上全面推进，引发了社会科学的话语体系和问题界域的重大转换，形成了当代全球化的强势语境。全球化思潮流变在当今显现为三种选择：

其一，反全球化思潮。反全球化思潮是伴随着西方新自由主义主导的全球化进程而崛起的，是反对发达国家通过全球化进行新的全球性掠夺的思潮流变和社会运动。这一思潮直指新自由主义鼓吹的极端自由市场准则的虚伪，在一只看不见的手的支配下，以一个看不见的拳头，确保以美国为首的发达国家成为当代全球化居支配地位“强势”力量和话语体系的有效性。“全球化越深入，所获利润也越丰厚”，通过金融资本对世界经济的操控使各国人民不可避免地贫困化，进而导致了社会不平等和不公正现象。因此，反全球化思潮提出“人民重于利润”的口号，“关注全球化中的南方”和全球化中不平等分配中的弱势群体，寻找资本主义主导全球化进程的替代方案。

其二，逆全球化思潮。它是指发达国家通过“一种全球化战略撤退”，继续主导全球化控制权以及话语权的思潮与国家策略。由 20 世纪 80 年代美英推动的全球化，通过新自由主义彻底私有化和全面市场化，推动金融资本主义在全球范围扩张，美英等发达国家迅速成为全球化中的获利方。然而，自 2008 年国际金融危机至今，全球经济持续低迷，一批新兴国家在全球化进程中继续崛起，成为国际金融市场的“稳定器”，全球经济增长的“动力源”，改变了以往全球化中发达经济体与不发达经济体的两极分化格局，呈现了“东升西降”“南起北落”的全球化态势。一贯“占上风”的发达国家无法适应本国国际利益趋弱、国际地位下降的局面，企图通过改变甚至破坏现有的全球规则，制裁崛起的发展中国家，通过贸易战、“退群”、军事威胁等方式恢复其在全球化中的霸权地位和最大受益者身份，以对全球利益进行再分配。

其三，全球化思潮。全球化思潮流变是全球化进程发展到一定阶段的必然结果。全球化思潮流变沿着历史纵向发展，回答什么是全球化的问题。以往的全球化发端于西方，西方全球化思潮围绕着“西方中心论”与“反西方中心论”、“国家中心论”与“反国家中心论”的思潮流变展开内部的交锋。主张传统全球化理论的学者坚持全球化就是西方化，全球化就是“趋同”或“同质化”，西方国家理应成为全球化的“主角”，非西方国家只能成为“配角”或无意义的“边缘”，否定非西方国家选择符合本国国情、尊重民族文化传统的现代化发展道路。主张整体性和相互依存全球化的学者对传统理论提出了挑战。沃勒斯坦在《现代世界体系》中从资本主义全球化的角度指出，资本主义全球化是产生分化和不平衡发展的全球化，全球化的历史发展方向将是社会主义的全球化。另一个沿着横向的全球性难题而兴起，是针对全球性危机而产生的全球化思潮，回答以怎样的全球治理解决全球性问题。以罗马俱乐部对全球发展困境研究为发轫，从经济增长带来的增长极限，到工业化带来的生态问题，世界性危机有着内在的持久趋势，单纯依靠技术并不能克服危机，主张通过可持续发展推动全球化，寻找摆脱人类发展困境、解决全球难题的路径。

（三）新自由主义全球化思潮对世界的影响

新自由主义的自由市场经济的全球化理论是一种具有实践影响力的全球化理论，这股思潮不仅席卷全球，而且演变为现实模式，对转型国家和广大发展中国家产生了很大的影响。新自由主义思潮认为，资本主义的市场经济是各国发展的必由之路。苏东剧变，是市场经济制度取得的巨大胜利，依靠政府发展经济的思想已经不再有任何生命力，市场资本主义是能够最好地适应经济全球化发展的形式。新自由主义将“华盛顿共识”作为各国适应市场经济发展的转型模式。许多发展中国家（包括苏联东欧国家）循着这条新自由主义经济思潮的思路，实行贸易和投资自由化，搞了金融自由化和私有化，但是不仅没有带来原来所设想的强劲的经济增长，反而让很多国家陷入经济危机和经济倒退。新自由主义理论与实践模式的全球推广及其后果，引发了世界性的思考：新自由主义思潮过分热衷于私有化、民主，本末倒置，把手段当作目的，结果却迷失了方向。新自由主义经济思潮过于强调开放经济、贸易自由化和金融自由化，结果使一些发展中国家陷入困境。“华盛顿共识”模式的失败，促进了世界对发展中国家近些年来的发展实践，包括政府与市场关系的再认识。美国学者乔舒亚·库珀于 2004 年 5 月提出了“北京共识”。远离“华盛顿共识”模式的中国取得了持久的快速增长，其主要目标是在坚持独立的同时寻求增长。

第四节　当代世界思潮与改革开放后中国的崛起

改革开放以来的中国，进入一个社会思潮纷涌、不同思潮交织碰撞、国外思潮大量涌入的新时期，在改革与开放的双重历史进程中，中国显示了其独特的历史作用和影响，这也是当代中国不能忽视的重要社会现象。改革开放后，中国处于一个创新、奋进的时代，这一时代也是一个总结和反思的时代，在社会思潮的相互激荡中，不仅延续了现代中国思想格局，而且反映了深刻而广泛的社会变革和文化转型。

一、当代中国社会思潮的历史演变

任何一种社会思潮都是一定经济、社会、历史、文化条件的产物，社会矛盾越激烈，社会问题越复杂，社会思潮就越活跃。中国社会思潮也不例外。近现代以来的中国历尽坎坷与曲折，出现过各种各样激烈碰撞的社会思潮，百川归海，这些社会思潮的涌动，始终围绕着对中国历史发展方向的思考，即中国向何处去。中国向何处去，一直是中国社会亟待解决的最重大、最基本的问题。对此，不同阶级或阶层的中国人在不同的时期做出了不同的回答与选择，引发出各种社会思潮的跌宕起伏。

从客观上看，支配中国社会发展的历史主题包含着独立与发展两方面的内容。中国要屹立于世界民族之林，就必须完成这两方面的任务。1949 年中华人民共和国的成立，终于结束了帝国主义同封建统治者、官僚资本勾结起来奴役、分裂中国的百年战乱，中国有了改变贫穷落后面貌、与世界同步走上现代化之路的现实可能，因而社会发展问题便逐渐上升为主要矛盾。但是，对这一客观历史发展趋势的认同并不是一帆风顺的，不同时期有不同的认识与回答，引发了当代中国社会思潮巨大的变动，呈现出激烈冲突、纵横交错的态势。

迄今为止，新中国社会思潮的发展演变大致可分为三大阶段。第一阶段是 1949 年至 1966 年，这一阶段是以马克思主义、毛泽东思想为主旋律的凯歌行进阶段。这是毛泽东思想大踏步地发展时期，新民主主义理论与社会思潮逐步让位于社会主义理论与社会思潮，社会主义理论与社会思潮极大地满足了渴望和平与发展的亿万人民的社会期待，焕发出人民建设新中国的巨大热情。马克思主义作为一股社会思潮在中国经历了由小到大、由弱到强、由思潮传播到指导革命运动和社会制度理论，也经历了与中国的实际相结合，加以创新和中国化的过程。随着中华人民共和国的成立，马克思主义以及马克思主义中国化的成果毛泽东思想在现代中国思想大变动中所占的突出地位是没有人能够否认的。无论理性还是情感都不能否认它在改变中国与发展中国的历史进程中所显示的巨大历史作用，这为它成为中国最具代表性、最具广泛影响力的社会思潮奠定了基础。作为社会思潮的毛泽东思想，既表现为一定的理论形态和理论的发展，也表现为中国人民在历史与现实中自觉与自发地掌握它、认同它。因此，它成为新中国最具广泛性、群众性、社会性的思想潮流，强有力地推动了中国社会的进步。

第二阶段是1966年至1978年，这一阶段是极左思潮泛滥阶段。极左思潮是当代中国相当长的时期内流传最广、影响最深的一股社会思潮，兴起于1958年前后的“大跃进”时期，于1966—1976年的“文化大革命”时期泛滥成灾，错误的理论与狂热的社会心理相汇合，成为支配当时中国社会政治、经济、思想、文化、道德、宗教乃至生活各个领域的主流思潮，甚至取代社会主义意识形态的地位。在当代中国历史主题的探索中，一股教条地、空想地、盲目地追求纯而又纯的社会主义模式，超越社会主义发展阶段，汇合大众盲目崇拜的社会心态的社会思潮逐步具有社会性、群众性，并经历了从“左”倾思潮鹊起到极左思潮泛滥的演变。1978年底，党的十一届三中全会彻底纠正了长期以来“左”的指导思想，采取实事求是探索中国社会主义发展之路的思想路线，带来了中国社会思想的解放、理性的复苏，使极左思潮归于沉寂。

第三阶段是1978年至今，这一阶段是中华人民共和国成立以来社会思潮最活跃的阶段，中国特色社会主义创立成为占据社会主流地位的社会思潮和意识形态。进入新时期，中国何去何从？对历史的反思与对现实道路的选择，在以邓小平为主要代表的中国共产党人领导下，促成了强烈而广泛的改革开放思潮，其核心是实事求是，寻求发展的中国特色社会主义思想在创新中跃起；同时，社会上出现了否定社会主义的资产阶级自由化思潮，以资产阶级“自由”“民主”“人权”为理论武器，以西方“自由的制度”“自由的思想”为发展模式，从右的方面干扰中国的改革开放和社会主义现代化进程。资产阶级自由化思潮既利用人们对极左思潮厌恶的心理，又借改革开放的名义，以崇尚理性、解放思想的面目散布对社会主义、共产主义和共产党领导的不信任和不满情绪，主张中国搞资本主义的现代化和资本主义的市场经济。这一思潮给改革开放初期的中国带来了社会动荡。中国特色社会主义理论紧紧围绕改革开放，实事求是地总结“文化大革命”的错误，破除“左”的、右的种种束缚和干扰，顺应世界发展，探索适合中国国情的实现中国社会主义现代化的道路，引领了当代中国改革开放的社会思潮，形成了实现中华民族伟大复兴的社会共识，成为新时期最鲜明的特点，令世人瞩目。它既汇集了当代中国政治家和思想家集中人民智慧的理论探索和超越，又集中体现了获得思想解放的中国各族人民要求摆脱贫穷落后，走向文明与富裕的强烈的社会期待；既继承和发展了马克思列宁主义、毛泽东思想，又充分吸收一切优秀的人类文明成果而充满了新时代的气息；既强烈而有力地促进了中国社会的历史颤动，使中国走上生机勃勃、健康发展的道路，又通过改革开放的社会变革，使这股思潮中的理论观点和理论构想经过实践检验逐步上升为更高的理论层次——以邓小平理论为代表的中国特色社会主义。这个理论，科学地回答了社会主义的本质、特征等一系列基本理论问题，比较系统地初步地解决了中国这样经济文化比较落后的国家如何建设社会主义的一系列基本问题。

在邓小平理论的指导下，中国社会逐步深入推进改革开放，同时也必须面对冷战结束后国际局势的重大变革，因此，“建设什么样的党、怎样建设党”的问题成为这一时期党的新命题，江泽民在党的十六大报告中全面阐述了“三个代表”重要思想，要求中国共产提高党的领导水平和执政水平，提高防腐拒变和抵御风险的能力，继续推进历史主题的完成。此后，胡锦涛总结中国发展实践，借鉴外国发展经验，重点制定了科学发展观的思路和战略，提高了中国共产党对社会主义建设规律、社会发展规律与共产党执政规律的认识，中国成为世界第二大经济体，经济实力、科技实力、国防实力、综合国力都有突破性发展，国际地位前所未有地提升，中国进入了新的发展方位。党的十九大以来，以习近平同志为核心的党中央深刻洞悉国内外形势变化和我国各项事业发展，指出中国特色社会主义进入新时代，中国社会主要矛盾已转化为人民日益增长的美好生活需要和不平衡不充分的发展之间的矛盾，明确了当前必须要回答的问题，即“新时代坚持和发展什么样的中国特色社会主义、怎样坚持和发展中国特色社会主义”，围绕这个重大时代课题，我们党坚持以马克思列宁主义、毛泽东思想和中国特色社会主义理论体系为指导，坚持科学的辩证唯物主义和历史唯物主义方法，结合实践经验，形成了习近平新时代中国特色社会主义思想这一重大理论创新成果，这一理论成为中国实现伟大复兴社会思潮的核心理论。

一种思想能否影响中国、主导中国不是靠主观意志决定的，也不是靠权力意志决定的。近现代中国社会思潮发展规律说明，一种思想变成社会主要思潮，受到三种因素的制约。其一，理论的彻底性。所谓理论的彻底性是指这种理论对中国社会发展客观规律认识的程度，这种理论把握中国近现代以来历史主题的程度，或者说，这种理论能否满足中国近现代社会变革的历史要求，能否成为中国人民摆脱危亡与贫弱之命运的思想武器。其二，理论的实践性。任何理论在中国能否被接受，不在于它的美妙动听，或者深奥新潮，而在于它是否符合中国的国情，适应中国的发展程度和中国人民的心理，以及有无为理论的实现而行动的人物、集团以及阶层。其三，理论的大众性。任何社会思潮的变迁、流变和规模还要取决于社会大多数人员的共同心理状态，取决于这种思想能否将民众真正动员起来，成为一股变精神为物质的足以影响中国现实的强大力量。如果只具备上述三因素之一或之二，这种社会思潮或具有历史局限性，或如昙花一现，或对中国的发展起着消极的作用。

二、当代世界思潮的影响折射中国改革开放的进程

当代世界思潮伴随中国的改革开放直接冲击着中国社会，使中国在短期内形成思潮汇聚与交锋的局面，显示了改革开放对中国意味着一次新的选择、新的发展。每当改革开放遇到问题或者面临新的挑战时，中国都会出现相应的国外思潮和理论介入。由于近现代以来中国社会的历史主题并没有完成，围绕着历史主题这个核心，中国渴望了解世界，理论和实践也推动着中国对国外思潮的需求。

从历史走向和社会制度层面看，改革开放以来大量涌入中国的思潮与世界思潮的走向基本是同步的。自由主义思潮是最主要的思潮，20世纪 80 年代开始，随同人道主义思潮、启蒙主义思潮、异化理论等自由主义在中国开始“重新发育”。特别是在 20 世纪 90 年代后，随着中国参与全球化的进程加快，自由主义在中国文化界再次形成热潮。评论和介绍西方自由主义观点的文章大量涌现，这些文章结合中国的历史和现实，在政治、经济、文化上对社会主义的革命和实践进行了新一轮的理论批判。特别是强调以全球化、市场经济与私有化为核心，其实质是把在世界流行的西方新自由主义思潮引入中国，提出只有自由主义才能发展中国。“我们现在正处在全球化的时代，经济市场化已成为全球性的潮流，自由和自由主义也越来越成为一种全球性的价值。”① 这股思

① 单纯，旷昕. 良知的感叹：二十世纪中国学人序跋精粹. 深圳：海天出版社，1998：473.

潮最早在国内开始触及全球化问题，因其理论的前瞻性吸引了知识分子的关注，与其说是关注自由主义，不如说人们更关心全球化的话题，这股思潮引发了国人对全球化特别是经济全球化问题的思考。

从具体制度和发展层面看，大量的国外思潮集中在这个领域内产生影响，或者说社会更自觉地从发展和现代化的角度选择国外思潮，以吸纳优秀的思想，致力于推进中国现代化的进程。20 世纪 70 年代末以来，人们追寻现代化，急切摆脱落后与贫困，崇尚西方的科学技术以及思想文化，不可避免地引发对传统的反省。20 世纪西方人文社会科学理论几乎被全部拿来，各种“主义”如走马灯一般。世界思潮不能不对日益开放的中国思想文化界产生影响。其一，20 世纪 80 年代的中国，国外人文主义思潮非常流行，特别是各种哲学思潮。由于国外人文主义思潮把哲学归结为对人的研究，要求以人为本重视人生的意义和价值，比之科学主义更加引起社会关注，特别是在青年人中引起了强烈的共鸣。萨特存在主义在 1982 年前后开始风行中国知识界，“存在先于本质”几乎成为一代青年的口号。因此，引介国外人文主义思潮的著作出现了一个高峰。其二，科学技术思潮的引进更紧紧围绕“中国的现代化”这一主题，国内很快出现了引入的高峰。原版于美国的阿·托夫勒的《第三次浪潮》1983 年在北京出版后在国内接连再版，一时人人谈信息，个个皆知“信息社会要来了”。其后奈斯比特的《大趋势：改变我们生活的十个新方向》、丹尼尔·贝尔的《后工业社会的来临》等在国内相继出版。这不仅使国民有机会接触国际上最新的思潮，而且相信科学技术是一种不可抗拒的革命力量，从而对邓小平“科学技术是第一生产力”的论断有了更为深刻的认识。国内掀起了科学主义思潮热，20 世纪 80 年代中后期，《从混沌到有序》《用系统论的观点看世界》《协同论》《突变论》《超循环论》等系统科学的著作相继推出了中译本。有关生态哲学、环境哲学、生命伦理学等方面的研究骤然升温，这说明在我国现代化发展中开始研究中国工业化给世界带来的影响。

20 世纪 90 年代后世界思潮在中国的引介不断朝着经济、政治、文化、伦理、生态思潮转向，其中包括市场与计划之争、民主与权威之争、传统与现代之争或中西方文化之争、人与自然之争，中国思想界和社会以越来越开放的心态和眼界参与了世界思潮的交流与碰撞，中国问题也越来越成为世界思潮关注的焦点；而中国的思想界，包括国家领导人不断出席各种世界大型的论坛、会议，各种话题、语汇和探讨的问题越来越与世界同步。

21世纪以来，伴随着世界格局的重大变动，东升西降、社定资乱的发展态势日趋明显，西方资本主义国家为维持其在国际舞台上的霸权和主导权，保护其既得利益，再次发动舆论攻势，将西方的核心价值观重新包装继而再次向东方世界输出。“当今时代，社会思想观念和价值取向日趋活跃，主流的和非主流的同时并存，先进的和落后的相互交织，社会思潮纷纭激荡。”① 习近平总书记曾明确指出当前思想舆论领域的“三个地带”说，红色地带一定要坚守住，黑色地带要敢于针锋相对地亮剑，对处于中间的灰色地带要通过引领使其向积极方面转化。意识形态阵地的争夺历来是意识形态工作中最激烈的斗争，主流意识形态不主动去占领，其他各种非主流的社会思潮就会去占领。中国的新时代也是世界新科技革命的关键时期，一些错误思潮会借助新媒体等最新技术方式更高效地进行传播，传播范围更广，影响力更大，公开或隐蔽地对民众的思想认识进行误导，例如，曾经的自由主义思潮装扮成新自由主义思潮进行传播，曾经的民粹主义在今天愈演愈烈并裹挟着历史虚无主义、无政府主义等错误思潮增强其危害。这些社会思潮在新世纪特别是新时代以来的中国社会出现，是和当前中国社会正在全力推进全面深化改革的历史背景密不可分的。全面深化改革阶段都是改革“难啃的硬骨头”，面临的社会矛盾都给如此种种的社会思潮留下发展的空间。这些社会思潮的存在及其演化出的新观点亦表明中国的全面深化改革所面临的新难题与新挑战。

三、中国当代三大主要社会思潮的交汇与碰撞

梁启超有言，“凡‘思’非皆能成‘潮’；能成‘潮’者，则其‘思’必有相当之价值，而又适合于其时代要求者也”②。一百多年来，“中国向何处去”一直是引领中国思想走向的一个核心问题。在这样的历史背景与历史走向中，马克思主义、自由主义和文化保守主义三大思潮并存的思想格局逐步地、客观地形成了，不同的思潮相互激荡、相互影响。对历史主题的回答，使不同的思潮显示出了不同的历史地位。改

---

① 习近平．习近平谈治国理政：第2卷．北京：外文出版社，2017：328．

② 梁启超．清代学术概论．北京：中华书局，1954：1．

革开放以来，马克思主义在中国有了新的发展并不断被创新。中国结合当代的实际，结合世界的发展，创造性地继承和发展了马克思主义，增添了马克思主义对社会思潮的影响力。邓小平理论是中国改革开放的理论先导，“三个代表”重要思想是中国改革开放进程中重点解决领导力量问题的重要思想法宝，科学发展观是聚焦改革开放的核心问题——“如何发展”的科学性、专业性理论，习近平新时代中国特色社会主义思想则是在全面深化改革阶段的高屋建瓴式、继往开来的重大理论创新，正是在各种思想文化的相互激荡中，中国化的马克思主义——中国特色社会主义理论在不断发展中积极回答了中国社会发展中的重大问题，并且在实践中证明了理论的创新性和正确性，赢得了大多数中国人的支持和赞誉。

20 世纪 90 年代以来，中国思想界环境宽松，有了更多的相互交流与互动。其中，一个明显的标志是文化保守主义凸显。文化保守主义思潮作为与马克思主义、自由主义同时并存的三大思潮之一，在当代中国社会有着重要的影响。这种思潮是指 20 世纪 90 年代以来在中国本土兴起并与海外新儒家有文化血缘关系，以认同、回归、捍卫中华民族文化传统为根本宗旨，与以往的文化保守主义虽有某种联系但又有较大差别的学术文化思潮。从改革开放以来文化保守主义的兴起与不断的争论来看，它所关注的问题，不仅有思想文化，也有社会政治与现实。文化保守主义是人类历史进入现代化阶段以后的重要文化现象，是一种对于非保守的、非传统的现代化所产生的一种全球性思想的反应。中国保守主义不仅追寻传统与现代的矛盾回答，而且追寻民族文化与外来文化的矛盾解决。文化保守主义在中国一直处于“边缘”境地，仅在一部分知识分子内部产生影响，在 20 世纪 90 年代逐渐显示出强劲的势头。其首先表现在学术文化界，对文化激进主义进行了历史的否定，引发了学术界有关“传统与现代”的争论；同时，对中国近现代历史进程进行了反思和批判，提出了“告别革命”，企图从历史来关注现实的文化和现实的政治。文化保守主义成为一种不可忽视的思想文化潮流，但与文化保守主义相比，西化的自由主义“显然比‘复兴儒学’的思潮要强大得多，因为现代化是时代发展的趋势，而现代化又往往是与‘西化’联系在一起的”①。

① 方克立. 现代新儒学与中国现代化. 天津：天津人民出版社，1997：500.

20世纪中国的自由主义和文化保守主义一样，是由西方文化对中国的冲击造成的，其思想资源主要来自西方。在中国现代史上，自由主义以资本主义为理想社会，一方面全盘否定与取消中国传统文化，另一方面全盘吸收西方文化，最终重建中国文化价值，改塑中国的政治、经济乃至社会。20世纪80年代，随着改革开放和社会重心从政治向经济的转移，自由主义曾经有过相当活跃的时期，造成了一定的思想混乱，对当代中国社会产生过较大的震动和有害的影响。进入20世纪90年代中后期，自由主义在中国重掀发展的高潮。当代中国三大思潮反映着当今世界发展潮流和国内社会力量的对比，相互之间既展开了错综复杂的思想斗争，也有局部的互动、联盟。当前，国内和国际环境发生了复杂而深刻的变化。首先，在国内表现为经济成分和利益多样化、社会生活方式多样化、社会组织形式多样化、就业岗位和就业方式多样化，以及必然的思想多样化。其次，在世界格局多极化、经济全球化的大背景下，文化的民族化、多元化趋势不断加强，同时民族文化认同的危机感也越来越深，强化民族意识的呼声也越来越高。美国未来学家约翰·奈斯比特曾经在《90年代世界发展10大趋势》中明确把这种寻求民族文化认同作为未来大趋势①。当社会面临变革与转型时期，中国思想界就会出现文化中特有的回顾“历史”的怀旧情绪，这种文化社会心理是文化保守主义出现的重要基础。英国的休·塞西尔在《保守主义》一书中指出：“对陌生事物的恐惧，对陌生的外国人和他们生活习惯的恐惧，对陌生的精神世界及其被认为可憎的新奇事物的恐惧——这些恐惧长期阻碍了并在很大程度上仍然妨碍着中国的哪怕是十分有限的进步。”②最后，深层次的原因是，中国一百多年来传统文化与现代化的历史课题仍然没有解决。文化保守主义与马克思主义、自由主义三大思潮虽有各自的地位、作用和不同的命运，但对人们产生的影响却是不能否认的。

进入21世纪，中国特色社会主义在几代中国共产党人的努力下不断创新，在全球化发展的背景下，实现了马克思主义的中国化、时代化和大众化，牢牢把握当代中国的历史主题，不断观察时代、解读时代、引领时代，科学地回答了在世界百年未有之大变局下把理论与实际相结合的时代重大课题。中国以宽广的视野吸收人类创造的一切优秀文明成

---

① 奈斯比特. 90年代世界发展10大趋势. 北京：中国经济出版社，1991.

② 塞西尔. 保守主义. 北京：商务印书馆，1986：5.

果，坚持中国特色社会主义道路，拓展中国特色社会主义理论体系，以更鲜明的中国特色和中国智慧向世界传递中国文明特有的文化魅力，全面展示了社会主义制度在21世纪世界大变局中的优越性，带动并大大推进了世界马克思主义思潮重新回到人们的视野，世界社会主义从低谷走向振兴。中国特色社会主义不仅引领中国社会主流的社会思潮，也在全球范围内引领着21世纪世界社会思潮的新走向。

第三章　历史主题：当代世界思潮的本质与趋势

当代世界思潮的产生、发展和消退与当代世界历史发生的重大变化直接相关，集中反映了当代世界所面临的重大问题，聚焦了人类社会的重大课题。透过思潮的跌宕起伏，我们发现，当代世界思潮始终是围绕当代世界的历史主题而展开的，它必须回答在大时代的历史发展趋势中因历史发展的规律、社会基本矛盾和总体特征而决定的历史性问题和社会发展趋势的重大课题。

第一节　当代世界思潮历史主题的本质与特征

一、历史主题的基本含义

主题是运用非常广泛的概念，带有很强烈的主体、主观色彩，在梳理历史主题的含义时，有必要了解主题这个概念，以及主题与社会科学之间的关系，以把握主题与历史主题的区别与联系。

（一）主题的含义与特征

“主题”是个有着丰富内涵的词汇，也是个有着本质特征的概念。在日常生活中主题的含义有：第一，主题是指文学作品中通过具体的艺术形象表现出来的中心思想，也称主题思想，集中反映作者对所描绘生活的认识和评价，反映作者的世界观；第二，主题是指乐曲中具有特征的，并处于显著地位的旋律，它表现完整或相对完整的音乐思想，是乐曲的核心，亦为其结构与发展的基本要素；第三，主题是指系统的主题，即较高层次上将信息系统中的数据综合、归类并进行分析利用的抽象；第四，主题是指主要内容、活动的中心和表达的中心，比如议论、谈话等的观点的议题设置。可见，主题一般是指人围绕着中心或主要内容的活动和思想，是作为主体的人在社会活动中围绕着主要问题或中心而形成的一种表达。

在社会科学和理论的研究中，主题一般被认为是尚待研究和解决的课题、问题。比如，我们通常讲哲学的主题、理论的主题，在面对新问题时，我们会重新思考主题所反映的根本性的理论问题。从对主题的不同理解和定位看，主题一般被理解为人的主观的活动，但主观活动是因问题的出现而进行的理论表达，它是客观的产物，也是主观活动的表现。社会思潮的主题，首先来源于社会的主题，是由社会问题所决定的，其内涵有着特定的意义。

（二）历史与历史主题的基本含义与特征

人类社会活动首先是历史的，在历史的演进中，主题作为人类实践活动的核心，不仅是社会的，同时也是历史的。

1. 历史的含义

历史有广义与狭义之分。广义的历史泛指一切事物的发展过程，既包括自然界的发展过程，也包括人类社会的发展过程。从狭义上来看，历史可以从两方面来理解：一方面是指人类过去、现在以及未来的活动和产物；另一方面是指对这些活动和产物进行的相关阐述和解释。简明地讲就是客观历史与历史认识。历史不是仅意味着过去，更意味着现实和未来的走向。历史是从纵向角度研究人类活动及其产物的发展，社会是从横向角度分析人类活动及其产物的运动。马克思、恩格斯经常使用“历史”一词：“历史在这里应当是政治、法律、哲学、神学，总之，一切属于**社会**而不是单纯属于自然界的领域的简单概括。”① 在他们那里，社会和历史是统一的。正如陈先达先生所说：“所谓历史，无非是社会

① 马克思，恩格斯．马克思恩格斯选集：第4卷．3版．北京：人民出版社，2012：642-643.

的变化，历史是社会的纵断面，社会是历史的横断面。”① 同时，历史由主体和客体构成。历史主体是指在历史过程中进行实践和认识活动的人，历史客体则是实践和认识的对象。历史主体和客体围绕着人和自然的关系、人和社会的关系、人和人的关系相互作用产生历史规律性。本书所主张的历史是纵向历史与横向社会方法的结合，即要在历史的大背景下，在现实社会的大舞台上，分析当代世界思潮的发展趋势和规律。对于历史，只从客体的方面研究，不可能把握历史的本质；只从主体的方面研究，无法把握历史的客观性及其内在规律。因此，“历史”要求抓住历史主客体的矛盾运动，深入认识历史的本质。

历史是人类社会发展的过程，是社会发展的趋势。在这种发展趋势中，历史的客体通过人的实践活动而表现为社会存在，社会形态的更迭、社会的变化是社会存在的主线，历史与历史认识不仅构成了历史内涵，也映现着历史的主线。围绕着历史的主线、历史的趋势，现实历史的难题是人类社会面临的主要挑战。历史主体面临与历史客体之间的矛盾，表现为社会意识与社会存在的矛盾，具体表现为社会思潮与社会存在的矛盾。社会思潮是历史认识的主观形式，而社会存在是历史认识的客观内容。此伏彼起、相互交锋的思潮是由当代历史和社会条件所决定的，并反映着历史的趋势、历史的主线。社会思潮是与时代和社会重大问题相关的较系统、较集中的思想观点的运动。思潮的内容是对时代和社会重大问题的反映，如果把当今思潮的变化与走向放在社会历史的大尺度中去研究，就不难观察到社会历史发展之必然。正如恩格斯曾经提出的关于历史中轴线的思想：“如果您画出曲线的中轴线，您就会发现，所考察的时期越长，所考察的范围越广，这个轴线就越是接近经济发展的轴线，就越是同后者平行而进。”②

2. 历史主题的内涵与特征

所谓历史主题是指在一定阶段历史所赋予时代的重大的、主要的问题，是关于社会发展方向的基本内容。它反映人类社会发展内在的必然性、规律性、序列性和过程性，是一种客观的现实逻辑，不以人们的意志为转移。历史主题是贯穿历史趋势的核心问题。历史、现实、未来是

① 陈先达．陈先达文集．北京：当代中国出版社，1995：187.

② 马克思，恩格斯．马克思恩格斯选集：第4卷．3版．北京：人民出版社，2012：650.

相通的。历史是过去的现实，现实是未来的历史①。由于历史是动态的，构成过去、现在以及未来的人类社会发展，因而历史是多层次的、整体的、系统的。历史主题在历史总趋势表现为既有基本课题，也有主要课题；既有总课题，也有子课题。反映历史趋势核心问题的历史主题因时代的变化、社会的发展、未来的方向又具体地表现为时代主题、实践主题和理论主题。

第一，历史主题是一元的，是具有本质特征的。历史主题是社会发展的产物，是对社会发展中核心问题及其趋势的反映。作为社会存在的精神反映，历史主题是由社会存在所决定的，是由社会运动发展规律所决定的。从本原上说，社会存在的第一性决定着主题的一元性。在社会存在中，占主要地位的社会生产方式、经济活动方式决定着主题的方向、主题的基本内容。时代的特征和社会内在矛盾必然通过社会生活反映出来，必然形成一个主要的、共同的、焦点的问题折射出来。它是有规律的，社会发展规律、社会治理规律、社会传承规律，由其本原决定是一个整体。习近平总书记说过："每个时代总有属于它自己的问题，只要科学地认识、准确地把握、正确地解决这些问题，就能够把我们的社会不断推向前进。"② 伴随着时代的变迁，受经济基础制约的社会意识形态或迟或早要发生变化。历史上凡承上启下、相互衔接的大时代，都有各具特色的思潮群（各自的整体规模）。每个大时代，都会从自己特有的思潮群中推出最能体现它的精神、最有资格作为它的旗帜甚至是统治作用的思潮。最终脱颖而出的这一思潮，上升到主导、统治的地位并非偶然，是由于它的理论内容适应了时代，集中地表现了这个时代发展的趋势。

第二，历史主题是客观的，是来源于实践的，同时具有主体性。主题有两重含义：一是指"发展中的趋势"，二是指"有待解决的课题"。这种趋势和课题，从根本上说，都和它所处的时代相联系，都是时代的客观产物。对人类世界、现存世界和现实的人及其发展的关注，使马克思哲学的主题发生了重大的转换。而当马克思将人类世界作为研究对象时，理解、解释和把握人类世界的依据又是什么？这就是人类实践活

---

① 习近平．以更大的政治勇气和智慧深化改革 朝着十八大指引的改革开放方向前进．人民日报，2013-01-02（1）．

② 习近平．之江新语．杭州：浙江人民出版社，2007：235．

动。在马克思看来，人类是通过自己的活动来“透视”世界，通过人类实践活动来反观、透视、理解现存世界。凭借实践活动，历史主体以其特有的方式反映现存世界，揭示出人类社会面临的现实矛盾的源头。对共同面临的社会、历史问题的回应都有共同的起点：实践。人类社会实践的共同性引发了社会思潮的涌动。意大利著名的历史哲学家克罗齐甚至说，“一切历史都是当代史”①，即使古老的话题在思潮的激荡中也会被重新审视和反思。比如，当今世界流行的“修昔底德陷阱论”。显而易见，只有现在生活中的兴趣方能使人去研究过去的事实。因此，这种过去的事实只要和现在生活的一种兴趣打成一片，它就不是针对一种过去的兴趣而是针对一种现在的兴趣的。

第三，历史主题是一个系统，是关于其社会发展方向的基本问题。作为一个系统，主题分为总主题和分主题，两者是整体与部分的关系，是辩证统一的关系。按照内容、层次和形式，主题可以划分为不同类型：从内容上有基本主题和主要主题。基本主题是指具有普遍意义的历史选择和重要理论，主要主题则是指就具体问题上升为主要的、迫切需要实践与理论回应的趋势与问题。从层次上有时代主题、实践主题以及理论主题。从形式上有原创性主题和继创性主题等。对社会主题的回答，是理论家、思想家在一定时期所普遍关注的问题，会形成理论焦点、热点并引起一定范围的社会群体的共鸣与呼应。而这些问题的解答和解决会给理论带来重大的发展，对社会产生重大的影响。主题决定着一定时期社会思潮的主题，也决定着理论家们在一定时期所面临的主要理论任务。用历史唯物主义的观点分析，主题是人类社会发展中的重要现象，是一种客观的社会存在。毛泽东曾把中国的民主革命和建设社会主义比喻为上篇与下篇两篇文章。这是两篇大文章，都有鲜明的主题。但作为中国历史主题的系统性和方向性，上篇决定了下篇，没有革命的中国，就不能确立起建设的中国。历史的系统是不能本末倒置的。

第四，历史主题具有不同层次的表现形式，共同映现着历史趋势中的核心问题。历史是由不同的时代构成的，由于时代的转折，折射了历史发展的层次性，也决定了历史主题是一元的，其基本内容是有不同层

---

① 克罗齐．历史学的理论和实际．北京：商务印书馆，1982：2.

次的。社会历史发展的总方向和基本轨迹是确定的，但是，每个时代面临的问题都会刻上专属于当时社会的烙印，从而表现出不同的特征和形式；不同的主体会根据自己不同的目的、需要和价值取向做出不同的选择，因而具体的主体选择不是只有一种可能性，不是只有一种性质和一个方向，其对历史发展会产生重要的影响。具体的主体选择可以加速或延缓历史发展的进程，也可以改变历史发展的暂时的性质和方向，使社会历史的发展呈现出复杂性和曲折性，表现为前进性和曲折性、统一性和多样性。历史主题是由社会历史发展决定的，其历史发展的基本轨迹是以历史主题在三个维度中展开的：过去是怎样形成的，现实是怎样选择的，未来有着什么样的可能性空间。历史的选择、社会的发展、未来的走向三个维度交织使重大的历史主题成为社会基本矛盾的焦点。时代的特征和社会内在矛盾必然在实践和理论上反映出来。其中，时代主题是基础，实践主题是关键，理论主题是超越，三者共同构成人类社会对历史主题的顺应与选择。

二、当代世界思潮历史主题的含义

从本质上看，当代世界思潮是一种构成十分复杂的群体意识，是当代世界性社会热点的直接反映，是社会心理在新的世界历史阶段的集中表现，具有一定的理论观念，是当代社会发展合力交互作用的精神纽带。当代世界思潮是指具有世界影响的思潮。从空间上看，包括思潮产生范围的世界性以及其影响的世界性。从时间上看，处在全球化时代，由共同的时代变化和社会变迁决定。从内容上看，具有共同的社会历史主题。当代世界思潮因历史主题而生，也因历史主题而问，探索尚未被人们认识而又必须认识的历史性课题。

（一）把握当代世界思潮历史主题的意义

当代世界思潮的发展是人类社会发展到当代的一个新的社会现象。自20世纪70年代开始，世界发生得越来越清晰的重大变化，为社会思潮突破一个民族、一个国家、一定的势力范围提供了重要的历史条件。各种社会思潮多种多样、纷繁复杂，从挑战到应战，从争论到交流，观点林立、流派众多，看似并无必然的联系，却有着相似性。“极为相似的事情，但在不同的历史环境中出现就引起了完全不同的结果。如果把这些发展过程中的每一个都分别加以研究，然后再把它们加以比较，我们就会很容易地找到理解这种现象的钥匙”①。透过历史的核心，我们才能把握思潮发展的核心。透过当代世界思潮的发展，可以透见时代重大的、主要的、方向的、发展的问题，这不仅有助于我们加深对社会思潮的宏大历史背景的认识，正确把握当代世界思潮的历史主题，而且有助于我们认识当代世界发展的趋势。

社会实践是客观的，由其决定的社会思潮也是客观的，但并不是说社会思潮的主题是以现成的、显现的形态存在着的，社会思潮通常是以难以辨识和不好察觉的形态存在着的，这种存在形式决定我们在掌握和了解一定时期社会思潮主题时，要以一种理论自觉的方法和精神去把握社会思潮的主题，进而从理论上、从思想的高度上回答它，而不能在现实的社会思潮中迷失自己，也不能对社会思潮现象进行简单化的理解。当代世界思潮的特征及其对人类历史主题的回答，要求我们无论从实践上还是理论上，都要对当代世界思潮的走向和其主题有自觉的认识和把握，把它当作理论上的专门问题加以研究，对其有一个科学的认识。1842 年，马克思在《莱茵报》任职期间就谈到哲学的发展与现实世界之间的“相互作用”。他认为：“任何真正的哲学都是自己时代的精神上的精华，因此，必然会出现这样的时代：那时哲学不仅在内部通过自己的内容，而且在外部通过自己的表现，同自己时代的现实世界接触并相互作用。”② “每个原理都有其出现的世纪。”③ 世界历史在当代的发展，为人类认识社会历史发展规律提供了新的时代依据和全球化视野。

（二）把握当代世界思潮历史主题的含义

当代世界思潮历史主题是指从 20 世纪 70 年代以来，在世界范围内具有全球影响的社会思潮关于过去的、现在的以及筹划未来的人类活动及其产物所集中体现和构成的人类社会的方向问题，以及关于其发展方向的本质内容。或者说，当代世界思潮的历史主题就是世界思潮对历史主题的认识与反映。

当代世界思潮的起伏消长折射了历史主题的不同内容，其具体表现为：第一，历史走向的追问，历史到底将向何处去？这是当代世界思潮的焦点，也是历史课题的难点。当代世界思潮的碰撞首先交汇于此，对

① 马克思，恩格斯. 马克思恩格斯全集：第 19 卷. 北京：人民出版社，1963：131.
② 马克思，恩格斯. 马克思恩格斯全集：第 1 卷. 2 版. 北京：人民出版社，1995：220.
③ 马克思，恩格斯. 马克思恩格斯选集：第 1 卷. 3 版. 北京：人民出版社，2012：227.

现实的发展做出回应与选择：和平与发展的问题亟待整个世界解决。选择什么样式的和平，寻求何种发展道路，和平与发展是统一的还是对抗的？第二，在和平时代下世界发展的追问。现代化道路的探寻就是当代世界社会发展面临的最现实的、最主要的问题：究竟什么是现代化？如何走向现代化？如何继续现代化？如何在全球化时代共同走向现代化？这些是当今世界各国和人类社会共同面临的现实选择。第三，历史的趋势和现实发展的选择都必然面临新发展趋势的挑战，随着和平与发展时代主题的深入，随着世界现代化进程的扩展，现代化的难题凸显，全球化发展的新态势正在成为世界共同关注的重大理论课题。

首先，从整个人类社会发展的历史趋势看，20 世纪 70 年代所发生的变迁并没有从根本上改变近现代以来的历史趋势、历史方向，即资本主义社会具有暂时性，社会主义和共产主义是人类历史的发展方向。从人类社会发展的总体规定性看，资本主义的历史时代还将有一个长时期的发展，资本主义经济关系在一个很长的历史时期内还会有其生命力。回顾 20 世纪的历史，从世界范围看历史主题并没有发生转变，人类社会处在资本主义世界体系的历史发展没有发生根本性的转变，资本主义经济社会形态的本质没有改变，社会主义终将取代资本主义的历史过程并没有改变。从资本主义社会发展的局部规定性看，20 世纪 70 年代，时代主题从战争与革命到和平与发展的转变，说明在从资本主义向社会主义过渡的大时代里，存在着不同的历史时期；在不同的历史时期中，构成历史主题的内容发生了新的变化，即时代主题发生转变，实践主题面临新的现实，理论主题出现共同的问题。当代世界思潮不仅是指全球化时代的当代具有世界影响的社会思潮，具体地说是指围绕着当代世界历史主题而展开的相关社会思潮。以历史主题为当代世界思潮的主轴，当代世界思潮的主旋律就越发地清晰可见。

其次，和平与发展的时代主题，是历史主题在当代的具体表现形式。一方面说明历史在当代的发展处在一个和平与发展的时代，它是当代人类社会重要的社会背景和历史条件；另一方面说明和平与发展是当今世界面临的两大主要问题，而且一个问题都没有解决，这两大问题不仅是现实的问题，也是战略性的问题。无论资本主义还是社会主义，无论发达国家还是发展中国家，都共同面临着和平与发展的时代主题，并通过理论主题给予回应，通过实践主题集中体现。和平与发展在全球范围内随着世界经济政治格局的不断变化交替表现，有时和平显得更加重要，有时则发展更为突出。两大问题相互依存，和平是基础，发展是方向。

最后，针对时代的需求和现实的问题，站在不同的立场，乃至不同的发展阶段，在世界范围内出现了不同的理论、不同的观点交相辉映的局面，形成了更加具体而丰富的实践主题、理论主题。对现实矛盾的反思，思想家们不断地提出问题，并且对这些问题进行抽象和概括、分析与总结。恩格斯指出："马克思的唯物史观帮助了工人阶级，他证明：人们的一切法律、政治、哲学、宗教等等观念归根结蒂都是从他们的经济生活条件、从他们的生产方式和产品交换方式中引导出来的。"① 因此，人类社会的每一种发展变化，在它酿成之前，都或多或少地伴随着一定程度或范围的思潮论争。

简言之，构成历史主题及其回应的是：时代主题、实践主题和理论主题。时代主题事关社会发展的条件及判断；实践主题是最迫切需要解决的问题及解决路径；理论主题关注整合社会发展中的困惑，探索社会未来的方向。时代主题、实践主题和理论主题是历时性与共时性的关系，以时间为纵轴，以空间为横轴，以人类社会发展为主线，以综合认识现代社会基本问题为原点，整体构成了当代世界思潮的历史主题。

三、当代世界思潮历史主题的基本特征

从历史的角度看，事物都是发展的，新的思潮学说总是会伴随着历史的发展而出现，这是由时代变迁和社会制度更替所决定的，体现了思潮学说的客观性，从根本上说这是社会存在与社会意识、经济基础与上层建筑的矛盾运动作用的结果。每派学说都视其学说是最完美的，但作为社会思潮会以社会的选择来打破这种自然的状态，满足社会的需要，成为一个时代思想的试金石。

（一）当代世界思潮历史主题的总体性

社会思潮是与时代和社会重大问题相关的较系统、较集中的思想观点的运动。它的内容是对时代和社会重大问题的反映，如果把当今时代思潮的变化与走向放在社会历史的大尺度中去研究，就不难观察到社会

① 马克思，恩格斯．马克思恩格斯全集：第21卷．北京：人民出版社，1965：548.

历史发展之必然。当代世界思潮的历史主题是由当代社会历史发展决定的，其历史发展的基本轨迹是以历史主题为核心在三个维度中展开的：过去是怎样形成的，现实是怎样选择的，未来有着什么样的可能性空间。历史的选择、社会的发展、未来的走向成为当代世界思潮关注的焦点，各种思潮围绕着共同面临的社会、历史问题，解答时代课题，反映了思潮的社会性、历史性和世界性。思潮作为世界历史的产物，要在各民族、各国家进入全面相互影响、相互制约、相互渗透的世界一体化的事实中，洞察世界历史的趋势，把握宏大的时代背景，就必须抓住历史主题。任何思想如果停留在对原有主题的延伸或回答，就不会有生命力。

（二）当代世界思潮历史主题的时代性

社会历史发展的总方向和基本轨迹是有规律和趋势性的，但不同的时代会面临不同的问题，不同的主体会根据自己不同的目的、需要和价值取向做出不同的选择，因而具体的主体选择不是只有一种可能性，不是只有一种性质和一个方向，具体的主体选择、主体的实践活动对当前的社会历史发展往往具有十分重大的意义。和平与发展成为时代的主题，无论资本主义还是社会主义，无论发达国家还是发展中国家都共同面临着和平与发展的时代主题，并通过理论主题给予回应，通过实践主题集中体现。

（三）当代世界思潮历史主题的实践性

主题只能从实践中寻找。一种新的历史条件或实践任务总是从多方面和多层面对理论提出要求。因此，作为处身于社会中面临各种思潮的理论家必须从实践中发现问题、提炼问题，进而根据实践的要求发展理论。理论有所飞跃，必定是因一定时期实践和理论家共同需要的主题获得了实践证明。任何理论主题的出现都不是偶然的，都是受一定时期的社会实践直接决定和制约的。从这个意义上说，主题的选择对理论家是不自由的。由于社会实践是客观的，因而由其决定的社会思潮回应的主题也具有客观性。

（四）当代世界思潮历史主题的理论性

人类应该如何积极应对全球化的发展，已经成为当代世界思潮必须给予回答的重大理论课题。从理论上看，不同的思潮对这一主题的认识不同。从实践上看，冷战后全球性战争危险不复存在，新的历史条件下影响国家安全的因素更多的是取决于内部而非外界，因而实现国内经济效率的提高、社会财富的公平分配以及政治的共同参与至关重要。无论在各国内部发展层面，还是各国相互交往层面，经济的作用大大加强，使本国经济保持持久的稳定和繁荣，已经成为各国的重要目标。从理论上看，对全球性问题的不同回答，使一些边缘学科不断受到世人的瞩目，成为当代重要的理论课题。比如，“全球伦理”思潮是 20 世纪 90 年代以来全球化讨论中的一个理论热点。作为全球化问题中的一个重要话题，“全球伦理”思潮面对人类社会出现的新状况，为问题的解决提供了新的思路和方法。从重大全球性事件看，2020 年席卷全球的新冠肺炎疫情再度把全球化问题提上全球伦理的高度，全球化的“顶层设计”成为人类社会新的世纪难题。

第二节 历史主题在当代世界的形成与发展

当代世界思潮的历史主题不仅反映了人类社会发展的基本问题，而且通过时代的变化，透视了历史主题的一元性与内容多样性的统一。

一、历史主题与时代的层次性

社会思潮是人类历史发展的特殊层面，是历史的一部分，以思想意识和社会心理的历史发展，以形象的、多样的、活跃的、充满张力的历史认识活动，像历史大潮的浪花，从历史的表层透视了历史的深层脉动。而历史的大河则以生产方式为核心，深深地决定着历史的发展。社会思潮的产生及其走向取决于历史本身，它以历史的一部分折射了历史发展的趋势，也集中体现了历史主体对历史主题的不同认识以及认识水平。

（一）历史主题与大时代的总体性

当代世界思潮因现代人类社会多重矛盾而生，也因现实遭遇的重大实践课题而起，其此起彼伏无不是围绕着历史主题。当代世界思潮的历史主题存在于历史时代的长河中，从历史发展的总体规定性上，它承载着一个大时代的主题；从历史发展的局部规定性上，它反映着时代的变化，即历史主题在当今时代特定的发展阶段的表现形式。因此，历史主题的时代性不同于时代主题的时代性。在这一点上必须全面、整体地把握时代的含义。

时代是对人类社会特定发展阶段的总称。从时间向度看，时代是历史发展的较长过程；从空间向度看，时代是现实世界发展的总体状况。因此，时代具有历史性、具体性和相对性。反映很长历史阶段社会发展的全过程是大时代，具有普遍性和共性，在社会基本矛盾推动下决定历史总体发展的趋势，是历史的深层脉动。因社会主要矛盾的变化而展现的具体发展阶段是小时代，具有特殊性和个性，是由社会主要矛盾决定的大时代的具体阶段。当代世界的历史主题是指在资本主义向社会主义过渡的大时代历史形态中，小时代所展现的具体发展阶段中出现的子系统课题，是历史总课题在该阶段的具体表现形式。当代世界的历史主题的总体性是在大时代的历史发展趋势中表现出因历史发展的规律、社会基本矛盾和总体特征而决定的历史性问题和社会发展趋势的重大课题。

（二）历史主题与小时代的局部性

大时代和小时代是整体与部分的关系，小时代是大时代发展的具体阶段，有其具体阶段中社会主要矛盾、特殊规律和个性的局部性特征。大时代的普遍性和共性寓于小时代的特殊性和个性之中，并通过小时代表现出来。历史主题所反映的时代包含了时代主题的具体时代。时代主题无法脱离大时代的历史主题而独立存在，它从具体的发展阶段反映着大时代发展的一般规律、基本矛盾和总特征。从反映事物本质上看，大时代与小时代处于不同的层次，这取决于规定大时代和小时代特征的社会矛盾。前者由社会基本矛盾规定，后者则由社会主要矛盾决定。小时代受社会基本矛盾在一定发展阶段的主要矛盾规定，较之大时代，具体的小时代中社会主要矛盾的具体形式不同。社会基本矛盾所规定的诸多矛盾的发展是不平衡的。由于各种力量对比的变化，矛盾的激化和解决以及矛盾地位的变化使大时代显现出局部质变和阶段性质变而演进为不同阶段。时代特征是由社会矛盾决定的，因而考察大时代应以由社会基本矛盾所决定的社会形态为标准，而考察小时代则应以某一大时代中社会主要矛盾的变化为标准。

由于同处于一个历史发展方向，大时代并不因小时代的到来而终结，也不因小时代的变化而结束。历史时代进入资本主义向社会主义过渡的时代是大时代的历史过程，其社会基本矛盾在不同阶段表现为社会主要矛盾的变化，20 世纪世界历史的发展依次经历了“战争与革命”“和平与发展”的时代，尽管同处于从资本主义向社会主义过渡的大时代，其社会的基本矛盾并没有发生根本的改变，但社会主要矛盾的运动发生了变化。随着资本主义国家间的矛盾缓和，再加上致力于一系列的社会改革，发展进入了平稳时期；原有帝国主义与殖民地国家的尖锐矛盾，也因二战后民族解放运动的胜利、一系列民族国家的诞生而发生了改变，尖锐的政治、军事的对立逐步消除；以中国为代表的一系列社会主义国家的诞生，使资本主义与社会主义形成了两种制度力量相持与和平共处的态势。在这样新的世界格局中，谋求自身发展成为每个民族国家的战略目标。历史主题随之有了“和平与发展”时代的内容与特征。

（三）历史主题的时间继起性和空间并存性

历史主题是指历史大时代的核心内容，是由这一时期世界上各种基本矛盾以及它们之间的相互作用决定的。它处在世界各种矛盾的中心和焦点，关系到世界的前途和命运。任何一个大时代都是跨越几个乃至几十个世纪的历史发展过程。而随着国际形势、国际关系和世界格局的演变，时代的发展将出现以不同主题为内涵的发展阶段。列宁说：“首先估计到区别不同‘时代’的基本特征（而不是个别国家历史上的个别情节），我们才能够正确地制定自己的策略；只有认清了这个时代的基本特征，我们才能以此为根据来估计这国或那国的更详细的特点。”① 因此，这里存在着大时代主题中若干小时代主题之间的时间继起性与空间并存性。

从时间继起性看，大时代是由若干小时代构成的，它反映着历史发展的基本矛盾和总体趋势；而小时代则反映了大时代的不同发展阶段，由于时间的继起性，时代的新变化就会赋予历史主题以新的层次和新的内容。20 世纪前半期，马克思主义者把革命和战争概括为当时的时代主题。列宁认为，资本主义发展到帝国主义阶段，在政治经济发展不平衡的规律作用下，帝国主义会掀起重新瓜分世界的战争，从而必然引起无产阶级革命。历史证明，列宁对战争与革命的时代主题判断是正确的，对十月革命和第一个社会主义国家的建立的规律认识是准确的。战争与革命的时代主题，并没有改变资本主义必然向社会主义过渡的历史

① 列宁．列宁全集：第 21 卷．北京：人民出版社，1959：123-124.

趋势和历史主题，而是将历史主题在新的时代背景下深化了主题的表现、实践了主题的内容，通过社会革命和社会主义建设的方式，将过渡的必然性直接推进为如何过渡的实践问题。

从空间并存性看，作为对大时代本质特征的反映，历史主题在时代空间上表现为资本主义向社会主义过渡的时代中，20 世纪 70 年代后的时代转换表明，资本主义的自我调整与发展在很长的历史时期内还会有其生命力，其矛盾及变化必然成为历史主题的一部分；而社会主义在与资本主义的对抗、矛盾中，更多地走向合作与交流，其面临的主要课题是社会主义如何在与资本主义的并存中谋求生存与发展。新的时代主题、新的实践主题乃至新的理论主题都在赋予历史主题当代的历史含义，预示着资本主义的历史命运和向社会主义过渡的历史趋势。揭示当代世界思潮的历史主题，就是要通过当代历史在思潮方面的表现，进一步说明历史趋势的必然性。历史的大时代正在进入一个和平与发展的具体时代，二者的时代是并存的，其所昭示的时代主题是历史主题在当代的具体的表现形式。所谓时代主题是在大时代背景中具体的、特殊的历史阶段的主要问题和亟待解决的课题，或者说直接影响人类生存的问题，是关系世界未来前途和命运的全局性、战略性问题。综观当代世界思潮的流变，其产生、发展、消退都与历史主题所承载的时代层次性密切相关。历史主题是资本主义向社会主义过渡的大时代中产生的社会问题，由于涵盖了过去、现在及未来的历史维度，社会走向以及历史趋势就是其重要的内容。

二、当代世界思潮历史主题在当代的转换

历史主题是历史发展的中轴，也是当代世界思潮交汇的主旋律，它是当代世界思潮的本质特征。围绕着历史主题，当代世界思潮从不同角度对时代、实践和理论上遇到的问题，给予了不同的回应。

（一）世界历史的新阶段与主题转换

20 世纪 70 年代世界进入相对和平发展阶段，时代主题由“战争与革命”转变为“和平与发展”，世界发展的新阶段提出了新的时代主题。

1. 时代主题

时代主题是指时代发展中有待解决的、影响社会发展的重大问题。从历史发展的向度看，即从时代的转变看，在当今这个发生了很多新变

化的世界，遭遇了许多重大历史事件的世界，全球化在各个方面都迅速扩展的世界，历史走向的追问成为当代世界思潮共同的话题，也成为争论的焦点。虽然这不是一个新的话题，但是时代的变化，新的时代主题的产生就决定了历史主题的时代发生了变化，其内容也因时代的不同而有了不同，对历史主题的回答主要反映在对时代主题的回答上。因此，当代的历史主题绝不是简单的资本主义向社会主义过渡时代的问题，而是当代和平与发展的时代中历史的趋势问题，其本质是过渡时代的和平与发展性质，以及资本主义与社会主义之间的和平与发展性质。这个时代的基本性质必然反映到社会发展、历史趋势问题的基本特征中。因此，历史主题围绕着社会发展、历史趋势的问题首先表现为和平与发展的主题。

从当代世界思潮的发展看，对历史主题的回应是多层次的、有重点的，同时也是更加全面的。历史的时代性使和平与发展成为时代特征：资本主义与社会主义和平并存于以资本主义为主导的当代世界；社会主义国家曲折发展的根本原因是不能适应时代的变化求生存、求发展，不能运用时代的变化所提供的机遇与环境使自己强大，不能按照时代的要求和规律性来解决自身的发展问题。无论是资本主义向何处去还是社会主义如何求发展，资本主义与社会主义的相互关系问题都必然与新的时代有关，对这个历史主题给予回应、进行选择的当代世界思潮出现了新的流变以及不同层面的回应。世界正处于一个具有新的历史特点的大发展、大变革、大调整时期，各国越来越成为休戚相关的命运共同体，而中国特色社会主义的胜利具有十分深远的世界意义，习近平同志在党的十九大报告中指出，中国特色社会主义进入新时代，“意味着中国特色社会主义道路、理论、制度、文化不断发展，拓展了发展中国家走向现代化的途径，给世界上那些既希望加快发展又希望保持自身独立性的国家和民族提供了全新选择，为解决人类问题贡献了中国智慧和中国方案”①。经济全球化趋势无疑为当今时代的和平与发展奠定了更为坚实的基础。那么，在新形势下如何以发展为核心成为世界各国共同面临的主题，既是一种趋势，也是一种必须共同解决的战略性问题。

---

① 习近平. 决胜全面建成小康社会　夺取新时代中国特色社会主义伟大胜利：在中国共产党第十九次全国代表大会上的报告（2017 年 10 月 18 日）. 北京：人民出版社，2017：10.

2. 实践主题

实践主题是历史主题在当代的选择。从现实社会实践的角度看，世界各国在和平与安全环境的建构中共同面临着发展和进步的主题。尽管各国处在不同的发展阶段，具有不同的生产力水平，发达与不发达之间存在着很大的差别，但是在全球化发展的背景下，通过现代化使农业社会转向工业社会，使工业社会转向信息社会，进而走向后现代化或者说是第二次现代化是当今世界各国都在不断探寻的现实问题，在相互依存当中遇到的问题和发展的结果都彼此相互联系、相互影响。什么是现代化，现代化之后的发展路径是什么，全球化是否正在取代现代化，成为世界各国不得不思考的问题，也是世界思潮此起彼伏、交织碰撞的核心所在，在不断的探索和反思中，这些问题规范着现代化的发展道路。

3. 理论主题

理论主题是历史主题在当代的解答和预测。所谓解答，从字面意义上阐释，是指解释与回答，即对历史主题在现时代的问题给予的各种各样的解释和回答。所谓预测，顾名思义，是指预先估测。理论主题是对实践中提出的重大问题的解释与回答，这些重大问题是战略性的社会问题，同时是实践主题所提出的课题，是尚待解决的问题，需要形成一定的理论主题，积累相关的社会共识，对社会发展进行预测，分析评估其问题解决的可能性、发展的条件、根据、蔓延及其社会影响。社会思潮的理论主题也是实践的要求和时代的呼唤。当代世界发生了重大变化，其中最突出的就是全球化进程的加快，新技术革命的迅猛发展，这为人类历史发展的未来预示了新的发展空间。从社会发展阶段看，人类正处在由工业社会向知识经济社会发展的转折期，现代化、全球化、信息化乃至现实的市场化，都引发了世界思潮对新的历史进程的困惑与思考。世界产生了许多新的理论和思想，而新的社会科学乃至新的自然科学的发展都日趋紧密地与时代相关，与社会实践相关，与未来趋势相关。

（二）历史主题在实践中深入拓展

随着时代的变化，历史主题在人类共同的探索中不断延伸。认识越来越全面、越来越深入、越来越准确，才能真正在思考和探索中选择符合历史发展趋势的方式、方法、路径、模式，才能将人类历史发展的过去、现实和未来有机地结合起来，进而推动人类历史朝着新的更高的阶段发展。因此，围绕着历史主题所产生的新的回应、新的观点、新的理论，是非常值得注意的社会现象和社会发展的精神凝结。

1. 时代主题的新挑战

随着世界经济全球化与政治多极化浪潮的迅猛发展，时代主题中和平与发展的内涵与外延呈现出新变化、新发展。和平越来越与新的安全观紧密联系。安全和平成为新的和平样式。以往历史上的和平样式大体有：帝国统治下的和平、霸权管理下的和平、均势下的和平、相互依存的和平、和平主义思潮主张的和平等。其核心是，谁在主导和平就决定了和平的样式。从当代世界的现实看，和平是多极的经济力量和多极的政治力量共同作用下的和平，是多种力量，包括社会乃至文化力量共同影响下的和平。和平不是冲突与竞争的消除，而是在现存国际结构与体系条件下对冲突与战争危险的控制与管理。由于世界政治经济的不平衡发展和事物的无限复杂性，局部冲突与战争是难以避免的。因此，和平的内涵不是霸权统治下的和平，也不是由大国均势所协议的和平，而是与安全密切相关的和平。如何解决“安全困境”、建立“国家安全战略”，正是当代政治实践和理论争论的焦点。安全和平样式决定了和平与发展的实现方式亦发生了变化。和平向安全方向的延伸、和平向地区方向的延伸、和平向非传统安全更隐蔽的方向延伸，使得各国追求和平的方式也随之加以调整：国家为追求和平所采取的安全战略发生变化，一方面，国家安全战略建立于更宽泛的领域，成为一种综合安全战略；另一方面，国家安全的相互依存使得一国追求安全的手段也应该是安全的，以确保“共同生存”，应对共同挑战。

2. 实践主题的新道路

当代世界发展面临着双重危机：一是全球社会发展面临危机。与以往时代所不同的是危机成为发展最大的障碍，危机的表现是全面的、网状的、多层次的，是与各种各样的冲突联系在一起的，是越来越涉及非传统领域的危机。南北差距的不断加大，使得发展的紧迫性较之过去更为突出。这一切，都在不断加强世界各国尤其是发展中国家经济和科技发展的紧迫性和危机感，发展中国家的发展形势从总体上看比过去更严峻了。发达国家在全球化进程中获得的巨大红利，加大了发达国家与发展中国家的贫富差距，同时也加剧了其自身社会贫富差距，全球性经济危机和公共卫生安全危机都凸显了西方国家的内乱，以及西方国家在现代化道路上的重重危机。二是人类自身发展面临危机。生态环境的日益恶化，使得“可持续发展”日益受到重视。盲目掠夺自然资源以及肆意污染自然环境所带来的发展困境，已经成为制约许多国家进一步发展的重要障碍。因此，在发展过程中实现人与自然关系的协调、保护生态平衡、追求可持续发展，成为世界各国制定发展战略时首要考虑的问题之一。人类将如何解决发展中面临的危机？实践中的新问题，使发展主题有了新的内涵。发展战略一方面是指一国国内各发展领域、发展要素的全面均衡发展，涉及经济、科技、社会、文化等各个领域的全面发展；另一方面是指人与自然生态关系的协调发展，以及世界各个国家在发展进程中相互交流、相互协作，在公正、合理的国际经济新秩序下共谋发展与繁荣。

3. 理论主题的新问题

推进全球化、一体化的进程，迎接发展危机的挑战。随着全球化和一体化的深入，解决发展难题的路径也在不断深化。全球化、一体化和区域化的发展，使国与国之间更加相互依存，共同利益增大。尽管全球化是一把双刃剑，但融入世界仍是任何一个国家的唯一选择。全球性问题的出现，使各国你中有我、我中有你，即使强国也要与他国合作才能解决难题。合作是符合国家利益、实现双赢的理性选择。在迎接全球化的挑战中会出现许多难题，出现很多无法预期的磨合与碰撞，没有充分的思想、理论和战略准备，不具备迎难而上、拥抱创新的社会心态，就很难解决实践中的问题，就会延缓经济成长、人民福祉和国家发展。比之时代主题，现实的实践主题是具体的、可行的或者是可操作性的。理论主题是时代大背景中战略性、宏观问题与实践性、具体问题在理论上的反映与回应。理论要能解答和解决实践与时代提出的重大问题，或者敏锐地认识到时代的新变化而提出新的并引发思考的理论。21 世纪的头 20 年里，全球经历了 2008 年国际金融危机和 2020 年新冠肺炎疫情，全球化的理论课题成为全世界共同关注的重大问题，全球化面临终结还是面临拐点，都说明构建人类命运共同体理论的时代意义。

第三节 当代世界思潮历史主题的构成与走向

历史走向问题是当代世界思潮历史主题中深层次的历史问题，在历史发生重大变化的时刻，通常是各种思潮碰撞与交锋的焦点。

一、时代主题——和平与发展是基础

和平与发展的时代主题随着 20 世纪 70 年代以来世界格局发生的变化，日益成为人类社会最主要的问题，不仅具有影响世界格局的战略高度，而且是重要的现实问题。马克思主义时代观认为，时代和时代主题之间是普遍性与特殊性、共性与个性的关系。时代反映的是贯穿社会发展全过程的矛盾、规律、总特征等。时代主题是其中某一阶段中社会发展的主要矛盾、特殊规律和个性特征。时代是反映历史发展本质的范畴，处于深层次；尽管时代主题也反映历史发展的本质和规律，但是相对处于浅层次。

（一）时代主题的确立

时代主题是指在较长的历史时期内，世界范围内最重要、最突出的基本问题，是国际社会主要矛盾的反映。时代主题是由时代性质所决定的。马克思主义时代观有其特定内涵，正如恩格斯所说，“每一历史时代主要的经济生产方式和交换方式以及必然由此产生的社会结构，是该时代政治的和精神的历史所赖以确立的基础，并且只有从这一基础出发，这一历史才能得到说明”①。这是对唯物史观的经典表述。十月革命后，人类进入了从资本主义向社会主义过渡的时代。苏东剧变后有的西方学者喊出了“历史终结”② 的口号。然而历史趋势不会因为某一具体事件，即使是重大历史事件的变迁而发生逆转。这一历史主题并不会因为时代具体阶段的变化而有所改变，只是到了和平与发展的新阶段，这一历史发展的趋势有了丰富多样的表现形式，这些新的道路、新的模式、新的思想的产生无不透视着这个时代的性质与特征，而且充分反映了这一阶段的时代主题。所以，从大时代看资本主义向社会主义的过渡时代依然深刻地影响着世界历史的前进方向和基本性质。而和平与发展的时代，更主要的是围绕着和平与发展的时代主题而展现历史的现实性和具体性。

近年来，和平与发展时代主题依然存在着这样或那样的问题或课题

---

① 马克思，恩格斯．马克思恩格斯选集：第 1 卷．3 版．北京：人民出版社，2012：385.

② 福山．历史的终结及最后之人．北京：中国社会科学出版社，2003：11.

亟待解决。从总体上看，和平的趋势仍然不可阻挡。世界大战爆发的可能性很小，和平的力量居于上风。全球化要求发达国家和发展中国家携手共同解决全球问题。其根本原因在于，当代世界的时代主题产生于这个时代的主要矛盾，在主要矛盾运行中呈现矛盾之间的主要问题，要求理论的回答和社会心理的回应。认识到问题所在，回应了时代问题，其理论所代表的思潮必然在社会历史的发展中涌动出来，成为引人注目的社会思潮，乃至世界思潮。和平与发展的时代已经经历了数十年的发展，其中不乏危机的历史时刻，也不乏面临着挑战的考验，全世界共同经历了这样的发展，一起面对着越来越多的共同问题。经过社会实践，对时代和平发展的把握愈加成为一种共识。

（二）时代主题的深化

“世界正处于大发展大变革大调整时期，和平与发展仍然是时代主题。世界多极化、经济全球化、社会信息化、文化多样化深入发展，全球治理体系和国际秩序变革加速推进，各国相互联系和依存日益加深，国际力量对比更趋平衡，和平发展大势不可逆转。”① 时代两大主题中和平与发展的内涵与外延随着时代的深化呈现出一些新变化、新发展。

1. 在构建世界安全格局中推进和平

第一，当代和平的样式与帝国统治下的和平、霸权管理下的和平、均势下的和平、相互依存的和平、和平主义思潮主张的和平有着明显不同，和平是经济格局、政治格局、军事格局、文化格局、科技格局等共同作用的结果，是全球结构的和平，是全球化格局下相互确保安全的共同和平。那么，当代和平样式何以出现向安全和平的转换？其一，“和平”所涉及的领域更为宽泛。国家安全的内容受社会历史和国际关系的发展制约。生产力是其根本决定性的要素。同时，全球化时代国家安全不再仅限于单一的、狭窄的领域，而是多方面多层次的，产生一种综合安全需求。其二，“地区和平”更加引人关注，即与局部冲突和局部战争相对的态势。冷战结束后隐藏在民族内部、地区之间的矛盾越来越明显，地区冲突不断发生，成为影响当前世界稳定的因素之一。其三，影响世界和平的因素日益复杂化。以美国为首的资本主义国家以维护自身利益为目的，直接发动或操纵的霸权战争相对减少，而以民主、人权为

① 习近平．论坚持推动构建人类命运共同体．北京：中央文献出版社，2018：490.

幌子干涉别国内政，发动美国优先的贸易战等现象日益增多。尽管和平的时代主题没变，但其内涵发生了很大的变化，对实现和平的方式提出了更高的要求。

第二，怎样构建安全和平的样式。内涵的变化必然会引起实现方式的变化。和平向安全方向的延伸、和平向地区方向的延伸，以及影响和平的因素越来越向隐蔽的方向延伸等新变化，使得和平实现方式相应地改变。与之相适应，国家安全战略也发生变化，国家安全领域扩大，向综合安全方面深入；各国相互依存关系使得某一国追求安全的手段也要安全。解决“地区和平”问题，建立地区性以及国际性的安全对话与磋商机制的要求越来越突出。此外，和平力量也发生了变化，发展中国家在安全和平发展方面力量不足，但在反对霸权主义干涉、推动国际政治经济新秩序的建立等领域发挥着多层次作用；大国关系的变化、大国之间的伙伴关系是和平潮流的动力之一；中国依然为反对霸权主义、维护世界和平贡献着重要力量。在安全和平发展样式中，中国是世界和平的建设者、国际秩序的维护者。在不断适应安全和平的需求中，在新时代，中国将继续致力于现代化军队建设，建立世界一流现代化军事强国，成为维护世界和平的重要力量，也确保在未来实现社会主义现代化强国的目标。

2. 在不断消除危机中解决发展的难题

就发展而言，其内涵也有了很大的变化。主要是发展面临着双重危机：一方面，全球社会发展面临危机。与以往时代所不同的是，危机成为发展最大的障碍，而且不是仅在某一个国家、某一些地区、某一类发展比较一致的相关的阵营或国际体系发生；危机的表现是全面的、网状的、多层次的，是与各种各样的冲突联系在一起的，越来越涉及非传统领域的危机。南北差距的不断加大，使得发展面临全面性危机较之过去更为突出。另一方面，人类自身发展面临危机。生态环境的日益恶化使得可持续发展日益受到重视。以牺牲环境为代价的发展带来一系列生态问题和恶果，制约着许多国家实现继续发展的步伐。习近平总书记强调：“谋求开放创新的发展前景。发展才是硬道理。当今时代的许多问题，追根溯源都是发展不平衡不充分造成的。”① 所以，发展问题是全

① 习近平. 携手努力共谱合作新篇章. 人民日报，2019-11-15（2）.

世界共同面临的主要问题。

那么，人类将如何解决发展中面临的危机？

第一，协作发展战略成为各国的首选。主要内容包括两方面：一是指一国国内各领域各方面的综合发展，涉及经济、科技、社会、文化等领域，同时强调人与自然生态和谐相处。二是指世界各国在寻求新的公正合理的国际经济秩序下相互交流、相互协作，谋求发展。尤其是发达国家能够本着平等、公平和互利互惠的原则，支持与帮助发展中国家发展。

第二，迎接发展危机的挑战，推进全球化、一体化的进程。随着全球化和一体化的深入，解决发展难题的路径也在不断深化。全球化、一体化和区域化的发展使国与国之间更紧密地相互依存，共同利益增大。面对全球性问题，单枪匹马已经不能解决问题，合作共赢才是符合国家利益的理性选择。伴随着全球化进程而来的是不断的挑战与问题，加强全球治理、变革全球治理体系成为国际社会的呼声。“要坚持共商共建共享原则，使关于全球治理体系变革的主张转化为各方共识，形成一致行动。”① 中国坚持和平发展道路，积极参与全球治理和承担国际责任，在积极引导和适应全球化发展方向的问题上提供了中国方案。中国“不断寻求最大公约数、扩大合作面，引导各方形成共识，加强协调合作，共同推动全球治理体系变革”②。

3. 在和平与安全的保证中推进全球化

当今世界，“发展”与“和平”的关系已经不单单是相互影响、相互促进、相互作用。“发展”本身就蕴藏着“和平”的含义，“和平”本身也具有了“发展”的内容。和平与发展都处在全球化快速发展的时代，当代的和平发展就是世界的安全发展，也是解决发展这个核心问题的前提。过去，一些国家是通过战争和武力的扩张而取得强国地位的。因此，依据这些国家的经验，在世界格局中出现新的大国，一定会给周围的国家，乃至整个世界带来危险的信号，冲击安全格局。当中国正在崛起的时候，世界开始出现了所谓的“中国威胁论”。提出这种论调的首先是中国周边的大国和世界上的大国，当然也是企图维持霸权的大国。对此，中国也用“和平崛起论”回应。2003 年，郑必坚在博鳌亚

① 习近平．习近平谈治国理政：第 2 卷．北京：外文出版社，2017：449.

② 同①450.

洲论坛上发表了题为《中国和平崛起新道路和亚洲的未来》的讲演，首次提出了“中国和平崛起”这一论题。但是，国际上“中国威胁论”始终不绝于耳。2010 年，中国成为仅次于美国的第二大经济体，这种论调也更加甚嚣尘上。2015 年，哈佛大学教授雷厄姆·艾利森在《大西洋月刊》上撰文《修昔底德陷阱：美国和中国在走向战争吗?》，一时间，“美国学者称中美注定一战”吸引了全世界的目光。中美关系发展是否会陷入“修昔底德陷阱”，成为中外学者纷纷讨论的话题。习近平指出：“中国人民不接受‘国强必霸’的逻辑，愿意同世界各国人民和睦相处、和谐发展，共谋和平、共护和平、共享和平。”① 就中国而言，所谓崛起实质上是发展，在和平的环境中确保中华民族的伟大复兴。“中国从一个积贫积弱的国家发展成为世界第二大经济体，靠的不是对外军事扩张和殖民掠夺，而是人民勤劳、维护和平。中国将始终不渝走和平发展道路。无论中国发展到哪一步，中国永不称霸、永不扩张、永不谋求势力范围。历史已经并将继续证明这一点。”② 中国提出了共建新安全和平格局的全球任务。

二、实践主题——现代化发展是关键

现代化作为概括人类近期发展进程中社会急剧转变的新名词，成为世界各国人民追求的生活方式，成为各国社会科学研究的重要问题是近几十年的事情。事关社会具体变迁、寻求发展道路是当代世界思潮关注的主要问题，而且其影响的范围更广。

（一）现代化成为当代世界不同国家共同的实践主题

在当代，人类历史正在越来越大的程度上向世界历史转变，全球经济一体化的趋势越来越明显。世界上的国家，不论何种制度，都面临着一个同样的问题：发展自己。西方资本主义要加强自己的优势，需要发展；社会主义要与资本主义比较优越性，摆脱落后的状态，需要发展；第三世界要争得自身的生存，同样要发展。而要发展就涉及如何进行改革的问题。从 20 世纪 70 年代至今，围绕发展问题的争论不断。从发展的形式看，是工业化还是现代化？是西方化决定发展还是传统向现代的转化？是全球化还是后工业化？从发展的主体层次看，是依附还是追

① 习近平．论坚持推动构建人类命运共同体．北京：中央文献出版社，2018：107．

② 习近平．习近平谈治国理政：第 2 卷．北京：外文出版社，2017：545．

赶？是发展的极限还是发展的降级？是现代化还是后现代化？是唯一还是多样？从发展的内容看，是增长的极限还是经济发展？是民主制度决定发展还是文化决定命运？是社会全面的现代化还是可持续发展？是全球化的发展还是全球化的两极分化？等等。

发展中国家与发达国家由于发展阶段不同，面临的现代化任务也不同。20 世纪 70 年代以来，发展中国家一直致力于现代化发展路径的选择，摈弃了 20 世纪五六十年代流行的以罗斯托为代表的西方现代化理论。20 世纪 60 年代在拉美“依附论”思潮流行，拉美由于“出口外向”发展战略和“出口替代”发展战略均告失败，对既存的西方现代化理论和发展模式提出了批判并予以否定。依附论突破了战后西方的经济发展模式，认为第三世界处于对世界资本主义中心的依附地位，走资本主义发展道路是行不通的。在这个理论的启发下，关于落后国家工业化和发展前景的问题，在世界范围内成为现代化的中心问题，相继出现了沃勒斯坦的“世界体系”理论、卡尔多索等的“依附性发展”理论、阿明的“边缘资本主义”理论等。而在世界的另一个地区，东亚的新兴国家也逐步走上现代变革的道路，自 20 世纪 70 年代以来保持着旺盛的经济活力，被称为“东亚经济奇迹”。东亚工业化的新经验被称为出口导向的外向型经济发展模式，与拉美所不同的是，它对外来资本是开放而不是限制；国内生产是多面向世界市场而不是少面向世界市场；它的经济增长是依靠市场力量更多的自由化，而不是靠国家力量更多的外在控制；而在政治上主张稳定压倒一切，保持传统政府对社会的治理和对现代化战略的主导；在文化上强调传统文化独特性。在 20 世纪 80 年代出现了以儒家文化传统解释东亚经济增长的思潮，其所引起的世界效应，被亨廷顿称为 21 世纪对西方文明的最大挑战。

20 世纪 70 年代后，一些发展中国家经历了强劲的发展，取得了令世人瞩目的社会进步；但大多数发展中国家在经历了经济快速增长后又经历了快速的经济衰退、经济的负增长，一些利用资源而富裕起来的发展中国家并没有带来社会的进步。而更多的低度发展的国家在经济全球化的冲击下与发达国家的差距越拉越大，要求它们在现有的世界经济秩序下赶上发达国家几乎是不可能的，预言发展中国家发展的极限、发展的降级已经成为 20 世纪 90 年代以来流行的思潮。预言认为，已经获得了发展的发展中国家面临着发展的极限，即全球化的极限，通过工业化时代赶超型、模仿型工业化的模式是“无法与现代的后工业强国站在同一水平线上”的。“后工业社会不可能被建成”，“走这条发展道路的国家能够在多大程度上以多快的速度追上发达世界，要看在多大程度上符合发达世界本身的意愿”，因此，在发展型的追赶中，只要发展中国家在“全球体系中仍然是从属性的”，而从属经济是没有发展的，永远也不可能达到发达国家的水平①。

是全球化的发展，还是全球的两极分化？有思潮认为：一些发展中国家将在全球化的发展中降级，沦为第四世界，并成为全球不稳定的根源。所谓的“第四世界论”，就是指那些在工业化进步道路上不但没能取得成功，反而逐渐交出它们以前取得的阵地，经济状况极度快速下降的国家，将从第三世界中分化出来。曼德尔认为，第四世界的存在会长久地阻碍工业化的全球化。而萨米尔·阿明认为，这种分化是过度全球化的结果。比如，非洲从 16 世纪开始就深深卷入全球化，建立了过度外向型经济，其外向程度是全球最高的，不是以自我为中心，而是服务于西方资本增值利益，从而导致对人力和自然资源的掠夺性、破坏性开发，这正是非洲许多地区今天沦为第四世界的重要原因之一。“1990 年，跨地区贸易在非洲各国的国内生产总值中的比例是 45.6%，欧洲是 12.8%，北美是 13.2%，拉美是 23.7%，亚洲是 15.2%”，“与其他发达和发展中地区相比，非洲明显更深地卷入了世界体系中”②。第四世界的出现被发达国家看作世界不稳定的根源，美国不断地抛出“失败国家”的种种理论。这些失败国家没有存在的权利，它们只会对国际社会构成威胁，因此国际社会或一个国家必须对其进行干预，包括改变其政权。基本被美国列入失败国家的都是发展中国家，是危及世界安全与稳定的群体，对此不仅要运用军事的手段，还要以文明国家的原则进行治理。

从发达国家的实践看，在完成了工业化，基本实现了现代化后依然面临着发展的重任，新自由主义、第三条道路、后现代主义、后工业社会等思潮流行。是现代化还是后现代化，经历了 20 世纪 70 年代社会危机和经济危机后的西方开始对自身的发展乃至全球的发展进行反思，试

---

① 伊诺泽姆采夫．后工业社会与可持续发展问题研究．北京：中国人民大学出版社，2004：143-156．

② 阿明，何吉贤．非洲沦为第四世界的根源．国外理论动态，2003（2）：26-30．

图寻找新的发展。其标志是主要西方国家新自由主义思潮成为主流思想，致力于发达国家的改革，强调市场机制的调节作用，执行一系列经济自由化政策。面对福利国家危机、私有化浪潮和新自由主义的冲击，以及世界冷战格局的结束，社会民主主义思潮发生了重大转向，其重要标志是“第三条道路”理论的出现。它以创新的姿态，将社会民主主义和自由主义相结合，以摆脱发达资本主义国家在新的历史条件下出现的新自由主义发展模式和全球化导致的西方社会就业危机、福利国家危机、政党危机等。以安东尼·吉登斯为代表的社会民主主义理论家以超越左和右的创新姿态，提出“社群共同体”“利权人经济”“包容意识”“重塑一个国家”，以“社会正义”为核心，改革政治制度和政党制度，以“政府治理”取代“政府管理”，以“积极的福利制度”取代“消极的福利国家”等新理论，试图寻求发达资本主义在世纪之交所面临的发展问题。该思潮不在乎左还是右，在乎国家如何发展。

从发达国家发展理论流变看，思想界经历了对现代化与发展的深入反思过程，其标志就是20世纪70年代罗马俱乐部的“增长极限论”，引发了对现代化内涵的反思与争论，20世纪五六十年代流行的刘易斯、罗斯托的增长理论遭到了否定。现代化论者对世界经济增长的潜力抱以乐观的态度，认为人类发展的前景是无限的。然而经济的巨大增长伴随着资源浪费的惊人增长，加上严重的能源与生态危机，时代提出了许多新问题，引发了世界性的讨论。此后，西方现代化理论在修正中朝着各学科的方向纵深发展，社会学出现了发展社会学、历史社会学以及向未来发展前景延伸的未来学，经济学出现了各种经济发展理论，政治学衍生出各种政治发展理论。现代化理论针对发展中的新问题，开拓了人们研究问题的视角。比如，从现代化（工业化）引出了后现代化（后工业化）的理论，从经济增长引出了关于现代增长的极限问题的讨论，从现代化世界性进程的复杂联系引出了“世界系统学”“全球学”，从研究现代化发展趋势转向“未来学”研究。同时，根据现代社会的巨大变化及其所产生的许多新问题，提出了许多新的社会发展观念，其中影响较大的有：现代与后现代观念、增长与发展观念、发展与可持续发展观念、全球观念等。从这些理论的变迁与发展看，现代工业社会的发展及未来走向是西方理论与实践共同关注的中心问题。对工业社会未来发展方向的研究在全球引发了对现代化未来前景预测的理论浪潮。后工业社会理论最早出现于20世纪60年代，其主要关注的不是传统性向现代性的转变，而是技术对现代西方社会的影响，以及西方社会的未来发展。起初，它属于未来学的范畴，用未来学预测社会发展，探索人类文明向何处去成为西方理论的前沿问题。围绕着对新技术革命的社会后果进行解释和预测，西方国家的理论家提出了“新文明”“新社会”“后文明化社会”“电子技术社会”等概念，其中丹尼尔·贝尔提出的“后工业社会”论最典型、最具代表性，在西方引起了激烈的讨论和争论，甚至被视为当时世界最有影响的思潮。在这些理论家看来，“对工业趋势的克服是一场全球革命，这场革命并不局限于技术更新，而是表现为向这个社会整体的崭新状况的转变；他们甚至强调，这一革命是人类所经历的一切革命中最重要的革命”①。发达国家对现代化的思考还表现为另一股思潮在西方的出现，就是通过对现代化的反思，对现代性的批判，对未来社会发展路径进行探寻。现代性大致等同于“工业化的世界”，泛指资本主义，包括竞争性的产品市场和劳动力的商品化过程中的商品生产体系②。资本主义的工业文明不断出现负面效应，对自然的破坏越来越严重，在现代化过程中人的自主性和主体性严重丧失，感觉的丰富性没了，随之而来的是死板僵化、机械划一的整体性，无限度的商品化，以及对技术理性的崇拜，使人们不断丧失赖以生存的家园，西方社会开始反思资本主义的危机和问题。在这样的背景下，后现代主义自20世纪70年代兴起，开始对资本主义社会现实进行批判和反思，主要表现为对片面化、极端化思维方式的质疑。它的基本理论特点在于批判和解构现代性，并在彻底否定现代性的同时，凸显后现代社会的文化逻辑，从而实现对现代性的超越。它对当代资本主义社会的政治思想、学术时尚、社会运动等都产生了极其深刻的影响。

（二）不同的发展观与不同的发展模式

席卷全球的现代化之争首先是不同历史观之争。现代化作为历史的过程及其发展，人们对它有不同的称呼，也经历了对现代化不同的理解。现代化作为一个历史过程，与世界对现代化认识的历史过程是不同的，人类在发展与实践的过程中不断加深对现代化进程的认识与反思。

---

① 伊诺泽姆采夫. 后工业社会与可持续发展问题研究. 北京：中国人民大学出版社，2004：25-26.

② 吉登斯. 现代性与自我认同. 北京：生活·读书·新知三联书店，1998：3，16.

中国从 20 世纪初就提出了这个问题，作为对中国现代历史主题的回应，报刊经常有“西化”和“欧化”之称，把西方即欧美列强作为现代国家的典范。中国要走向独立富强，就只有向西方国家学习，以达到富国强兵的目的。此后，中国对现代化的认识经历了西化、欧化、苏化、现代化的不同认识与反思阶段，在实践中也经历了工业化、四个现代化和新型现代化的发展阶段。中国在 1954 年明确提出，要把中国建设成为“一个强大的社会主义的现代化的工业国家”①，周恩来后来更具体地表述为，“我们要实现农业现代化、工业现代化、国防现代化和科学技术现代化，把我们祖国建设成为一个社会主义强国，关键在于实现科学技术的现代化……我们落后于世界先进水平……我们应该迎头赶上，也可以赶上”②。1978 年，邓小平谈到四个现代化时，进一步重申四个现代化的关键是科学技术的现代化，并指出“科学技术是第一生产力”，现代科学技术正经历着一场伟大的革命，中国要跟上时代的步伐。2017 年党的十九大进一步提出，2035 年基本实现社会主义现代化目标，2049 年建成社会主义现代化强国。

西方也认为现代化实质上就是工业化，就是经济落后国家实现工业化的进程，是从传统农业社会向现代工业社会转变的历史过程。工业主义成为人类文明的主宰力量，成为时代精神的象征。而工业化在二战以前只是少数国家的事情，二战以后，特别是 20 世纪 70 年代以来，工业化进程向世界许多地区铺展，形成了一个全球性的进程，并适应特殊地区不同类型国家的具体情况，发展成为多种工业化模式；工业化一词已经成为现代化的同义词，而工业化的指标是以经济指数为标准的一系列经济活动。马克思在《资本论》第一卷第一版序言中关于“工业较发达的国家向工业较不发达的国家所显示的，只是后者未来的景象”的论述，经常被西方现代化理论的研究者所引用，用来说明现代化就是工业化，现代化就是西方化。

其实，马克思对“现代”有着深刻的认识。《共产党宣言》对现代的解释就是“我们的时代，资产阶级时代”，这个时代是现代社会经济运动的结果，是现代资本主义生产方式的变化，首次开创了世界历史。其所引起的一系列变革开辟了一个新的时代，这种生产方式把单个国家

---

① 周恩来．周恩来选集：下．北京：人民出版社，1984：136.

② 同①412-413.

的历史活动纳入“**世界历史性的**共同活动”[①]，“它首次开创了世界历史，因为它使每个文明国家以及这些国家中的每一个人的需要的满足都依赖于整个世界，因为它消灭了各国以往自然形成的闭关自守的状态”[②]。由于“新的工业的建立已经成为一切文明民族的生命攸关的问题”[③]，由于这种新的生产方式所揭示的现代社会的经济运动规律及其现实的发展趋势，其核心历史的中轴是现代生产力的发展，历史进程的主导力是现代工业所体现的新兴生产力，马克思预言，那些经济落后、工业不发达的国家将会以发达国家作为自己发展的未来景象。这是“历史向世界历史的转变”的必然。

以经济发展为中轴，以生产力的发展为核心，将现代化历史发展看作客观的历史进程和社会发展的共同趋势，并不是说西方化就是现代化。虽然一切历史冲突根源于生产力与生产关系的矛盾，但由于世界各个国家、民族的相互作用，“不一定非要等到这种矛盾在某一国家发展到极端尖锐的地步，才导致这个国家内发生冲突。由广泛的国际交往所引起的同工业比较发达的国家的竞争，就足以使工业比较不发达的国家内产生类似的矛盾”[④]，所以，现代化以工业化为核心并没有错，但是现代化不等同于西方化。对于追赶型的现代化国家，既要充分融入世界整体的发展之中，又要使经济与社会的发展具有独立性或独特性，才能真正寻求到适合本国的发展道路。同时，这种特殊的道路不能脱离世界历史的总体境遇，即面对的是以资本主义为主导的全球化发展，在各种文明并存的时代，要看到其他文明是“正像它使农村从属于城市一样，它使未开化和半开化的国家从属于文明的国家，使农民的民族从属于资产阶级的民族，使东方从属于西方”[⑤]。东方要顺应历史的发展，同时独立自主地积极参与，学习吸收，创新发展，仍然可以获得历史性的发展，真正改变现代化就是西方化的局面。

虽然发展是世界各国共同的主题，但不同的国家所处的发展水平不

---

① 马克思，恩格斯. 马克思恩格斯选集：第 1 卷. 3 版. 北京：人民出版社，2012：169.

② 同①194.

③ 同①404.

④ 同①196.

⑤ 同①405.

同，面临的发展任务不同，发展的主题不同，发展的模式不同，就产生了丰富多样的发展理论、现代化理论。发展中国家面对发展的难题，现代化是其追求的目标，20 世纪 70 年代的发展更表现为工业化的发展，经济的增长、依附的发展等思潮流行；发达国家在完成了工业化、基本实现了现代化后依然面临着发展的重任，于是新自由主义自由市场理论、第三条道路、后现代主义等思潮流行；随着全球问题的出现，发展成为全世界共同的难题，在全球化背景下出现了发展路径之争，是民族主义还是全球主义？是自然中心主义还是人类中心主义？是发展的极限、发展的降级还是后工业文明？等等。

怎样发展、如何发展是现实的实践主题，各个国家都通过实践不断调整和探寻新的发展路径。从传统的现代化发展路径和模式看，资本主义国家有自由市场经济道路，也有国家统治集权道路的现代化；社会主义有计划经济道路，也有社会主义市场经济道路；发展中国家有照搬西方的民主模式，也有坚持独特道路的民族模式，具有模仿型、追赶型的发展特征。中国经历了多年的探索与建设，走上了新型现代化道路。党的十九大报告指出，中国特色社会主义进入新时代，“中国特色社会主义道路、理论、制度、文化不断发展，拓展了发展中国家走向现代化的途径，给世界上那些既希望加快发展又希望保持自身独立性的国家和民族提供了全新选择，为解决人类问题贡献了中国智慧和中国方案”①。由于处在不同的历史发展阶段，世界各国的现代化路径既复杂又特殊，没有唯一的答案和模式。

三、理论主题——世界历史走向凝聚的焦点

世界历史走向是历史大时代的产物，它是一个比较长的历史阶段必须思考和回答的问题，反映着人类社会大体的发展趋势，其历史的时间跨度包括了过去、现在和未来大时代的社会走向。在历史的转折时期，在大的历史发展中临界新阶段，对世界历史走向研究和回应的思潮就会异常地活跃。所谓世界历史走向是指具体社会形态向前运动发展的走势与趋向，它是人类历史的客观运动在一定时期、一定社会的具体表现。其焦点就是具体的社会形态、社会制度乃至社会的改革将向何处去。在

---

① 习近平. 决胜全面建成小康社会　夺取新时代中国特色社会主义伟大胜利：在中国共产党第十九次全国代表大会上的报告（2017 年 10 月 18 日）. 北京：人民出版社，2017：10.

当今全球化迅猛发展的历史条件下，不同制度的国家、不同发展水平的国家在世界出现了重大变化的历史时刻，应该具有怎样的走势与趋向，这是历史发展提出的重大课题。由于人类社会是在人有意识的活动中发展变化的，不同的人、不同的集团、不同的国家都要按照自己的利益要求和认识水平“拉动”社会的发展，并对社会的发展做出相应预期，有关思潮也此起彼伏，成为当代世界重要的理论课题。

世界历史走向成为当代世界思潮历史主题中重要的理论主题，争论的焦点问题涉及历史的深层发展，不是短时期内可以解决的。其一，在世界历史发展层面，关注的焦点是全球化，还是逆全球化、反全球化？其二，在社会制度层面，关注资本主义、社会主义向何处去的问题，是资本主义的历史终结，还是社会主义仍将代替资本主义？其三，在体制层面，更加关注公平与效率的社会问题，还是自由竞争的两极分化？其四，在文化层面，是一元文化还是多元文化？从影响与争论的范围来看，涉及世界上不同社会制度的各个领域、各个国家的全球性论争。从方法上看，有从民族国家角度的探讨，也有以世界整体作为研究的起点。从内容的扩展看，结合科学技术新的浪潮所预示的未来，结合世界各种文明在当今时代所面临的挑战，结合各个学科所面对的具体的研究对象，各种思潮汇聚当代的复杂性，前所未有地深化了世界历史走向的研究。

（一）世界历史发展的全球化文明之争

世界进入全球化时代已经是一个不争的事实。全球化是世界经济发展到一定阶段而出现的一种发展趋势。这种趋势与20世纪七八十年代以来的新科技革命、全球性问题、跨国公司、市场经济体制的广泛选择等相联系，是指当代人类社会生活跨越国界和地区界限，在全球范围内相互影响的客观历史进程与趋势。在这种趋势下，人们开始把全球化当作观察世界生活、推进社会发展的思想坐标。全球化理论是全球化进程发展到当今时代的必然产物，全球化引发当代世界思潮的百家争鸣，有肯定的，有否定的，有怀疑的，但全球化问题无疑是当代世界现实发展所遇到的一个理论主题，作为历史主题的一个重要内容，对世界历史走向的回答预示着当代人类社会对未来的选择。关于全球化的主题，其实质是当代世界发展的现实难题在理论上的凸显，对全球化的关注与争论是现实发展问题的深入，其主要围绕着是民族主义、国家主义还是全球主义，是自然中心主义还是人类中心主义，是发展的极限、发展的降级还是后工业文明，是西方主导的全球治理还是世界各国同处人类命运共同体的共商共建共享的新型全球治理等争论展开。

全球性问题首先是与世界的发展主题相联系的，人类的现实生活无不与其有关，人类的未来走向也取决于对它的理解和实践。20 世纪 70 年代以来，全球发展问题不断推动全球解决方案的争议与深入。从单纯重视经济增长，到主张社会因素和政治因素，以及要充分考量教育、人口、保健、就业、社会收入平等在发展过程中的作用。如果说 20 世纪 70 年代的发展问题还是针对发展中国家的发展模式的话，那么 20 世纪 80 年代以后，发展问题被放进了“全球问题”中成为全球化发展的风向标。1986 年联合国通过《发展权利宣言》就是重要的标志，强调“发展是经济、社会、文化和政治的全面进程，其目的是在全体人民和所有个人积极、自由和有意义地参与发展及其带来的利益的公平分配的基础上，不断改善全体人民和所有个人的福利”。从 20 世纪 80 年代初“可持续发展”的概念首次提出，到 20 世纪 90 年代初可持续发展观在世界范围内得到确立，其中联合国环境与发展委员会对“可持续发展”给予了明确界定，“可持续发展是既满足当代人的需要，又不对后代人满足其需要的能力构成危害的发展”，人类在发展问题上需要改革，“需要有一条新的发展道路，不是一条仅能在若干地方支持人类进步的道路，而是一直到遥远未来都能支持全球人类进步的道路”①。

发展的全球化问题随着经济全球化的日益深入而提上日程。发达国家与发展中国家的发展水平不同，在可持续发展的问题上出现了南北之间的不同梯度，形成不同的需求。发达国家从西方中心主义出发强调人权，而发展中国家则强调人权实施的核心是生存权和发展权；在处理全球问题的态度上，发达国家主张推行西方主导的全球治理，发展中国家在中国的引领下倡导新型的全球治理。一些西方学者把全球化界定为超越民族国家的过程，全球化最大的变革内涵是使民族国家的性质逐步发生转移，国家仍保留在原地，但其认同性与核心能力已发生深刻变化，只留给人们居住国的概念，全球化规制由国家以外的全球秩序的威权来实施。全球化消解了主权国家的社会管理职能，代以社区作为政府管理

① 世界环境与发展委员会．我们共同的未来．北京：世界知识出版社，1989：52.

新的目标①。发展中国家则主张强化主权，认为面对经济全球化的负面效应，处于动态的经济和国家间体系中的现代国家，其作用不是更小而是更大了。“民族国家的终结”是一个彻头彻尾的神话，全球化不仅没有削弱国家的地位，没有使国家主权消失，没有改变国家主权的性质，甚至也没有使其弱化；相反，国家主权的功能和属性在全球化时代得到了前所未有的增强。

在人与自然的关系方面，如何发展出现了人类中心主义和自然中心主义两大思潮的对立。20 世纪 70 年代以后，随着全球性生态危机的日益严峻，人类中心主义被认为是导致危机的根源。以动物权利/解放论、生物中心论、生态中心论和深层生态学等为代表的自然中心主义（非人类中心主义）对人类中心主义进行了彻底的批判，主张将权利主体和道德共同体的范围从人类扩展到动物、再从动物扩展到植物和所有生命共同体，进而扩展至大地、岩石、河流乃至整个生态系统。

不难看出，在全球的生态运动中也存在着两种截然不同的自然观：一种是生态中心主义，强调人类应顺应大自然，对大自然“毕恭毕敬”，人类的一切活动都必须服从大自然，因为自然界先于人类存在，高于人类；另一种是人类中心主义，认为人类是自然的主人，应当并完全可以征服自然，因为人居于超自然的地位，人类高于自然。与这两种自然观所不同的是 20 世纪 70 年代崛起的生态社会主义的自然观，它主张人类在解决生态危机、重新检讨人与自然的关系时，不应放弃“人类尺度”，但要立足于人与自然的和谐统一。人类中心主义只看到了人与生物、物种、自然之间的不平等，却没有看到其背后隐藏的人与人之间的不平等。其结果是在关注人与自然环境之间的问题时，把人们的视线从贫困问题、社会公正问题以及发达国家对发展中国家的援助问题上转移开了。因此，在国际上，发展中国家与发达国家对于其主张的反应是不同的，前者表现冷淡，因其不符合国家利益。而人类中心主义促进了资本主义的扩张，当代资本主义正在不断地寻求资本主义生态的现代化，甚至发展高盈利的生态商业，但技术服务于资本的增殖，可能带来技术法西斯主义。

面对人与自然关系的生态中心主义与人类中心主义的争论，进入

① ROSEN. The Death of the Social?. Economy and Society，1996，25（3）：338.

21世纪，生态主义再度活跃，形塑和影响着全球可持续发展的进程。其中，有“黑绿”的资本主义的生态主张，有“红绿”的社会主义的生态愿景，有“蓝绿”的自然主义的生态幻想，有“粉绿”的人道主义的生态扩展。面对多元生态主义思潮，中国从2007年党的十七大提出生态文明理念，到习近平生态文明思想，指出生态资本主义和生态中心主义没有看到资本主义的反自然、反生态的本性。“粉绿”思潮没有看到社会支配逻辑是私有制的表现和表征。生态学社会主义主张的社会主义非无产阶级专政的社会主义国家。生态学马克思主义并非无产阶级政党的意识形态。习近平生态文明思想要求反思和批判资本主义发展模式，牢固树立社会主义生态文明观，走向社会主义生态文明新时代，创造性地提出了“人与自然是生命共同体”和“山水林田湖草是生命共同体”的科学理念。针对机械思维造成的生态弊端，习近平生态文明思想深刻揭示出人与自然是一个不可分割的有机链条，自然界是一个有机的生命系统。由此看来，问题不在于以自然还是以人类为价值的中心，而是能否从人与自然的整体关联、协同进化的高度把握人与自然的关系尤其是价值关系。

在全球化的趋势中，世界思潮在资本主义与社会主义的历史争论中，更多地带有了21世纪的特征。其中，文化全球化发展对世界走向问题聚焦的是：全球化就是资本主义化，而资本主义化就是西方化，是否意味着西方的文明取代其他的文明的发展？是一元文明还是多元文明并存？全球化是西方化还是东方化？是文化的发展还是文化的冲突？

“西方文明是高级文明论”：与历史上的争论一样，20世纪90年代关于西方文明是世界文化发展路向独一无二的模式，各国都是以其为发展目标的思潮再度流行。美国学者弗朗西斯·福山就是这种思潮的代表。福山从美国价值观优越论的立场出发，把西方社会和文化模式看作全球普遍化的模式，“西方的文明与价值体系是高级的，而其他的是低级的，世界文化的发展归宿是对西方文化关于价值体系的普遍认同”①。他认为，现在的全球化在很多方面还是相当肤浅的，全球性经济仍是很有限度的，比较充分的全球化仅限于资本市场，而在其他绝大多数领域，制度仍然完全是民族性和地区性的。现在的跨国公司虽然对全球文

---

① 福山．历史的终结及最后之人．北京：中国社会科学出版社，2003：3.

化的同质性方面起到了一定的作用，但是它们并没有真正影响人们更深层次的道德规范。因此，全球化应从经济、政治、文化等各个方面进行彻底变革，变革的理想模式就是美国及其所代表的制度和价值。福山多次表示，由于东方文化存在着严重的家族主义等不利于自由市场经济发展的倾向，东方文化必然要被西方文化所代替。在回答“全球化真的就是美国化吗?”这一问题时，福山明确表示：“我觉得是，我想这也是很多人不喜欢全球化的原因所在。我觉得全球化必然是美国化，因为在很多方面，美国是当今世界上最发达的资本主义国家，而它的制度则代表着市场力量的逻辑展开。因此，如果确实是市场力量在推动全球化，那么全球化就不可避免地伴随着美国化。”① J. 索罗斯也指出：“全球社会包含了各种不同的习俗、传统和宗教，我们到哪里去寻找将我们维系在一起的共同价值观呢？我认为，应将开放社会的概念作为普遍标准，它在承认全球社会固有的多样性的同时，提供了建立我们所需的制度的观念基础。开放社会是什么？简单地说，它涵盖了民族的积极因素，它的特点是：法治、尊重人权、少数人和少数人的意见、分权、市场经济。开放社会的原则在《独立宣言》中得到了极好的表述。”② 显然，索罗斯也是鼓吹以美国文化为样板的一元文明观的代表。

“文明冲突论”在世界上引起了更强烈的反响，是美国的塞缪尔·亨廷顿提出的著名理论。他认为，一种文明就是一个文化实体，每一种文明都有区别于其他文明的地方，文明之间的冲突将是现代世界冲突演变过程中的最新阶段。当代文化愈来愈成为与国家利益生死攸关的大问题。当代的国家冲突，容易表现为由文化和社会观念所引发的冲突。因此，他为西方文明在 21 世纪将失去世界主宰地位而忧虑。习近平总书记指出，文明交流互鉴是推动人类文明进步和世界和平发展的重要动力。尽管文明冲突、文明优越等论调不时沉渣泛起，但文明多样性是人类进步的不竭动力，不同文明交流互鉴是各国人民共同愿望③。

“强势”文化是霸权主义和强权政治在文化领域的突出表现，是国家借助经济、政治等力量，以文化入侵为手段，制约和影响世界事务和

① 力文. 经济全球化与文化：福山访谈录. 现代外国哲学社会科学文摘，1999（11）：49-52.

② 王列，杨雪冬. 全球化与世界. 北京：中央编译出版社，1998：263.

③ 习近平. 论坚持推动构建人类命运共同体. 北京：中央文献出版社，2018：533.

其他国家内部事务，使经济上弱势的国家最终丧失文化主权以及国家主权。正如萨义德所说："西方的代表可以随心所欲地把他们的幻想和仁慈强加到心灵已经死亡了的第三世界的头上。在这种观点看来，世界的这些边远地区没有生活、历史或文化可言；若没有西方，它们也没有独立和完整可展现。"① 我们往往会把"文化霸权主义"的标签贴在美国人身上，但美国人对此却表示无法理解并拒绝接受。他们认为，"美国文化是全世界文化的混合体……是为了全人类的共同利益。美国应坚决传播、推行其价值观念……美国是最公平、最具有包容性、最能经得起考验并充分证明自身的，而且，它是未来社会最理想的模式"②。

后殖民主义思潮产生于20世纪70年代，20世纪90年代文化问题在社会生活中凸显出来，发展中国家如何在全球化进程中保持自身文化的独立性，如何在文化交往中保持民族文化的特色成为亟待解决的问题，后殖民主义思潮因参与了文化的争论而引起了越来越广泛的关注。在全球化背景下，以萨义德、斯皮瓦克、霍米·巴巴等人为代表的后殖民主义理论家提出了文化殖民主义理论，它是对文化霸权主义，尤其是西方的"东方主义"的超越性批判和反思。文化殖民主义认为，西方关于认识东方所形成的"东方主义"并不是对东方的真理性认识，而是企图以西方的政治信仰、权力运作、价值标准为取向，将基于其基本经济制度上的文化理念和价值观扩展到发展中国家，以达到用经济和文化方式控制发展中国家目的的一种"新殖民主义思想"。在这一过程中，发展中国家也必然面临着文化上"传统自我"与"现代自我"的抉择。

针对全球化就是西方化、现代化就是西方化的思潮，20世纪90年代，马来西亚的马哈蒂尔与新加坡的李光耀提出了推崇"亚洲的价值观念"，开创亚洲世纪。马哈蒂尔主张坚定的国家主义，他认为，只有成为先进国家，才会受到世界各国的尊敬。国家强盛是立国之本，一个独裁政府好过无政府状态，一个坚固和强大的政府可以很合理地确保一个可以预测的将来。马来西亚要利用亚太崛起之机，积聚力量，发展东盟，抗衡大国力量，在地区和国际事务中争一席之地，推崇"亚洲的价值观念"，开创一个亚洲的世纪。

文化保守主义则是为了保护本国文化，在许多发展中国家出现的采

① 萨义德．文化与帝国主义．北京：生活·读书·新知三联书店，2003：13.

② 罗斯科普夫．是对文化帝国主义的赞美吗?．国外社会科学文摘，1999（9）.

取“守势”来抵御“强势”文化入侵的思潮。信奉伊斯兰文化的中东国家对这一问题的态度尤为典型。随着中东现代化进程的推进，西方化的生产方式、价值观念、世俗文化和商业文化不断得以蔓延和渗透，西方文化霸权的扩张，使得中东的伊斯兰世界所面对的异质文化的压力进一步加大，诱发了伊斯兰社会的认同危机和文化危机。

随着具有不同文化背景的人们日益走近，各民族国家面临着越来越多的关乎人类共同利益的全球性问题，如生态、环境、人权、和平、发展等。共同的问题和利益引起了多元文化共同的关注和思索。是否存在文化全球化？当经济全球化的主导权掌握在西方国家手中就很难阻挡文化全球化更多地表现为一种强行推进的文化霸权，西方发达国家将大量的精神文化产品、社会政治理念、价值观等输入发展中国家，特别是社会主义国家，冲击着社会主义国家所固有的思想观念、文化传统、生活方式乃至语言文化，严重威胁着发展中国家的文化体系和民族价值观。

（二）世界历史走向的资本主义与社会主义之争

当今世界处在一个新的环境、新的时代中。一方面，在各国都力促发展的实践中，面对实践中出现的种种问题和新的变化，反思现行的社会发展与社会选择，究竟哪一种社会发展路径更合理、更有效率、更公平成为对历史走向问题的深化。身处和平环境，人们可以更冷静、更客观地研究社会的趋势，以图改变现实中存在的问题。由于不是革命与战争的时代，彻底地思考和选择一种新的社会替代的方法已经不适应历史发展的要求，和平要求稳定、持续地进步，改革现有的社会制度，通过经济体制、政治体制、社会体制的改革探索社会的走向就成为当代世界思潮的一个重要特点。这一特点也与全球化紧密地联系在一起，成为世界各国和人类社会必须面对的重大问题。当代各种社会制度的国家都在思考、争论自己的社会走向问题，但不要把此误解为各种社会制度的国家只是在各自独立地面对自己的社会走向问题。恰恰相反，各种不同社会制度的相互作用、相互影响在当代比在以往任何时代都更加突出。在当代，没有一种关于社会走向的论争是可以脱离社会主义与资本主义并存斗争这一大的宏观背景的。

1. 资本主义是胜利还是终结？

当代资本主义作为一个新的历史阶段，以其科学技术的进步、社会生产力质的飞跃、社会结构的深层变动而在经济、政治、社会诸方面正在进入国际垄断资本主义的全球化阶段。在经济发展层面，当代科学技术取得了突破性的进展，经济有了较稳定的增长，综合国力有了大幅的提高。在产业结构和劳动力结构层面，出现了服务化、信息化和高科技化的趋势，劳动者也在走向知识化、脑力化、多层次化，中间阶层不断扩大。在经济运作体制层面，国家垄断逐步转向国际垄断，国家利用各种财政和金融杠杆来调节国民经济的运行，并推行私有化和兼并等一系列手段来实现跨国资本的垄断。在社会层面，国家通过实施各种措施缓和社会矛盾，保持社会稳定。在资本国际化层面，不断推动市场、资本、金融活动的自由化和国际化，推动了经济全球化趋势。从世界范围看，对当代资本主义的认识众说纷纭，有“晚期资本主义”“保守资本主义”“新资本主义”“人民资本主义”“股票资本主义”“福利资本主义”“后工业社会”“信息社会”“历史的终结”等各种各样的说法。其中，影响最大的就是新自由主义所强调的“市场原教旨主义”的自由市场经济论，它将资本主义的自由化、市场化、私有化和全球化作为当代世界经济、政治和文化三重体制发展的基本原理。然而，2008 年国际金融危机表明，新自由主义在全球的推广与实践使世界性贫富差距加剧，贫困化现象严重，经济社会动荡，国家经济主权不断弱化。因此，关于“资本主义向何处去”的论证再度成为世界关注的重大社会问题，也成为资本主义社会中各种社会思潮交锋的焦点。仅就科学技术在资本主义发展中的作用，“乐观派”认为，“信息社会能够使资本主义的一切危机自动消除”，给资本主义的未来涂上一层耀眼的玫瑰色；而“悲观派”却认为，西方科学的发展正在产生出比它“创造”的财富“更多更有害的垃圾”，社会发展的前景黯淡。

2. 社会主义是失败还是生机?

战后社会主义国家在经过一定时期的发展以后，由于主客观等多方面的原因，遇到了严重的挑战。苏联社会主义模式的种种弊端随着时间的推移逐渐暴露出来，西方资本主义利用科技革命的优势进行结构调整，社会主义国家在经济发展上普遍出现失误，二者之间形成了较为强烈的反差，促使社会主义国家先后走上了改革的道路。但是，社会主义改革的目的、方向是什么？如何才能有效地进行改革？对这些问题的看法不但存在分歧，而且终于在社会主义国家形成两种根本对立的观点。这种争论的实质是社会主义向何处去，即社会主义国家的现实走向。中国改革取得巨大成就和苏联因“改革”而解体，是两种社会走向的典型事例。由于改革的困难与问题，关于社会主义的走向问题，现在仍是人们普遍关注的焦点。

在新自由主义看来，“如果我们要追寻社会主义何时不再被视为与资本主义对立并存的体制，则必须追溯东欧国家放弃社会主义道路的1989年之前。他们对社会主义的摈弃和他们对意识形态价值的宣言一样具有政治性，而这种摈弃是他们对统治者强加在他们身上的经济体制的摈弃”，“我们还必须研究始于80年代初的法国私有化运动。正是自诩为社会主义的法国政府改变了前几年的国有化形式，进行了私有化改革。人们对社会主义意识形态的信仰近年来正在不断地弱化”①。然而，在经历了20世纪90年代苏东剧变的社会主义低谷期，21世纪世界马克思主义思潮进入了振兴发展阶段，成为有着广泛影响力的世界性思潮，尤其是2008年国际金融危机之后，国外马克思主义顺应时代发展的需要，有了新的发展。正如大卫·施韦卡特在《超越资本主义》一书中指出的那样：“马克思的全面见解依旧具有生命力：资本主义让一个真正的人类世界成为可能，但只有超越资本主义才能迈进这个世界。”②

3. 发展中国家是追赶还是降级？

俄罗斯经济学家伊诺泽姆采夫在他的《后工业社会与可持续发展问题研究》一书中指出，发展中国家在工业化进程中形成了不同的“追赶”模式，面对全球化和后工业社会的竞争，发展型的追赶模式已经形成了“发展的极限”③，“实现动员型现代化的工业类型国家无法与现代的后工业强国站在同一水平线上”。追赶型发展模式危机是不可避免的，第三世界与第一世界的差距史无前例地拉大了，第三世界在工业进步的道路上不但不能取得成功，反而逐渐交出它们以前的阵地，正在变成“第四世界”，被迫降为全球的“贫困极”，同时这些国家经济上的独立地位将化为乌有。第三世界的发展同样涉及制度的选择、政治道路的问题，因此，社会走向的论争也是发展中国家各种社会思潮论争的焦点。

---

① 斯蒂格利茨．社会主义向何处去．长春：吉林人民出版社，1998：1，2.

② 施韦卡特．超越资本主义．北京：社会科学文献出版社，2015：88.

③ 伊诺泽姆采夫．后工业社会与可持续发展问题研究．北京：中国人民大学出版社，2004：143.

4．经济发展是计划还是市场？

社会发展的实践不断提出与理论有所不同的问题，无论是资本主义的现实，还是社会主义的现实都面临许多新的问题，而且是共同的问题，即如何适应时代的发展。致力于社会的改革，推进社会的发展，越来越多触及的是体制的改革，是具体方法的改革，是治理能力的提升和治理效能的实现。围绕这个层面的思潮争论集中在公平和效率的关系上。虽然公平和效率问题早已存在，但这个阶段的公平和效率的争论是紧紧围绕着改革的效果，围绕着经济增长和社会发展，围绕着体制设计和政策选择而进行的。是选择计划，还是选择市场？

在很长的一段历史时期，无论东西方，资本主义制度和社会主义制度在理论上、思想上、社会意识形态上都被看作根本不同、相互对立的两种社会制度，而在实践中却出现了社会主义模仿资本主义同样走上了工业化的发展道路。道路虽然不同，但社会主义苏联建立起了工业化体系，国家迅速强大起来；而资本主义却在苏联迅速发展的同时，遭遇了20世纪最重大的世界性经济危机，自由的、市场的资本主义几乎走到了尽头。20世纪30年代“罗斯福新政”和“凯恩斯革命”从实践和理论两个方面大大推进了资本主义社会的改革，甚至模仿社会主义的政府管理经济和计划发展经济的经验致力于社会改革。这一改革直接影响了二战以后振兴经济的西方资本主义国家，国家干预、经济计划、国有企业、社会福利成为资本主义发展的新模式，极大地促进了二战后资本主义经济的发展与社会进步，人民生活水平出现了阶段性变化与提高。因而，1937年，在西方经济学界还爆发了著名的“是资本主义生产有效率，还是社会主义生产有效率”的争论。以米塞斯为核心的传统西方经济理论认为，由于自由与市场的作用，资本主义的生产是最讲效率的，社会主义也可以组织生产，但社会主义的生产是没有效率可言的，关键是由于没有私有制度，生产就无法有效地配置资源。而以年轻学人兰格为代表的少数经济学家则提出社会主义的生产将更有效率的观点，兰格因其理论的创新性和强有力的前瞻性，把市场经济理论创造性地引入社会主义理论研究，特别是社会主义经济体制研究中，为人们认识社会主义转型与发展模式的选择打开了新视野，提供了新思路。这一阶段的资本主义与社会主义的实践和理论的变化，已经孕育着体制改革和转型理论新的发展。

20 世纪 90 年代，西方左翼理论家对未来社会主义模式的建构是市场社会主义思潮在新的历史背景下的复兴和新发展，集中反映了在当代资本主义条件下实现社会主义的构思和探索。除了对市场社会主义模式进行新的理论探索外，还出现了对新自由主义市场经济批判的思潮。这种思潮认为，市场经济与技术一样是矛盾的两个方面，“市场经济与资本主义之间从来没有严格的界限”，“市场经济和资本主义表现出了同样的经济机制，但它们之间也有明确的界限，因为资本主义是一种有害的市场经济形式。与社会主义市场经济的巨大优越性相比，对社会有害的资本主义制造了剥削、革命和战争”①。

20 世纪 70 年代，资本主义世界再次遭遇了世界性经济危机，而且是新的滞胀危机，西方经济增长速度急剧下降。有关新自由主义思潮的自由市场理论由此复兴，并在 20 世纪 80 年代出现了全球私有化与减少政府干预的浪潮。新自由主义的核心主张是，秉信自由市场经济的神话，相信市场机制的自发调节作用，其无可替代的作用要求政府退出市场领域；给私人经济活动以充分的自由，因为私有制是竞争制度的先决条件，或者说是存在的前提，只有它才能发挥个人的积极性，产生首创精神和责任感；私有经济具有内在的稳定性，能保证资源的有效配置。而政府对经济生活的干预，使市场无法正常地传递信息，私人经济活动受到各种限制，不仅会降低经济效率，而且在政治上还会导致对民主的破坏和对个人权利的侵犯。新自由主义主张尽可能减少国家干预经济的范围，同时还反对福利国家制度。新自由主义旗帜鲜明地要求实行自由的市场经济，成为当代世界思潮计划与市场之争中影响最大的思潮。其中包括以哈耶克、弗里德曼为代表的极端新自由主义，以弗莱堡学派为代表的温和的新自由主义，以理性预期学派和公共选择学派为代表的创新型的新自由主义。其市场化的理论确实在发达国家经济增长和经济发展中起到了促进作用，但是随着经济全球化，新自由主义思潮流行于世界，在发展中国家和选择走私有化道路而实现市场化的苏联和东欧的实践，几乎是灾难性的。

20 世纪 70 年代的社会主义国家也正经历着计划与市场的现实选择，社会主义的计划经济模式出现一系列弊端，造成了社会主义国家经

① 詹纳. 资本主义的未来：一种经济制度的胜利还是失败?. 北京：社会科学文献出版社，2004：5.

济发展的停滞，与资本主义的发展差距越来越大。虽然在理论上出现了要求通过市场机制配置资源的探索，产生了一批市场社会主义的倡导者和理论的探索者，但在实践中都遭到苏联的阻碍。其理论的核心就是，计划经济是社会主义的本质特征，市场经济是资本主义的本质特征，搞市场经济就是走资本主义道路。这种观点的前提就是认为市场经济是建立在私有制基础上的，如果社会主义实行市场经济，就必然要首先实行私有制。其理论逻辑与新自由主义相同：市场经济是资本主义的同义词。而比新自由主义更具体的是，要在社会主义国家实行市场经济，就首先要进行政治体制的改革，只有政治体制改革了，个人才能获得自由；其次要使个人真正地获得自由，就要实行私有化，彻底地放弃公有制和国有经济。此后的苏东改革实践也确实是循着这样的理论进行的。

在社会主义的改革中，中国以党的十一届三中全会为转折，开始探索中国社会主义的改革开放之路，同样也经历了是计划还是市场的选择。在思想解放的引导和改革开放的实践推动下，中国在坚持社会主义基本制度的同时，对原有的经济体制进行了“重点突破、循序渐进、整体推进”的改革，邓小平明确指出，“要发展生产力，经济体制改革是必由之路”①。由此，中国开始了市场取向的经济体制改革。市场调节机制作用不断增强，计划管理的领域逐步缩小，市场对经济活动调节的范围不断扩大。改革开放的实践证明，市场作用发挥比较充分的地方，经济活力就比较强，发展势头就比较好。市场取向的经济体制改革的进展和成效，为社会主义市场经济理论的形成和发展提供了实践基础。党的十八届三中全会提出了“关于使市场在资源配置中起决定性作用和更好发挥政府作用。这是这次全会决定提出的一个重大理论观点。这是因为，经济体制改革仍然是全面深化改革的重点，经济体制改革的核心问题仍然是处理好政府和市场关系”②。继续坚持社会主义市场经济体制，以此保持经济发展取得长足进步，保持经济增长的势头强劲，促进中国改革开放的步伐，加快中国融入世界全球化的发展趋势。

---

① 邓小平．邓小平文选：第3卷．北京：人民出版社，1993：138.

② 习近平．习近平关于社会主义经济建设论述摘编．北京：中央文献出版社，2017：51.

第四章　时代主题：转换中的当代世界思潮流变

第一节　历史时代的变迁与时代主题的转换

历史的洪流奔涌向前，当今世界正在经历百年未有之大变局，和平与发展依然是时代主题，是当代世界思潮历史主题的时代表现，也是历史主题的首要内容。时代的转变越来越凸显出与以往不同的新特征，当代世界思潮从不同的角度反映了这个时代的变迁，也力图去影响这种历史的变迁。

一、时代的含义与时代的基本矛盾

和平与发展的时代主题是认识当代世界社会思潮的基本出发点，因此，要深入把握时代的定义以及时代的基本矛盾之间的关系。

（一）关于时代的界定及时代的划分标准

时代是个常用词汇，有着多重理解；划分时代的方法，各个学科也有各自的方法。根据马克思主义对时代的认识，时代是标志着人类社会经济政治历史发展阶段的客观存在，是一种长周期的社会经济形态过程，是一个历史维度的范畴。在每一个社会历史阶段都有共同的基本矛盾，也有每个大时代特殊的问题和主要矛盾。这些问题和矛盾影响并制约着其他问题和矛盾的存在与发展。因此，时代至少有三个内涵：时代是一定的历史阶段的时间单位，时代是一种社会历史观，时代是政治经济文化概念。

在每一个大时代的历史变迁中，社会矛盾的历史性和阶段性不断变化，因而存在着历史性的大时代和阶段性的小时代。如何掌握时代的划分标准？首先，划定历史性大时代的标准是社会基本矛盾。其次，考察阶段性的小时代是以该时代的主要矛盾为划分依据。历史性的大时代和阶段性的小时代之间的关系也就是社会基本矛盾和社会主要矛盾之间的关系。

马克思主义经典作家对时代的划分主张从生产力和经济入手，然后对该社会的政治、阶级、意识形态等进行全面分析。社会形态概念是划分历史性大时代的根本标准。这是由于社会形态是一个具有多级结构的社会总体性概念。我们现在所处的大时代正是从资本主义向社会主义过渡的历史时期。正如习近平总书记指出的："事实一再告诉我们，马克思、恩格斯关于资本主义社会基本矛盾的分析没有过时，关于资本主义必然消亡、社会主义必然胜利的历史唯物主义观点也没有过时。这是社会历史发展不可逆转的总趋势，但道路是曲折的。"① 20 世纪 90 年代，苏东剧变使得世界社会主义运动陷入了低谷，"社会主义失败论"不绝于耳。面对低谷，中国共产党继续艰苦创新，领导中国取得历史性成就，开启和引领了中国特色社会主义的新时代。中国特色社会主义进入新时代，"意味着科学社会主义在二十一世纪的中国焕发出强大生机活力，在世界上高高举起了中国特色社会主义伟大旗帜"②，为世界社会主义运动注入了新生的力量与活力，并为发展中国家走向现代化提供了可以参考的模式。正如邓小平所说，我们要用发展生产力和科学技术的实践，用精神文明、物质文明建设的成就，证明社会主义制度优于资本主义制度，让发达资本主义国家的人民认识到社会主义确实比资本主义好。它与以往时代相比，具有不同的性质：我们现在所处的历史大时代

---

① 中共中央文献研究室．十八大以来重要文献选编：上．北京：中央文献出版社，2009：117.

② 习近平．决胜全面建成小康社会　夺取新时代中国特色社会主义伟大胜利：在中国共产党第十九次全国代表大会上的报告（2017 年 10 月 18 日）．北京：人民出版社，2017：10.

中，已经经历了两个阶段性小时代。

恩格斯说，“每一历史时代主要的经济生产方式和交换方式以及必然由此产生的社会结构，是该时代政治的和精神的历史所赖以确立的基础，并且只有从这一基础出发，这一历史才能得到说明”①。也正是从这种考察方法出发，我们注意到21世纪以来和平与发展的时代主题又有了新的内涵。和平、发展、合作、共赢成为时代潮流，和平发展成为中国所选择的发展道路，我们要高举和平、发展、合作、共赢的旗帜，坚定不移走和平发展道路，坚持对外开放，同世界各国人民一道，推动构建人类命运共同体，让和平与发展的阳光普照全球。

（二）历史性大时代和阶段性小时代

历史性大时代和阶段性小时代不是两个时代，它们是紧密联系、不可分割的。历史性的大时代是一个总体的概念，反映的是社会发展过程中的大的阶段。这个阶段有着共同的特点、主要的社会形态、基本矛盾、发展规律，反映的是一种共性和普遍性。而阶段性的小时代同大时代发展的普遍性相比较而存在，反映的是特殊性和个性。两者既是一种总体和部分的关系，又存在着不同的特征。阶段性的小时代的矛盾相对于大时代来说更体现着时代的特点，是这个时代基本矛盾的外向化、具体化，也是历史发展大环节的一个部分。两者都是在生产力和生产关系、经济基础和上层建筑矛盾运动的基本规律的作用下向前发展的。但是两者对于历史本质的反映存在差别，反映出来的宏观性、深刻性不同，规律暴露的深刻程度也存在不同。同时，两者还存在着相互转化的关系，伴随着矛盾的解决，其时代的特征也发生着转化。由于社会主要矛盾的变化，它经由量变到质变，从发端到终结，必然显现出波浪式前进和螺旋形上升的曲折发展。

对于大时代和小时代的划分是基于社会基本矛盾和社会主要矛盾的把握，其运动性、变化性镌刻在其本质中。因此，我们要立足于对当代的认识，从不同层次加深对历史的深刻把握。社会基本矛盾运动决定了这个历史时代的主题依然是“两个必然”和“两个决不会”。但这个历史主题的实现过程是通过不同的阶段性小时代构成的。因为在社会基本矛盾的基础上，社会主要矛盾更加突出，表现出了特殊的规律性和阶段

---

① 马克思，恩格斯．马克思恩格斯选集：第1卷．3版．北京：人民出版社，2012：385.

性特征，它也反映历史发展的本质和规律，但它是处于相对浅层次的、现实的，它的时代主题是相对变化的、活跃的，是历史的曲折性与发展性的体现，从总体上也代表了历史的发展趋势。

由于历史性大时代的基本矛盾和阶段性小时代的主要矛盾有着不同的表现，因而产生的社会历史性问题也是不同层次的。人类社会的发展经历了不同的历史时代，每个历史时代都有其主题，反映时代特征，揭示世界基本矛盾的本质内容，并预示时代发展的总趋势。

二、时代的变迁与时代主题的转换

大时代中的具体时代因社会主要矛盾的变化而出现不同的阶段，时代主题因而发生转变。

（一）时代的变迁与主要矛盾的转变

1917 年十月革命是划时代的。世界进入帝国主义阶段后，政治经济发展的不平衡，争夺殖民地和半殖民地的斗争，帝国主义之间无法调和的矛盾及战争的爆发，为无产阶级革命提供了历史性的时机，社会主义从社会运动进入实体制度阶段，引发了欧洲的社会主义运动高潮和东方殖民地半殖民地开始的民族民主解放运动，东西两股革命力量相互推动，极大震撼了资本主义体系。这是一个战争与革命的时代，也是资本主义殖民体系逐步坍塌的时代。由于资本主义发展的不平衡，新的资本主义国家的崛起取代老的资本主义强国导致了第二次世界大战的爆发，第二次世界大战推动了战后一系列社会主义国家的产生，也掀起了世界范围的民族民主运动，世界上出现了一大批新兴的民族独立国家。于是，世界体系中新的和平力量大大制约了战争势力，新的世界格局形成，一个和平与发展的时代到来了。

时代主题从战争与革命向和平与发展转化也是因为社会主要矛盾发生了转化。20 世纪 70 年代是一个风云跌宕的时代。首先，大批民族国家独立，冲破了原有的资本主义殖民体系。其次，西方资本主义对自身的生产方式进行改良，可以继续容纳生产力的发展，缓和了阶级矛盾，消除了内部革命的趋势。最后，帝国主义国家不能也不敢对社会主义国家进行直接的攻击，核武器的发明及其构成的核威慑制衡毁灭性战争，两大阵营处在冷战和平中。刚刚走出世界大战的人民也越来越反对战争。世界各国逐渐将目光聚焦在发展上，以保证自身的利益。

当今时代的主要矛盾表现为以国家为主体，以国家利益为核心，虽然存在意识形态和社会制度的差异、经济地位的不平等和贫富悬殊，但都以双边矛盾和区域矛盾表现出来，呈现出相互渗透的复杂局面，形成了“东西南北”矛盾，即“东西矛盾”“南北矛盾”“西西矛盾”“东东矛盾”“南南矛盾”等。具体说就是，不同社会制度国家间的矛盾，相同社会制度国家间的矛盾，战争与和平的矛盾，发达国家与发展中国家的矛盾，是20世纪初开始的大的历史时代出现的基本矛盾的继续和演变。

进入21世纪以来，世界发生着飞速的变化，世界多极化、经济全球化、文化多样化、社会信息化深入推进，但是都没有改变和平与发展这个时代主题。和平与发展依旧是时代的主要矛盾，但是在新的世纪这对主要矛盾又有着不同的表现形式。首先，世界愈发向多极化发展。伴随着苏联的解体，两极格局瓦解，世界向多极化发展。它为新兴市场国家和发展中国家搭建了一个更为广阔和平等的国际舞台，也推动着国际关系和国际秩序从竞争向合作移动，推动着国际发展动力从西方向东方移动。其次，经济全球化程度加深。科学技术的发展使得国际社会分工更加精细化，每一个国家都成为经济全球化不可缺少的一环，世界无比紧密地联系在一起。但是，全球经济的紧密联系也使得经济危机病毒式扩散，促使失业率上升，贸易保护主义抬头，世界经济动力不足，南北差距继续扩大。再次，文化呈现出多样化的发展趋势。在经济上，文化要素、文化产业成为经济发展的强劲驱动力，在政治上，民族文化的意识形态色彩愈发浓烈，这都使得文化成为国家核心竞争力的一部分，扮演着越来越重要的角色。各个国家之间的竞争也表现为文化竞争。最后，社会信息化带来机遇与挑战。人工智能、5G技术、大数据等信息技术的发展推动着社会的信息化程度不断提高，这些关键技术成为创新驱动发展的关键节点、先导力量。它们将全球联系在一起，实现了“天涯若比邻”。但是信息流动的盲目性、舆论扩散的不确定性都成为国家治理乃至全球治理的挑战。更有甚者，部分国家利用互联网对别国的主权、安全、发展利益进行挑衅和侵犯。

正是由于科学技术日新月异，人们的生产方式和生活方式也发生着深刻的变化，同时诸多社会矛盾的交互作用，使得世界不断地发生着新的变化。世界的主要矛盾已经由革命向发展、战争向和平转化，时代主题已经由战争与革命转化为和平与发展。这就要求我们既要看到大主题的变化，也要看到和平与发展的时代主题的新特征。

（二）时代主题的转换及其内在关系

时代主题实质上就是全球性的问题，即世界范围内的根本问题。具体说，时代主题是指在一定历史阶段内反映世界主要矛盾、关系世界未来前途和命运的全局性、战略性问题，是世界面临的主要任务和主要课题。

随着时代的变迁，社会主要矛盾发生了转变，当今世界正在经历百年未有之大变局，如何把握和平与发展这一大主题，是时代给人类提出的新问题。当今世界暗流涌动，进入和平与发展时代以来，仅美国就发动了诸如海湾战争、科索沃战争、阿富汗战争、伊拉克战争、利比亚战争等多场战争或代理人战争。贸易保护主义、极端民族主义、民粹主义各种思潮纷纷登场。环境、金融等问题标志着人类整体性问题增多。公共卫生危机席卷全球令社会停摆，各国矛盾加剧。如何在人类社会大危机面前实现和平与发展，是世界人民值得思考的问题。和平与发展是全世界人民共同努力的目标，合作和共赢是全世界为了实现这个目标的现实途径。

首先，走向和平与发展是各国人民的强烈愿望和迫切要求，是世界发展的大趋势。和平是人类共同的发展利益，既要防止新的战争出现，又要对国际争端采用和平方式解决。这就使得国家和国家之间要正确处理双边关系，从紧张转向缓和。同时，也要转变对待别国和国际事务的基本态度，采用对话而不是对抗的方式来解决国际争端。和平、安全成为人类共同的发展利益。其次，促进合作与共赢是如今摆在世界人民面前的重要课题和艰巨任务。当今世界的主题是和平与发展，如何维护和平与发展，一方面要维护世界和平，反对各种形式的霸权主义和强权政治；另一方面要促进经济发展，消除贫困和饥饿。实现共赢发展，不仅要转变各国发展模式，也要转变国际协作机制。

因此，时代主题内容包括两大主题：一个是和平问题，一个是发展问题。和平，是与战争相对而言的，是指整个世界的和平，不打世界战争，不发生核战，不发生影响世界格局的战争。发展是指整个世界的共同发展，特别是发展中国家的发展，以实现全球的共同繁荣。二者是当代人类社会面临的两大战略问题，紧密联系，相互渗透，相互制约，相互促进。“没有和平，发展就是无源之水、无本之木。”① 而发展是当代世界的核心问题以及动力机制。“唯有发展，才能消除冲突的根源。唯有发展，才能保障人民的基本权利。唯有发展，才能满足人民对美好生活的热切向往。”②

但是，发展也面临着一些问题：第一，发展赤字成为摆在世界面前的难题，解决发展问题亦成为各国的首要问题。20 世纪 90 年代，苏东剧变使东欧国家陷入极度的不发展局面，资本主义经济危机接连发生，使得资本主义世界遭到重创，令以美国为首的发达国家贸易保护主义盛行，多边自贸谈判陷入僵局，世界经济复苏缓慢。2020 年全球遭遇新冠肺炎疫情的大考验，全球经济危机和大萧条的可能性将加剧世界贫富差距，发展的不平衡和发展的内部失衡，令世界遭遇二战以来最大的发展赤字。第二，在新的信息技术革命的推动下，世界经济全球化加速，给面临现代化发展难题的世界各国带来了新的严峻挑战。第四次工业革命、人工智能、5G 技术、虚拟现实、量子科技等都成为后发国家实现弯道超车的重要节点。但是发达国家主导的世界经济全球化不断通过转移低端产业获取全球利润，通过信息霸权威胁发展中国家的主权、安全、发展利益，使得发展中国家面临着重大挑战。后发国家的“后发劣势”在高新技术革命中逐渐彰显出来，体现在“技术发展边缘化”、南北“数字鸿沟”产生并不断加深等方面。

伴随着中国的日益强大，国际上对中国崛起后世界秩序的走向非常关注。中国能否跨越“修昔底德陷阱”，超越“国强必霸”的逻辑，是世界各国给中国提出的疑问。面对这样的时代背景，中国表示坚定不移走和平发展道路。坚持走和平发展道路不仅出现在党的十七大、十八大、十九大报告中，而且写入了《中国共产党章程》。这条道路的出发点在于，积极争取和平的国际环境发展自己，同时又以自身的发展促进世界和平。这条道路的落脚点在于，通过和平方式实现民族振兴，同时又带动其他国家共同繁荣。和平发展道路是一条和平与发展相互依存、内政与外交有机统一、本国利益与人类共同利益密切结合的新型发展道

① 习近平．论坚持推动构建人类命运共同体．北京：中央文献出版社，2018：60.
② 同①247-248.

路，是国际关系史上的一大创举，也是人类社会发展的一大进步①。

第二节　全球化背景下时代主题新的发展趋势

在全球化迅猛发展的时代，时代主题的内涵有了新的变化，不断向纵深发展。

一、安全和平成为时代的主要要求

不同时代对于和平的理解和要求各不相同。伴随着时代的发展，不同的和平理论迭代更新，人们逐渐将和平的概念同安全联系在一起。如何理解安全，就如何理解和平。这是时代发展的结果，同时也推动着时代向着和平的目标发展。

（一）时代的需求回应不同的和平理论与思潮

自有文明史以来，“和平”就是人类从未中断过的话题。和平作为战争的目的，成为理论研究的对象。人们试图从社会制度、国家利益乃至人的本性和心理活动等方面考察战争的根源，分析战争的起因，并由此得出了一些结论，即怎样才能避免、减少乃至消灭战争。

20 世纪 70 年代以来，“和平学”开始取代“战争学”，各国学者加强了和平与发展关系的研究，从全人类的生存问题出发，以和平为前提，视发展为核心，对和平的研究突破了以战争为中心课题的学术框架。随着冷战时代的结束，各民族文化之间内在价值的冲突，以各种不同形式、在不同的国家和地区渐显剧烈，刺激了国际和平学的发展。除了对战争的认识，反思二战，更注重从政治、社会、文化、宗教、文明演进规律等方面推进对和平的研究。其中有以反战、非战作为和平的内涵，也有均势的和平概念。均势的和平不是传统军事力量的制衡，而是国际社会力量的均衡，政治、社会、文化、科技方面的势均力敌。北欧学者还提出区分消极和平与积极和平的概念，推进对和平的认识。消极和平是战争及战争因素的消除；积极和平是在社会文化基础上结构性暴力的消除，结构性暴力虽然不直接导致战争，但阻碍人类文明，不亚于

① 王毅．坚定不移走和平发展道路　为实现民族复兴中国梦营造良好国际环境．国际问题研究，2014（1）：8-23，133-134．

战争。他们还区分了外向型和平和内向型和平。外向型和平着重研究政治经济制度、国际冲突、种族矛盾，内向型和平致力于从心灵、精神、伦理层面上去除暴力构成的文化。

世界各国流行的和平理论，影响较大的是新自由主义推行的所谓“民主和平论”，以帝国统治下的和平和霸权管理下的传统和平理论，以及“均势和平论”、“国际制度和平论”、“共同体和平论”、“世界安全和平论”和“和平与发展和平论”等。

从各种和平理论的演变与影响来看，它们客观反映了世界和平局面的变化。从传统的“帝国和平论”、“霸权和平论”到“均势和平论”，从新的“民主和平论”到“国际制度和平论”，从“共同体和平论”、“世界安全和平论”到“和平与发展和平论”的演进及交锋，表明世界的和平是一个趋势，也是不断演进的共识，是世界各国的思想家、理论家、政治家都不得不研究和正视的趋势。然而，世界和平不是永久和平，是必须不断加以努力实现的和平，是在现存国际结构与体系条件下对冲突与战争危险控制与管理的和平，是一个内容日益多样化的和平，必须通过国家、社会、公民，通过不同的国际组织、不同的民族、不同的国家广泛认同的和平，更是一个必须与世界共同发展相联系的命运共同体的和平。只有很好地解决了世界健康、稳定和普遍的发展，才能保证世界持久的和平。

这是人类在谋求和平中不断提出新问题，不断向传统的和平理论挑战的过程，这主要是因为世界正在走出传统的旧格局，走向新格局：当前国际格局发生着新的调整，全球治理发生着深刻变革，世界经济中心自西向东移动，新兴市场国家后发动力强劲。总体来看，一方面，世界各国人民更加渴望和平，维护和平的因素正在以合法的方式进行；另一方面，这种和平国际体系的转换引发了各种有关和平的理论迭代，和平成为国际交往的形式，也日益成为发展的一部分。有关和平理论研究进入了综合阶段，在世界格局中放弃以战争为中心的传统研究，转换为以和平为中心，将世界作为整体与系统建构和平的理论图景。这种和平理论的发展趋势在西方以建构主义的和平论为代表，在东方则以中国特色社会主义的和平与发展理论为典型。和平与发展理论是中国从国际社会的发展趋势中科学总结出来的，这个理论经中国共产党人发扬与创新，在新的时代注入了新的内涵，即坚持对话协商，建设一个持久和平的世界。“我们应该坚持共同、综合、合作、可持续的新安全观，营造公平正义、共建共享的安全格局，共同消除引发战争的根源，共同解救被枪炮驱赶的民众，共同保护被战火烧灼的妇女儿童，让和平的阳光普照大地，让人人享有安宁祥和。”① 习近平将新安全观和共建共享的安全格局纳入世界和平理论，赋予和平发展新内涵，以“文明对话”的新机制，以“一带一路”的新载体，开创了中国特色和平发展道路的新境界②。

而西方出现的后现代的“世界安全观”也给和平理论注入了新的内涵，确实反映着国际和平发展中提出的重大理论和现实问题：由于新的多极格局的形成需要相对较长的转换时间，因而重要的是如何保证世界格局和平转移，通过什么机制、什么路径实现多极格局的过渡。发展是转换的核心，但是和平毕竟与发展有着不同的内容，解决的方式亦不同。从安全着手和平模式的转换是一个非常现实的思路。在发展的过程中肯定会出现各国之间发展的不平衡，特别是新兴国家的发展使正在衰落的国家面临挑战，传统上这种挑战是通过战争来实现的，而当代这种挑战必须用和平方式实现。因此，探索和推进安全的和平进程需要各国共同努力，单方面强调发展也会对世界和平产生威胁，毕竟我们现在所处的时代是一个包含了更多竞争与冲突的时代。

（二）安全和平的实现——世界安全体系建构的思潮流变

和平的时代，和平问题还远没有解决，仍然是人类面临的重大问题。正如习近平总书记所言：“这项任务至今远远没有完成。我们要顺应人民呼声，接过历史接力棒，继续在和平与发展的马拉松跑道上奋勇向前。”③

冷战时期的和平是通过军事集团的对抗和相互核威胁来维持的，冷战结束使和平问题的解决出现了新的挑战：美国军事上“一超”的地位依旧存在，而新的多极格局形成尚需转换时间；新兴市场国家和发展中国家影响力不断增强，国际力量也不再是传统的西方主导的模式，发展中国家逐渐加入全球治理中来，要求话语权向之倾斜。显然，后者更加符合人类文明的发展利益。但是，在新旧趋势的碰撞中，如何保证世界

① 习近平．论坚持推动构建人类命运共同体．北京：中央文献出版社，2018：511.

② 纪亚光，杨晓成．习近平和平发展道路思想研究．理论学刊，2016（2）：4-10.

③ 同①415.

格局和平过渡，通过什么机制、什么路径实现多极格局的过渡是转换的核心，和平毕竟与发展有着不同的内容，解决的方式亦不同。由此看来，安全问题成为21世纪和平与发展面临的新问题，成为这对主要矛盾新的表现形式。

面对和平发展新阶段的新特点，保证和平发展成为世界面临的严峻问题。首先，大的战争已经不是人类社会生存的重要问题，其他威胁人类生存的问题上升为主要矛盾和主要问题，成为威胁世界和平的重要因素。由于经济全球化和社会信息网络化的快速发展，经济、金融、网络等因素成为影响人类社会稳定的重要因素。1997年亚洲金融危机给东南亚等国造成经济倒退、政治社会全面危机、国家分裂等严重后果。2008年国际金融危机之后，西方国家群体性事件增多，右翼保守势力抬头。2011年美国爆发“占领华尔街”运动。2017年英国遭到多次恐怖袭击。2018年法国爆发“黄马甲”运动。2020年全球新冠肺炎疫情大流行。由此可见，要想维护世界和平，不仅要防止军事战争的爆发，同时还要防止经济、金融、生态、公共卫生等领域发生的威胁，要维护经济、金融、信息等多个非传统领域内的安全。其次，局部战争和局部冲突多发生在国际力量对比严重失衡、国际社会无秩序状态有所加重的战略背景下，局部战争具有复杂性、长期性和不可控性，多与地缘政治相关，由民族、宗教矛盾的尖锐化和资源领土的争端引起，恐怖主义、民族主义、极端主义成为一些局部地区的新威胁。最后，美国一超军事地位增强，使其霸权主义野心膨胀，而来自外部对美国的制约力又相对有限，由美国发动的干涉主义霸权战争或代理人战争，如海湾战争、伊拉克战争、第二次阿富汗战争、利比亚战争等，虽然在时间、地域、规模上都是有限的，并基本在美国的控制之中，但所造成的后果和影响却是长期的、负面的，客观上激化了冷战后国际社会日益凸显的民族宗教矛盾。

从总体情况看，这些新问题、新趋势都直接威胁着一些地区“小和平”的态势，是对“大和平”局面的严重破坏，并使21世纪世界和平与发展潜伏着危机。如何解决和平时代面临的新问题、新挑战、新威胁，预防和阻止世界和平局面朝着动荡与不稳定、霸权与单极的方向发展，确保安全就成为世界和平建构的主要内容。

1. 不同的安全理论激烈碰撞

与当代“和平学”朝着取代“战争学”的发展趋向相对应，安全理论、安全问题、安全战略、安全机制等相关理论和政策研究成为“和平学”、和平战略的重要内容。而安全的内涵已大大拓展，新的安全问题成为和平的首要问题。“9·11”之后非传统领域的安全凸显，国际恐怖主义、民族主义、极端主义等正在成为威胁世界和平与发展的又一大敌。“问题—危机—冲突”的“环链”相互激发并造成了更大范围连锁性的危害效应；“互动—失控—激化”的“外溢”会引发国家间冲突，导致各国采用军事手段来解决问题，造成世界和平局面的紧张和破坏。对此，不同的安全观念、不同的安全理论取代了20世纪七八十年代世界流行的和平主义。“传统安全理论”“非传统安全理论”“综合安全论”“人类安全论”“全球安全论”“合作安全论”“新安全论”等在世界各地纷涌出来。其中，在安全主体上，有国家主体和人类主体的碰撞；在安全内容上，有传统安全和非传统安全的交锋；在安全模式的实施上，有国家安全模式、综合安全模式、合作安全模式以及全球安全模式；等等。不同的安全理论以及争论反映了对和平的不同理解，对不同的和平模式的选择，也强化了当代人类社会对和平主题的认识深度。

2. 不同的安全模式正在选择与建构

从当代世界出现的各种各样的安全理论看，在维护本国利益与世界和平的选择中有着不同的安全模式，这些各不相同的安全模式的现实选择与实践将左右着未来世界的和平趋势。

其一是传统的安全范式。传统安全主张：保证本国或本民族的生存和发展，既要抵御外部威胁，又要消除内部隐患。其主体是国家，准确地说是民族国家，该范式旨在保证自身的发展利益最大化。这种安全范式在人类社会诞生之初就以萌芽的形式存在着，同时也是当前最为现实主义的安全观。

其二是非传统的安全范式。非传统的安全范式超越了传统的安全范式，它把重点放在了如何促进人的生命、幸福、健康等人的发展目标上，因而把人类的安全概念扩大到诸如政治、经济、文化、生态环境、意识形态等。这种安全范式导引出两种对安全思考的结论：一是自由主义的观点，即将国家安全内涵从军事和政治领域扩大到关注人类与发展领域的安全，较具代表性的就是“综合安全观”和“共同安全观”。这种安全观目前在西方国家对外政策中居于主流地位。二是人类安全的观点，即突出强调人的安全与尊严，并称它才是“一种全新的安全范式”。

其三是发展中国家正在建立的安全模式。这种安全模式认为安全是相互依赖的，因此国与国之间在安全方面的合作是非常重要的，并且要从建构集体安全与合作安全入手。各国发展水平不同，对如何开展合作有不同的主张。实力较强的国家在合作中处于较有利的地位，自己的利益较容易得到体现，在某种程度上助长了有些国家单边主义的倾向。广大发展中国家实力较弱，对主权问题又比较敏感，所以强调合作的平等互利性，坚决反对以应对“非传统安全”问题为由干涉他国内政。以中国为代表的广大发展中国家的新安全模式是以“国家”为中心的，在“国家安全”与“人的安全”关系上首先强调国家安全的重要性，构建普遍、平等、包容的安全，统筹维护传统安全和非传统安全。

其四是“全球治理安全模式”。联合国全球治理委员会对治理的定义是：治理是公私机构管理其共同事务的诸多方式的总和。它是使相互冲突的或不同的利益得以调和并且采取联合行动的持续过程。它既包括有权迫使人们服从的正式制度和规则，也包括人们和机构同意的或以为符合其利益的各种非正式的制度安排。由这个定义可以看出，治理不同于一般意义上的统治。而所谓的“全球治理”，是指在没有世界政府的情况下，国家（也包括非国家行为体）通过谈判协商，权衡各自利益，为解决各种全球性问题而建立的自我实施性质的国际规则或机制的总和①。中国秉持共商共建共享的全球治理观，积极倡导国际关系民主化，主张增强新兴市场国家和发展中国家的代表性和发言权。同时中国将会继续发挥负责任的大国的作用，积极推动全球治理体系发生深刻变革。“中国将积极参与全球治理体系建设，努力为完善全球治理贡献中国智慧，同世界各国人民一道，推动国际秩序和全球治理体系朝着更加公正合理方向发展。”②

其五是“区域治理模式”。区域治理与全球治理主要强调的是在区域与全球的平台上进行国际合作。就区域治理而言，国家在解决各种非传统安全问题上的合作是多种多样的，有的是以区域间的政府组织为载体，有的是建立非正式的对话、论坛形式的磋商机制，还有的是国家间双边或多边的合作形式。区域治理的蓬勃发展促进了跨国治理的兴起，

① 张宇燕. 全球治理的中国视角. 世界经济与政治，2016（9）：4-9.

② 习近平. 在庆祝中国共产党成立 95 周年大会上的讲话. 北京：人民出版社，2016：20.

对全球治理模式形成重要的补充。

中国对于安全观的认识经历了一个由传统安全观到“新安全观”提出的过程，在2002年形成了比较完整的非传统安全观，到2014年4月习近平总书记明确提出“总体国家安全观”①。党的十八大以来，以习近平同志为核心的党中央主张各国树立共同、综合、合作、可持续的新安全观，倡导建设一个普遍安全的世界。坚持以对话解决争端、以协商化解分歧，统筹应对传统和非传统安全威胁，反对一切形式的恐怖主义。提倡从根本上化解地缘冲突，积极应对恐怖主义、难民危机，妥善应对国际卫生安全的威胁。

3. 安全问题与发展问题紧密相关，甚至相互转换

首先，安全的内涵扩大，从传统安全向非传统安全扩展。国家安全保障仅靠军事手段是不够的，还应依靠经济、科技等其他手段，只有发展，才能保证国家的安全。从安全的主体变化看，安全问题的解决需要各层次的主体通力合作，才能解决问题。在传统安全领域，国家是安全的唯一主体，国家安全就是政治与军事安全，国际安全和全球安全是国家安全的向外延伸。在当代，国家不再是安全的唯一主体，出现了由国家主体延伸出的区域性主体和全球性主体等国际组织主体在解决新安全问题上的合作；也出现了非政府组织、社会运动、跨国企业等非国家的行为主体在非传统安全领域中发挥作用的现象。仅就国家主体而言，就存在着实力不同、发展水平不同、安全需求也不同的国家主体，如何兼顾各个国家的利益，成为世界面临的新问题，这个问题解决不好，安全问题就会影响全局的发展。从安全问题的产生看，很多是源自发展的问题。非传统安全问题是在当代环境下产生的，如恐怖主义、流行疾病、毒品走私、非法移民、跨国犯罪、环境污染等，需要探寻多方面的解决方案，如跨国安全、综合安全、合作安全、共同安全、人类安全和软安全等。

其次，对和平的威胁，主要不是来自政治、军事领域的威胁，更多来自经济、社会生活等发展问题。“发展就是最大安全，也是解决地区安全问题的‘总钥匙’。”② 以前的和平来自外部的制衡，在强权的压力下，在外部的威胁中才产生了国家安全问题。随着世界和平进程的转换

① 刘跃进. 非传统的总体国家安全观. 国际安全研究，2014（6）：3-25.

② 习近平. 论坚持推动构建人类命运共同体. 北京：中央文献出版社，2018：114.

与深入，安全的威胁就不仅来自外部的军事威胁，也来自外部的非军事威胁；不仅来自国外的威胁，也来自国内在发展中可能遇到的问题，比如，国内的经济增长、政治发展、社会生活、本国文化价值体系调整和变化过程中的一些“不稳定因素”，以及应付可能出现的各种形式的国内动乱；不仅来自现实的发展产生的安全问题，也来自疫情的全球大流行对于人类的致命威胁。因此，安全问题也吸收了可持续发展理论。习近平总书记指出：“可持续，就是要发展和安全并重以实现持久安全。‘求木之长者，必固其根本；欲流之远者，必浚其泉源。’发展是安全的基础，安全是发展的条件。”① 这一重要思想已在全球范围得到广泛认同。

最后，快速的发展，特别是全球化进程加快，使非传统安全问题频生，挑战与危机并存，各国发展不协调，存在着不同层次的安全威胁，甚至导致危机与冲突，以致影响到各国乃至全球的发展。其一，全球化使安全危机具有“外溢”或“内流”的特性，由于世界尚未找到治理复杂的非传统安全危机的方法，而这种危机最大的特点就是会激发大量的正反馈反应，激发国家和国际双层面的安全威胁，造成传统安全和非传统安全的威胁。其二，在全球化快速发展过程中，非传统安全引发的危机会产生蔓延和扩散的效应，可谓“牵一发而动全身”。如各国在全球信息、资源、市场“流动”和“共享”的同时，也不得不“共享难题”和面对各种突如其来危机的冲击。全球化使一些国家内部的危机与灾难跨越国界，成为地区性的乃至全球性的危机与问题。其三，全球化使全球发展的不平衡加剧了，不稳定的因素增加了，各国发展的不平衡导致了南北差距的加大和一国内部贫富差距的拉大，而安全危机的全球化对传统发展模式提出了新的挑战，如果不能及时调整旧的发展模式，就会直接影响到各国、各地区和全球的安全。

4. 安全成为和平的首要问题，事关未来世界和平的发展方向

由于安全问题越来越重要，“和平”内涵出现了新变化：它不仅与传统的军事战争相对应，更主要的是与当代国际社会产生的新危机和新挑战相对应，安全问题成为国际社会必须关注的世界和平问题，也成为和平发展的条件。如同世界和平正在从两极对抗的“消极和平”走向多

---

① 习近平．论坚持推动构建人类命运共同体．北京：中央文献出版社，2018：114.

极化发展的“积极和平”一样，世界安全问题的解决也正在经历着传统安全向新安全的转变。由于安全问题已经成为和平的首要问题，世界安全走向也将决定着世界和平的走向。

其一，安全模式的选择正在发生改变。冷战的结束改变了世界对和平实现的模式选择。冷战时期，美苏、东西欧国家政府和民众彼此视对方为自身安全的首要威胁，这使其国内矛盾不得不服从于“防止对方比自己强大”的目标，国家的注意力和一切资源都集中在对付外部威胁上。世界其他国家同样也被笼罩在美苏冷战对抗和全球争夺的阴影之下。冷战结束后，外部威胁消失，各国开始把注意力转向国内，转向非军事领域的各个方面。由于全球化的冲击，一些国家多年来被掩盖的经济困难、人口问题、贫困化、环境恶化等问题逐渐暴露出来，有些国家的经济、政治与社会危机越出了“边界”，引起国际社会的普遍关注。“注意力”向内转移过程中出现的一个新趋势就是，各国开始将有关非军事领域出现的问题与国家自身稳定和内部安全联系起来，而非传统安全问题的出现与各国自身存在的政治、经济、社会与自然环境问题密不可分。这样的发展趋势必然导致和平发展模式的选择问题，世界更加需要一个安全、稳定、健康的和平环境，以实现各国深层发展。然而，由于历史的复杂性，任何安全模式的选择都是实践的结果，现实是多种合力的结果，并不能因此排除传统的安全模式对和平发展安全选择的阻碍，或者将传统的安全模式的思维与方式转换到新的非传统的安全问题的解决上来，即在经济、科技、文化、发展诸多问题上继续采用冷战思维、实施霸权行为。比如，面对中国的崛起，外部世界的反应及中国与外部世界的关系将面临两种发展模式的选择。第一种模式是外部世界以平和的战略心态，接受中国崛起的事实，与一个崛起的中国和平共处，选择合作安全的模式。第二种模式是外部世界对中国的崛起持敌视、防范立场，视中国的崛起为战略威胁，结成制约、防范、遏制中国崛起的国际体制，选择传统安全模式，在极端情形下，甚至动用武力，“先发制人”，强力阻止中国崛起。因此，何种安全模式的选择最终取决于世界和平力量的成长以及国际合作、共赢的安全机制的建立。

其二，安全模式的实现正在发生改变。由于和平时代的新特点，传统安全问题让步于非传统安全问题，而传统安全问题的解决是以国家为行为主体的，是霸权相互抗衡下的“霸权安全模式”，其他的非传统安全问题即使存在也被强大的军事、政治的对立所掩盖、所压抑，正如当时的主要矛盾是东西矛盾一样。后冷战时代的安全模式朝着综合的、合作的安全模式转化，对当代出现的无论是传统安全问题还是非传统安全问题，无论是国内安全问题还是地区、国际的安全问题，无论是发达国家的安全问题还是发展中国家的安全问题，多种多样的、不同层次的、不同性质的安全问题交织在一起，即使不发生战争，也会出现相互关联的危机和冲突，当代任何安全模式的实现，都必须是多种力量共同作用的结果。中国主张以对话解决争端、以协商化解分歧，构建普遍、平等、包容的安全。不牺牲别国安全保全自身安全、不垄断地区安全侵害他国权益、尊重各方对于自身安全的合理关切。扩大合作在构建安全当中的作用。“要通过坦诚深入的对话沟通，增进战略互信，减少相互猜疑，求同化异、和睦相处。要着眼各国共同安全利益，从低敏感领域入手，积极培育合作应对安全挑战的意识，不断扩大合作领域、创新合作方式，以合作谋和平、以合作促安全。”①

其三，传统安全手段与非传统安全手段交织。传统安全更多地具有民族性特征，安全的实现是可分离的、竞争性的和“零和”的，需要通过军事手段来解决。两大对抗的国家及其军事的威胁，造成安全是绝对的，一国的安全就是另一国的“不安全”，所以国家为求得本国的安全，竭力扩军备战。后冷战时期的安全朝着整体的、交织的、多层次的、互动的方向发展，以致无法通过军事手段来解决，也不能只靠本国自身的力量来解决，需要国家间、地区间的合作乃至全球的合作。在这样的发展趋向中，传统安全手段还是主要的，非传统安全手段的机制与实施尚需一个长期建立与发展的过程。以国家为核心的传统安全手段不能从根本上解决各国需要发展的要求，因此国家的力量在安全建设方面需要加强而不是弱化，加强主要是指针对安全问题的非传统化，国家仅依靠政治的强化、军事的解决手段并不能保证国家的安全，而需要强化经济手段、科技手段、文化手段等多方面的手段，也就是说需要和平发展的解决手段，而不是军事的、暴力的、威慑他国的手段。但是，现阶段新的安全模式并没有真正建立起来，在这样的和平环境中，单方面放弃传统的安全手段，放弃安全的政治、军事解决手段也是脱离现实的。对于许

① 习近平．论坚持推动构建人类命运共同体．北京：中央文献出版社，2018：113.

多国家来说，安全问题的影响已不再像过去那样只限于某个领域或几个领域，而是涉及国家政治、经济、社会、对外关系等各个领域，它危及国家的发展、社会的稳定、民众的生命安全、一国的对外关系和国际形象。由于当代的一国安全问题是不存在的，安全的手段必须放到国际安全的大环境中来选择，放进和平的大环境中加以实现。否则，一国安全手段的实施会影响全球的和平。

其四，发展水平的不同决定安全模式的差异。不同发展水平的国家面临的安全问题是不同的，其差异是由发展而起的。尤其是非传统安全问题通常与一国发展水平息息相关，如民族分裂、宗教冲突等问题多出现于较为落后的国家。较为发达的国家多数处于成熟的现代国家阶段，一般不会出现与民族国家认同有关的民族宗教问题。落后国家的民族国家建构过程尚未完成，或者尚未完全稳固；同时有组织犯罪、社会矛盾等多与政府治理有关，较为发达国家的政府治理水平明显高于欠发达国家，便不会大面积出现此类问题。环境污染、人口控制、能源安全、信息安全、文化安全通常与一国的经济、科技、文化发展水平有关。较为落后的国家往往没有足够的经济实力和体制能力，在谋求国家发展过程中，它们无力治理污染、控制人口和处理各类非传统安全问题。尽管欠发达国家在政治经济上的弱势地位与不合理的国际政治经济秩序有关，尽管较发达国家在其发展过程中早已经历过社会矛盾突出、环境污染严重的阶段，但目前不少源自欠发达国家的非传统安全问题最终也损害了发达国家的利益，这一事实不应回避。

二、全方位的发展成为时代的核心

进入21世纪，发展中国家日益走近世界舞台中央，旧秩序发生着变化，旧体系趋于瓦解；国际组织和全球治理模式框架已初见轮廓。这一切都源自发展。百年未有之大变局，变就变在发展成为时代的核心。同时，在大变局的背景下，世界各国的发展和全球发展也呈现出不同的特征和新的内涵。

（一）世界发展面临新的矛盾与重大转换

世界各国都力争更快地发展经济，发展问题成为当今世界的最大问题、最核心的问题。21世纪，和平与发展的环境有了新的变化，人类社会在大踏步前进，其中经济全球化、世界多极化、科学技术进步都在加快。一方面，世界在朝着更有利的和平与发展环境迈进；另一方面，“南北差距仍在扩大，人类还面临着一些深刻矛盾和突出问题”①。

1. 和平发展进入新阶段

全球化的发展发生重大转换，发展进入新的阶段。此前的“全球化”体现为“半球化”的特征，主要是以民族国家为基点，以殖民主义为工具，以西方中心为唯一模式，以现代化即工业化为唯一进程，通过商品输出、资本输出与武力征服等实体手段来建立殖民主义的世界体系，处于帝国主义掠夺时代，其主题是“战争与革命”。冷战之后，尤其是进入21世纪以来的全球化，因世界大多数国家采取市场经济，参与全球化资源配置，实现了市场经济的全球化，加速了经济、政治、文化、科技、信息乃至生活方式、思维方式的广泛交往，所以全球化体现为和平环境下的发展特征。这种新的交往实践具有广泛性和综合性。所谓广泛性，即全球化是交往实践的社会空间范围不断扩大、交往关系日益缜密的产物：从各“孤立的点”走向民族共同体、走向世界、走向网络化。所谓综合性，即全球化日益表现为集世界多极化、经济全球化、文化多样化、社会信息化为一体的综合过程，是交往实践的层次、水平和方式不断递升的结果。这种发展态势使一体化与多元化存在于经济、政治与文化各个层面，构成全球性交往共同体的各个因素或方面，在全球化的冲击之下发生着不同的反应，挑战与应战强化了其相互之间的整合及其发展空间。

对于共同求发展的世界各国，面临来自内部和外部的挑战，国家、地区和全球的挑战，经济、政治、文化、信息、科技、自然、安全等多方面的挑战，发展快和发展慢的挑战，这些因素综合在一起形成了许多新的问题。要不断推进各国的发展就必须整合各方面的因素，多层次、多角度寻求新的发展道路，在广泛的合作与自我创新中探索新的发展模式；同时还必须正视不发展的结局和快速发展对内对外造成的不利影响。要转变传统思维，摒弃冷战思维，坚持只有合作才能共赢。发展所面临的矛盾不再是简单的矛盾、国内国外的矛盾，而是深层次结构性的矛盾；国家发展战略涵盖的内容更加丰富，各国特别是主要经济体要加强宏观政策协调，兼顾当前和长远，着力解决深层次问题；一国的发展

① 胡锦涛. 胡锦涛文选：第2卷. 北京：人民出版社，2016：52.

与强大不能不考虑其他国家的处境与反应，要同舟共济，而不是以邻为壑；发展也会带来危机，危及整个世界，给人类的安全、国家的安全造成威胁。发展正在以前所未有的深度、广度展开着，发展难度和困难在全球化背景下较之早期要大得多，矛盾也复杂得多。

2. 和平发展模式面临新的挑战

和平发展模式发生了重大转变，安全威胁着发展。随着两极格局的解体，世界和平从原有的两极对峙的消极和平模式转变为多种和平力量共同发展的积极和平模式，其根本原因在于世界正朝着多极化的方向发展，一方面是世界经济增长分布的极化过程，一方面是世界经济扩散的过程。所谓世界经济增长分布的极化过程是指世界经济的增长以及分布是不均匀的，核心区往往是世界经济增长分布集中地区，这些地区拥有技术优势和丰富的人力资源，特别是技术劳动力、优良的交通体系、比较好的社会和技术设施、比较低的交易成本、比较高的储蓄率以及比较大的经济规模；而边缘区则是低技术、低技术工业以及原材料生产集中的地区。在经济极化的发展过程中同时存在着经济的扩散过程，其扩散过程和扩散的结果也是不平衡的，有的边缘地区在扩散过程中成为一个新的增长中心，有的则更加边缘化。世界经济的极化和经济扩散的不平衡决定了世界政治力量的多极化和世界的相互依存、相互交往，决定了世界的和平是多极化力量作用的结果，在以经济为中心的社会发展中，虽然存在小争端和小摩擦，但战争、军事冲突不再是主要威胁，安全和危机成为和平与发展的共同课题。习近平总书记在2019年金砖国家领导人巴西利亚会晤公开会议上指出："我们应该以维护世界和平、促进共同发展为目标，以维护公平正义、推动互利共赢为宗旨，以国际法和公认的国际关系基本准则为基础，倡导并践行多边主义。要维护联合国宪章宗旨和原则，维护以联合国为核心的国际体系，反对霸权主义和强权政治，建设性参与地缘政治热点问题解决进程。"①

3. 科技变局使发展面临新挑战

科学技术的进步正在引发全球性生产方式的变革，发展的极限面临挑战。知识经济正在成为时代的特征。以知识为基础的经济同以往的经济模式不同，在这种经济模式中，知识、技术、智力资源成为重要的生

① 习近平．携手努力共谱合作新篇章：在金砖国家领导人巴西利亚会晤公开会议上的讲话．人民日报，2019-11-15.

产要素，科技管理人员在生产过程中的作用愈发明显。智力资源在生产、分配、交换、消费中扮演的角色越来越重要，对于社会阶级结构的变化也起到了促进作用。经济核心资源的转变和向后工业社会的转型，使得知识、技术和信息比以往任何时候都更加重要。对于世界各国来说，必然面临着不同产业阶段的发展现实，它们有些还处在农业社会，有些处在工业化的进程中，而发达国家则率先进入了后工业化的知识经济阶段。由于发展中国家缺乏必要的财富和知识积累来参与这一革命，科学技术革命往往不是减缓而是加剧了贫富分化，增加了发展中国家的发展难度。

（二）发展观面临重大转换

时代的转换，使安全模式下的发展越来越成为一个综合性的发展范畴，新发展观念不断涌现。

1. 发展需求更加全面

发展是全面的发展。从具体内容看，发展不仅是经济的发展，而且是包括政治、文化、社会、生态文明等全方位的发展。即使经济发展也不等同于狭义的经济增长，一些国家曾出现经济过度增长而经济发展为零甚至萎缩的现象。因为过高的经济增长会导致投资需求膨胀，由此引发通货膨胀，进而导致投资膨胀，陷入恶性循环的怪圈。这种由通货膨胀支撑的经济增长会带来一系列经济和社会问题。因此，发展实际上是指在经济协调发展基础上的社会全面进步。

发展是安全的发展。汉语中的安全通常的含义是，没有危险，不受威胁，不出事故。英文中的安全含义比较宽泛，但总的意思是不存在威胁和危险。在当代世界发展进程中，在没有大的战争的和平环境中致力于各国的发展是时代的主题，但是发展却随时面临着各种各样的威胁和危险。从新威胁到经济危机、生态危机、金融危机无一不使世界的发展面临着考验与挑战。

发展是和平的发展。中国坚持走和平发展道路，奉行互利共赢的开放战略，坚持同世界各国人民一道推动共建人类命运共同体。这是因为发展既能推动和平，也可能破坏和平，发展存在着双刃剑特征，这是过去所没有的现象。发展问题战略地位的进一步提高，发展紧迫性的加强，同时发展本身对资源的需求越来越大，导致发展中国家之间、发达国家之间、发达国家和发展中国家之间争夺资源和市场的摩擦和冲突日益增多。同时，经济全球化和社会信息化的消极因素凸显，对经济转型国家、落后的发展中国家的挑战十分突出，已经并仍有可能给地区稳定和繁荣乃至世界经济带来相当程度的负面影响。这就要求各国之间做到坚持沟通、真诚相处，避免“修昔底德陷阱”。这个世界能做大蛋糕，更要能分好蛋糕。

2. 发展充满着激烈竞争

20 世纪 90 年代以来由于冷战结束，国际形势整体趋向缓和，发展问题显得更加突出，主要表现为世界各国先后将发展经济和科技确立为国家战略的优先任务，科技政策与科技战略、经济调整与改革、人才等与发展相关领域的竞争空前激烈。

科技战略和政策的竞争加剧。冷战结束后，美国将科研经费投入从国防科技转移到民用、商用上来，使得国家创新能力不断增强，2016 年美国国家创新能力综合排名由 2012 年的世界第 10 名跃升至第 4 名；美国制造业竞争力从 2010 年的第 4 名上升至第 2 名；2016 年在全球最具创新能力的 100 家公司中，排名前 10 名的公司中美国占了 7 家①。欧盟自 1984 年到 2013 年先后颁布了 7 个框架计划，逐渐增加经费投入，着眼聚焦卓越科学、工业领袖和社会挑战三个领域②。日本以 5 年为一个周期推出《科学技术基本计划》，推动国家科技发展③。中国主张创新是发展的第一动力，将创新摆在新发展理念的首要位置，科技领域捷报频传。俄罗斯、巴西、印度和其他有实力的发展中国家也都纷纷调整科技战略和政策，参与这场以信息技术革命为中心的世界科学技术革命的竞争。

维护经济安全被确定为国家内外战略的重点。经济安全既是对国家经济发展、经济利益处于不受威胁状态下的一种描述，也指一个国家在经济上抵御国内外各种干扰、威胁和侵袭的能力，以及在瞬息万变的国际经济环境中的经济竞争能力。20 世纪末的亚洲金融危机席卷全球，2008 年国际金融危机影响持续至今，都在反映着经济危机全球蔓延的

---

① 潘冬晓，吴杨. 美国科技创新制度安排的历史演进及经验启示：基于国家创新系统理论的视角. 北京工业大学学报（社会科学版），2019（3）：87－93.

② 徐峰. 欧盟研发框架计划的形成与发展研究. 全球科技经济瞭望，2018（6）：25－32.

③ 邱丹逸，袁永. 日本科技创新战略与政策分析及其对我国的启示. 科技管理研究，2018（12）：59－66.

威胁。各个国家都处在国际金融链条的一个节点上，如何保证国家经济安全稳定，是每一个国家，尤其是发展中国家需要摆在关键位置上的问题。

争夺人才成为国际竞争的重要内容。科技优势和经济发展的取得有赖于人才资源的开发与利用。发达国家为了保持经济强国地位，展开了激烈的人才竞争。一方面，加强、加快本国人才的培养和利用；另一方面，积极吸引外国人才以弥补国内人才的不足。近年来，美国、德国、日本等西方大国纷纷修改、调整移民法，放宽外国科技人才到本国求学、就业和定居的限制，展开了国际人才争夺大战；即便受民粹主义影响掀起反对移民排外浪潮，但仍保留对科技人才的争夺。发展中国家则为减少本国科技人才的流失和鼓励本国海外留学人员回国创业，纷纷制订了各种“人才回归计划”。

（三）发展的出路——世界发展危机的解决

“发展”与“和平”的关系已经不单单是相互影响、相互促进、相互作用。“发展”本身就蕴藏着“和平”的含义，“和平”本身也具有了“发展”的内容。其具体表现是，在这个主题的系统中，由于国际环境和格局的变化，其子系统在新的层面上扩展：安全是和平面临的最大挑战，而危机是发展面临的最大问题。由于安全和危机问题都与国际环境的稳定相关，一旦出现问题就会危及和平与发展的主题，使人类的发展面临生死考验。

1. 现代化发展的路径面临危机

现代化作为世界性的发展进程，是由现代生产方式的特性决定的。在以往的时代，各民族的交流是“挑战与应战”“和平和战争方式”，形不成世界性的历史运动连锁反应。现代生产力把完全不同的民族联系起来，打破了中心主义和闭塞状态。强大的物质生产把现代交换方式推向了崭新的阶段，市场经济推动国际格局形成追求效率、创新的发展机制。现代化发展成为全球性课题，而发展也重新提出了全球概念。

世界现代化正处在两种不同方向重叠的矛盾与运动中，如何寻求突破还是个未知的问题。现代国际社会的发展局势愈发呈现出矛盾的特征。首先，政治多极化和经济一体化相互交织。生态、人口、国家犯罪、流行疫病等问题愈发具有全球性质。而解决这些问题的关键就是如何使解决问题的方式全球化，或者说以全球化的方式对待危机的诞生、解决的全过程。而这个过程中最大的问题就是全球发展不同步的问题，表现在工业化与现代化、现代化与后现代化等矛盾中。如何解决发展危机是引起世界性思考的一个大问题。不发达国家并不构成统一的社会形态，也不处在相同的社会和经济发展阶段，而是处在前工业社会的不同发展阶段，在整个世界经济体系中处于从属地位。而发达国家则在探讨如何超越工业社会，向新的现代化方向发展，而且速度越来越快。一些西方学者甚至悲观地预言全球发展的两大问题：发达国家无法超越，低度发展国家会不断降级。

2. 全球化背景下的发展危机凸显

当代人类社会的发展日趋国际化和全球化，导致了与此相关的经济危机频繁发生。这种全球化的危机从 20 世纪 70 年代开始就在世界范围内蔓延。两次石油危机对资本主义国家的经济造成了重大影响，究其根源还是由于发达国家与发展中国家矛盾的爆发，也从侧面反映出能源对于国家发展的重要性。20 世纪末 21 世纪初两次席卷全球的金融危机给世界经济带来了巨大的消极影响。同时，贸易保护主义泛滥，右翼思潮迭起。美国退出《巴黎气候协定》、联合国教科文组织、《伊核协议》等国际组织和协议，无视世界贸易组织（WTO）规则，以“美国优先论”推行贸易保护主义政策，对华发动贸易战，破坏国际贸易的传统与准则等，以及英国脱欧，这些“逆全球化”的进程无一不是世界发展的挑战与威胁。世界经济以何种姿态走出增长乏力、低通胀、低需求的深度调整期，是发达国家和发展中国家都必须面临的世界性问题。

3. 生态发展面临危机影响全球

“生态文明建设关乎人类未来，建设绿色家园是各国人民的共同梦想。”① 自 20 世纪 30—60 年代以来，发达国家普遍出现重大的环境公害事件，70 年代，环境污染事件进一步升级，80 年代，苏联等东欧国家也出现重大的环境污染事件，生态问题日趋严重，成为时代的难题。进入 21 世纪以来，环境问题只增不减：全球气候持续变暖；福岛核泄漏至今影响着周围地区乃至全球的生态；澳大利亚森林大火持续数月没有扑灭，数万动物无家可归等。生态问题与其他问题不同，它是日常

---

① 习近平. 致生态文明贵阳国际论坛 2013 年年会的贺信. 人民日报，2013-07-21.

的，从未间断，没有国界，成为最典型的全球性问题之一。人类近百年来的发展方式对于自然的破坏已经成为人类社会发展的障碍，人与自然的关系越来越被摆在重要的位置。中国主张“国际社会应该携手同行，共谋全球生态文明建设之路，牢固树立尊重自然、顺应自然、保护自然的意识，坚持走绿色、低碳、循环、可持续发展之路”①，倡导绿色、低碳、循环、可持续的生产生活方式，坚持全球生态治理原则，以全人类合作的方式解决全人类的共同问题。

4. “追赶型”发展模式的危机

20 世纪 70 年代东亚的迅速发展为世人瞩目，被称为新的经济奇迹。这个经济奇迹以日本为代表，该国没有丰富的矿产资源，却在战后获得了前所未有的发展。东亚地区各国的经济发展，几乎都是在物质和自然资源不足的条件下，甚至不曾有过工业化经验的情形下获得快速增长和发展的。伊诺泽姆采夫认为，“尽管日本模式取得了一些积极成果，但它也表现出（也不能不表现出）‘追赶型’发展的全部潜在问题”②。而工业型社会已经成为历史的财产而不是社会进步的目标，虽然日本在一些时候成为世界上最强大的工业大国。如何使后发国家拥有强大的新技术并将其作为推动经济社会发展的动力是关键，“不能提供让‘知识阶级’的代表们感兴趣的产品，而这些人将是决定 21 世纪市场需求与供应的主要社会集体”，“今天在世界经济中是不可能占据优势地位的”③，亚洲金融危机说明了“追赶型”发展模式的潜在危机，“只有当‘追赶型’发展国家的进步仍然为后工业世界所需要时，这种进步才是可能的”。因此，“追赶型”发展模式的国家遭遇到了“发展的极限”，其发展模式的特点和后工业社会的要求决定了“实现动员型现代化的工业类型国家无法与现代的后工业强国站在同一水平线上”④，“用经济方法追赶后工业社会是不可能的”⑤，高新技术发展成为发展的主流。

①③ 习近平. 论坚持推动构建人类命运共同体. 北京：中央文献出版社，2018：256.

② 伊诺泽姆采夫. 后工业社会与可持续发展问题研究. 北京：中国人民大学出版社，2004：168.

④ 同②146.

⑤ 同②156.

第三节　当代世界思潮在时代主题转换中的流变

20 世纪 70 年代以来人类社会的发展表明，什么时候人类维持一个和平的国际环境，经济、社会就发展；什么时候人类处于战争状态，就谈不上经济发展、社会进步。正所谓国家和，则世界安；国家斗，则世界乱。

一、冷战和平向安全和平的思潮变迁

迄今为止的和平与发展经历了两个阶段，以 20 世纪 90 年代冷战和平结束为标志，此前的和平发展时期，维护和平环境的方式更多地带有冷战时期的特点：尽管没有发生世界性的战争，但此阶段的和平基本是一种"霸权和平"，大国间的军事对抗和相互冲突是威胁世界和平的主要因素，苏美双方都面临着紧迫的安全需求和军事防护压力，从而大大强化了国家的对外功能，在维护世界和平的因素和力量上，军事势力、军事因素占据主要地位。

（一）冷战和平的特征与思潮流变

"冷战"被称为一种特殊形态的战争，表现为"不战不和"或"又战又和"。尽管美国和苏联并没有打起来，但一直处于军事对抗中，每一方所拥有的核武器都可以确保把对方彻底毁灭，因此制衡了战争的发生，世界进入了"霸权和平"的消极和平阶段。其特征是：冷战和平是消极的和平，也是霸权稳定下的和平。冷战阻止了美国战后建构单极霸权的企图，形成两极格局，虽然有局部战争的存在，但绝大多数是霸权国家发动的，如朝鲜战争、越南战争、阿富汗战争等，发展中国家成为霸权争夺的主战场。从总体上看，进入 20 世纪 70 年代，整个世界处于霸权下的稳定和平状态，一些国家迅速发展起来。因为在霸权体系中的国家可以方便地利用霸权国家提供的"公共产品"或"集体产品"，又不用承担维持这个体系的成本，日本、欧洲因而获得了快速发展，形成了经济上的多极；社会主义国家的东欧也一直致力于改革，进行了多方面的探索；发展中国家中的一些新兴工业化国家和地区也开始了后发国家现代化的追赶。世界和平的力量正在不断地增长和加强，发达国家出

现的新社会运动就始于和平运动，关于和平的理论以及如何保证和平的研究在世界范围内流行起来。

（1）“霸权和平论”。“霸权和平论”主张帝国统治下的和平。霸权和平代表了传统的和平理论，它既为美国寻求霸权和强权政治服务，也是“以力量求和平”的美国对外政策的传统信条，遭到许多国家的反对。其基本观点是：一个国家要想在世界政治经济领域成为霸权国家，就必须能够控制原材料市场，以资本操控全球资源，维持广阔的进口市场，并具有生产高附加值产品的比较优势；霸权国家对于国际体系的主宰不仅有利于霸权国家自身的发展，同时也有利于维持国际体系的平衡。这是一种角力的过程。持有这种理论的学者认为：“不管是英国统治下的和平，还是美国统治下的和平都和罗马帝国统治下的和平一样，保证了国际体系的相对和平与安全。”“为了稳定世界经济，需要有一个稳定器，仅仅一个稳定器。全球治理需要有一个大国起带头作用。”①

（2）“相互依存论”。“相互依存论”产生于20世纪60年代末至70年代中期，并对当代产生着影响。它是对国际社会现实进行反思的产物，以1968年美国库珀的《相互依存的经济学：大西洋共同体的经济政策》一书为标志，相互依存论逐渐成为一种理论，并流行起来。以库珀为代表的“依存论”是一种“经济依存论”，其后又由罗伯特·基欧汉（Robert Keohane）和约瑟夫·奈（Joseph Nye）在合著的《权力与相互依赖》中发展成为“复合依存论”。相互依存是指国家之间或不同国家中的行为体之间的相互影响及其结果。相互依存并不意味着互利，相互依存并不意味着“非零和”，相互依存并不意味着完全平等，其具有敏感性和脆弱性，因为某种程度的冲突是必然的。但相互依存使得社会联系渠道多样化，有国家之间的关系，有跨政府关系、跨国家关系等；在国家之间的关系中军事安全并不总是最首要的议题，在相互依存占主导地位的情况下，军事力量并不总是被当作一个国家反对另一个国家的手段，在解决经济问题时，军事手段几乎毫无作用。因此相互依存产生了不同的政治过程，跨国家及跨政府关系、国际组织的作用凸显，从而需要相应的国际机制。在相互依存论者看来，相互依存关系常常发生在使行为规范化以及控制行为结果的规则、规章和程序的网络之中，

① 奈．美国霸权的困惑．北京：世界知识出版社，2002：16.

而这些对相互依存关系产生影响的一系列具有主导性的安排就是“国际机制”。相互依存论的出现为和平的发展提供了理论依据，也与当时流行的“霸权和平论”发生了理论上的冲突。

在欧洲比较流行的是伴随欧洲一体化初始阶段的欧洲和平主义，其中包括“联邦主义”“邦联主义”“政府间主义”等思潮的流行。欧洲一体化的初始目的就是维护欧洲的和平，反思两次世界大战都在欧洲发生的原因，以建立欧洲和平的思想和路径。这些思潮认为民族国家对持久和平是不利的。民族国家强加的不自然的划分阻碍了对全球问题的全球性解决。

从 20 世纪 70 年代中期开始，由于越南战争的结束，国际上掀起了安全研究的热潮。安全研究从以传统的军事战略为中心的研究，即假设国家之间始终存在发生战争的可能，而使用军事力量对国家和社会具有深远的影响，着重研究防止和参与战争所应采取的特定战略与政策，转变为不仅仅关注政治、军事安全，同时重视经济安全、生态安全以及社会安全等问题的研究。1983 年美国学者厄尔曼的《安全再定义》一文，提出安全研究不能只停留在东西对抗的军事层面，而应关注更宽广的安全议程。

（3）传统安全理论。传统安全理论也被称为“国家安全理论”：“国家安全”是目前各国内外政策表述中使用最为频繁的词汇和概念之一，美国学者彼特·曼戈尔德（Peter Mangold）在《国家安全与国际关系》一书中指出，“国家安全”是一个源自美国的概念，它的出现只是近几十年的事。即把“国家安全”理解为一国对关乎其利益的各种威胁的“一种感知”以及为消除这种感觉所做的努力。“国家安全”意识的形成是为了防止国家利益受到外在威胁。对于一个国家来说，安全是国家的命运，是国家统治的基础①。这种理论认为，在国家安全领域，政治安全和军事安全一直是国家安全的重心。国家是国际社会的行为主体，在国际社会这种“无政府”和“丛林法则”支配状态下，权力、实力是理解国际关系的关键，国家存在的根本目标就是不断地增强自身的权力和实力，以求维护自身的安全。各国都致力于追求自己的最大利益和国际社会本身的无政府状态，使国家间的冲突不可避免，战争或对战争的预

① 王丽娟．全球化与国际政治．北京：中国社会科学出版社，2008：96．

期决定了国家的行为。面对冲突和战争，实力强大的国家往往容易获胜，而衡量一国实力强大与否的重要标准就是看其军事实力是否足够强大。经济实力虽也很重要，但它实际上是为军事实力服务的。在整个冷战结束之前，以政治和军事安全为主要内容的国家安全观一直占据主导地位。这种理论是冷战时代的安全观，也就被视为传统安全观。

20 世纪 70 年代的两次“石油危机”、西方国家的经济“滞胀”危机以及美日欧经济实力对比的变化，促使西方国家政府和学者们开始将贸易、金融等经济因素和经济危机纳入国家安全的视野，这其中还包括资源、环境问题等。美国《安全再定义》一文的作者厄尔曼指出，将“国家安全”仅仅界定在军事层面是一种“错误的设想”，会导致国家只注重军事威胁而忽视其他也许更为有害的危险，使国际关系出现军事化倾向①。随着国际贸易和国际金融及通信科技的发展，各国经济与交往日趋紧密，各国间“相互依存”的趋势愈益明显。“相互确保摧毁”和核恐怖平衡状态的传统安全在短时期内难分胜负，美苏和东西方关系逐步走向“缓和”，美苏两国主导的东西方两大阵营对抗与竞争由军事领域更多地开始转向经济、科技与社会发展领域。也就是在这个时期，人们从更广泛的视角、更长远的角度看待国家安全，并相应调整国家安全战略。根据美国国家情报委员会负责经济与全球问题的副主任、非传统安全问题专家乔治·费达斯的说法，冷战时代的威胁是有“威胁者”的威胁，而后冷战时代的一些威胁是“没有威胁者的威胁”（threats without threateners）②。寻找和判断新威胁的来源与种类，成为非传统安全问题研究在西方兴起的主观动因。

（二）后冷战时期的和平新特征与思潮变迁

冷战结束后，特别是 21 世纪以来，国际格局发生了根本的转变，和平与发展的内涵亦发生了变化。

1. 和平、安全、发展趋向统一

从总体上看，世界的和平开始趋向于“积极的和平”。世界多极化和经济全球化的趋势使得类似于冷战时期大国全面对抗的可能性大为降

---

① RICHARD H U. Redefining Security. International Security，1983（Summer）：129.

② FIDAS G. Global Development 4：Non-Traditional Security Challenges in International Politics，2001.

低，取而代之的是世界主要战略力量的战略与利益相互交融、相互依赖、相互影响、相互制约[①]。各国通过交流合作，通过国际组织协调冲突，世界多极化趋势进一步增强，对于霸权主义、强权政治起到了极大的制约作用，尤其是近年来大国关系深刻调整，世界格局进入以良性互动为主的新阶段。欧洲联盟成为一个和平力量，明确主张多极化、反对单极世界的国家在增多，广大第三世界仍然是和平的主力军。

问题是时代的声音。与冷战时期和平是确保制约战争不同，20 世纪 90 年代后各国趋于树立新安全观回应时代主题。由于冷战结束，局部地缘均势被打破，国家间围绕民族、宗教和领土的纷争与矛盾剧增，伴随着新霸权主义和干涉他国内政相互联系，国家间纠纷愈演愈烈；各国纷纷进行双边和多边的安全关系的构建。与此同时，经济全球化加速，各国安全的需求也出现了新的变化，安全问题更多地出现在非安全领域，伴随全球化而出现的经济、政治、社会生活中不安全的危险和威胁增加，安全理论转向强调各国之间的安全合作，特别是大国之间建立新的安全合作。

全球化的加速以及全球性问题的愈发严重使全球性问题的解决需要人类共同的努力，这不仅需要和平的环境，更需要以发展来促进问题的解决。比如，1997 年亚洲金融危机影响波及很多新兴国家，2008 年国际金融危机重创世界经济。即使是中国也未能避免此次金融危机的影响，2008 年中国出口贸易受世界经济下滑拖累，增长速度比 2007 年同期降低近 6 个百分点。如何在促进经济繁荣和发展的同时，确保本国的安全，避免社会动荡，成为许多国家特别是发展中国家的紧迫课题。发展经济仍然是世界各国的共同任务。和平与发展将是一项长期的任务。

2. 后冷战时期的和平及安全思潮

(1)“民主和平论”。后冷战时期的和平思潮及安全思潮中影响最大的是新自由主义推行的所谓以价值观输出为核心的“民主和平论”。这一思潮主要流行于 20 世纪 90 年代以后，它假设国际关系是建立在民主模式的基础上，推动国际关系的和平发展是新自由主义宣扬的外交政策。其间，一系列相关著作问世，如内勒・戴尔蒙德（Naylor Diamond）的《促进民主》（1991 年）、塞缪尔・亨廷顿（Samnel Hunting-

① 储永正．军事外交学．北京：国防大学出版社，2015：89.

ton）的《第三波：20世纪末民主化浪潮》（1991年）、约瑟夫·马拉奇科（Joshua Muravahik）的《输出民主：完成美国的天赋使命》（1992年）等。“民主和平论”的基本主张是：首先，民主国家在国家的基本价值和意识形态上承认以协商、国际民主的形式来处理国际争端，反对战争和暴力的行为。其次，自认为自由民主的国家通常会依据自身所谓的价值道德去同所谓的非民主国家发动战争。“民主和平论”以价值观为标准划分和平的界限，从而将所谓的不民主国家假设为战争的根源、民主国家的敌人。

（2）“均势和平论”。该理论主张依靠大国的对峙来实现的冷战和平开始被新的多极化趋势下的和平所取代，但是冷战格局向新的和平格局转换的唯一途径就是因均势而出现的和平。新现实主义认为，均势是一个常数。均势在结构性约束力的作用下也是必然的，“而且仅是两个条件得到了满足，均势政治就风行起来：秩序处于无政府状态，秩序下居住着希望生存的单元”。换句话说，如果世界仍然处于无政府状态，如果每个国家都希望生存，那么均势就是和平的内涵。其代表人物卡尔、摩根索等主张的“创造和平，但准备战斗”依然是“均势和平论”的信条。正如尼克松曾说过的：“真正的和平是一个过程——一个在相互竞争的各国、各种制度及各种国际野心之间处理和抑制冲突的持续过程。这是有史以来存在过的唯一的和平方式，也是我们能现实主义地争取获得的和平。”

（3）“国际制度和平论”。该理论认为，国际之间存在的制度安排在国际事务协商、国际摩擦纠纷的处理中起到了至关重要的作用。它一方面提高了国家交往的效率，降低了国际合作的成本；另一方面为成员国之间的互利互信提供了一个基本的秩序，因而在国际制度特别是国际安全制度的约束下，国家行为容易显示出和平状态。因此，国际制度网络覆盖下的体系变更，也倾向于以和平的方式演进。针对国际制度，现实主义主张权力、军事和安全等因素的作用，而新自由主义强调经济、利益和制度等因素的作用。“国际制度和平论”的出现，反映了现实主义、新自由主义理论的调整，开始远离强制的和平，主张和平来自国际契约，在经济全球化和相互依存的时代，在由众多国际制度组成的“契约环境”里，国际合作的成本会大大降低，背信弃义的毁约行为远期成本会大大提高，奉行理性选择的民族倾向于采取合作、和平的政策取向。

因此，“国际制度和平论”把研究的中心从权力转向观念与制度。

（4）“世界安全和平论”。该理论是后现代主义在20世纪80年代中后期发展起来的对安全观的后现代的诠释，进而提出了后现代主义的和平理论。这一理论认为，单纯地对国家安全的研究不能仅仅局限于一个国家的范围之内，否则，会对安全的概念和现实中的安全的情况产生误判。对于安全的研究不能不顾国与国之间的联系及其对国际事务的影响。世界安全的影响既然超越了国家水平，就有必要将对安全的理解上升到世界的安全与和平之上。后现代主义认为有必要强调将“国家安全”扩大为“世界安全”，既反映以人为本，又兼顾国家利益和全球意识的多元安全形式。“安全的首要主体是人民，而不是国家，不是精英，不是富人，不是强者”；“世界安全”的推动力在于批判性的社会运动包括现代和平运动，和平运动倾向于要求安全从军事领域向政治、生活领域拓展，人民应有更加充分和具体的权利与机会参与国防政策、国家安全和国防工业发展的各种讨论；安全作为人权的一种有力举措，应尽可能避免使用暴力，暴力只是在迫不得已的情况下才最后诉诸的手段①。

（5）“和平发展论”。该理论是中国在改革开放进程中由邓小平首先提出的，并在中国特色社会主义的实践中不断推进，是在世界上有着重要影响的新型和平理论。它将和平与时代主题，也就是当代世界的重大问题以及面临的历史性课题相联系，主张世界和平的唯一出路是世界共同的发展。其内涵在中国特色社会主义的实践中不断丰富。党的十八大以来，中国积极参与国际事务，推动构建相互尊重、公平正义、合作共赢的新型国际关系。习近平在出席博鳌亚洲论坛2015年年会时提出了“通过迈向亚洲命运共同体，推动建设人类命运共同体”的倡议。2015年9月，习近平在纽约联合国总部发表重要讲话指出：“当今世界，各国相互依存、休戚与共。我们要继承和弘扬联合国宪章的宗旨和原则，构建以合作共赢为核心的新型国际关系，打造人类命运共同体。”共商共建人类命运共同体成为中国在处理国际事务中的新主张。中国的“和平发展论”的具体体现就是对于国家的和平发展道路的思考。这个和平发展道路，不仅仅是中国自身要通过和平的手段实现发展，同时也是世界各国通过和平的手段实现共赢；这个和平发展道路，不仅仅是中国自

① 包仕国. 西方国际关系理论的后现代主义阐释. 理论与现代化，2005（5）：11-15.

身要用发展促进和平，同时也是世界各国都要用发展来巩固来之不易的和平成果。这是对中国近代屈辱历史的深刻反思，是对于两次世界大战的凝练总结，也是中华优秀传统文化的当代传承。中国将跨越“修昔底德陷阱”的对抗思维，推动世界各国实现和平共处。

（6）“全球安全论”。该理论是在“人类安全论”的基础上发展起来的，主要是针对各种各样的全球性问题而提出“问题清单”：资源短缺、经济和金融危机、人口膨胀、贫困化、经济难民和非法移民、生态环境恶化、传染疾病流行、民族宗教冲突、国内动乱与国家分裂、恐怖主义、信息网络攻击、大规模杀伤性武器扩散、跨国犯罪、走私贩毒、国际腐败、海盗、非法洗钱等。有的学者还把技术与武器的非法转让、核等危险材料的偷运、全球化的负面影响、民主化趋势、人权和人道主义干预、冲突预防和维和、自然灾害、国家治理问题列入其中。加拿大学者约翰·科顿认为，非传统安全的四大主要威胁是：恐怖主义（包括动机和扣押人质），涉及水资源、温室气体排放、影响人体健康的全球环境污染，毒品泛滥和类似艾滋病的传染疾病蔓延。“全球安全论”认为，当今世界面临的诸如环境、资源、食物、疾病、贫困化、经济危机、恐怖主义等问题都关系到人类的生存与未来的发展，这些就是不同于以往的新的“非传统安全威胁”，必须站在全球安全的高度才能加以解决。

（7）“综合安全论”。“综合安全”概念是在 20 世纪 70 年代由日本政府首先提出的。除军事安全外，国家安全还包括资源、政治、经济、金融、科技、信息、社会、文化等领域的安全。“综合安全”这一概念在亚太地区应用最为广泛。1994 年 7 月 25 日，在东盟地区论坛第一次会议上，各成员国一致同意对日本提出的有关亚太安全保障问题中的“综合安全”概念进行探讨。1995 年 8 月 1 日，东盟地区论坛第二次会议正式提出“综合安全观”并得到各成员国的认可。会议主席声明，东盟地区论坛认识到：“综合安全概念关注的内容除军事领域外还包括政治、经济、社会和其他方面的问题。”按东盟的定义，“综合安全”是通过合作而不是对抗来寻求国内和地区范围内各个领域的可持续的安全，它包括个体安全、政治安全、经济安全、社会安全、文化安全、军事安全、环境安全。进入 21 世纪，中国开始与东盟共同推进非传统安全领域的合作，在 2001 年第八届东盟地区论坛外长会议上，中国政府对东盟的“综合安全论”给予了支持。2002 年 5 月，中国向论坛高官会议提交了《关于加强非传统安全领域合作的中方立场文件》。2002 年 11 月，在第六次中国与东盟（10＋1）领导人会议上发表《中国与东盟关于非传统安全领域合作联合宣言》，启动了中国与东盟在非传统安全领域的全面合作。

新时代以来，中国更进一步推动在全球倡导“共同、综合、合作、可持续的亚洲安全观”。2014 年 3 月，习近平在海牙核安全峰会上正式提出“亚洲新安全观”理念，受到国际社会的广泛重视。2014 年 5 月 21 日，习近平在亚信第四次峰会发表主旨讲话，提出“共同、综合、合作、可持续”的亚洲安全观，提倡走出一条共建、共赢、共享的亚洲安全之路。此后在不同场合，习近平又多次提到建立“共同、综合、合作、可持续”的亚洲安全观问题。2017 年 1 月 18 日，国家主席习近平在联合国日内瓦总部发表题为《共同构建人类命运共同体》的主题演讲，将“坚持共建共享，建设一个普遍安全的世界”作为构建人类命运共同体主张的一部分提了出来。“共同、综合、合作、可持续”的亚洲安全观从范畴上扩大为中国的全球安全观①。当今世界经济危机、恐怖主义、难民潮、地缘冲突、疫情暴发、全球变暖等来自经济、政治、文化、社会和生态等多个方面的安全问题增多。中国认为他国的威胁也可能成为本国的挑战，主张共同、综合、合作、可持续的安全观，主张当事各方要积极协商谈判，其他各方劝和促谈，积极发挥国际组织和联合国的斡旋主渠道的作用②。中国主张既要继续努力解决尚未解决好的传统安全问题，也要重视解决日渐增多的各种非传统安全问题。中国的新安全观也是发展安全观、合作安全观、共同安全观。中国追求的最终目标是国际社会的共同安全。

二、单向度的发展向全方位发展思潮的流变

和平与发展的另一大主题是发展，其思潮的流变也体现了新的变化趋势。

（一）单向度的发展与思潮转向

关于发展的思潮经历了从注重经济增长到注重经济发展的转向。随

① 张颖，金文盼．习近平亚洲安全观的道德内涵价值观取向与认知．理论视野，2019（5）：39-43．

② 习近平．共同构建人类命运共同体：在联合国日内瓦总部的演讲．人民日报，2017-01-20．

着二战以后的经济恢复和快速增长，“发展”逐渐成为理论界研究的优先议题。所谓“发展”，最初是将发展界定为经济增长，并以国民生产总值或人均国民生产总值的增长率等经济增长指标作为评价一个国家社会发展的标准。这一理论符合发展中国家自身发展的道路选择和目标追求，提高经济增长成为广大发展中国家的首要任务。发达国家经历了战后经济高速增长后，面临着变革传统单纯经济增长模式的任务，美国吉利斯、帕金斯等经济学家对“经济增长”与“经济发展”的概念进行了区分，提出经济增长是指国民收入或人均国民收入的提高；而经济发展除了人均国民收入的提高外，还包括经济结构的变化，以及国民自主参与经济发展过程和经济结构变迁过程。此后，对“发展”内涵的探讨愈加深入。诺贝尔经济学奖获得者库兹涅茨主张从注重经济发展到注重社会全面发展的转向，因为工业化、城市化和人口增长是世界经济发展到一定阶段的共同特征，在经济变迁中必须注重社会发展的全面性。英国学者兰特从社会主体角度强调发展是社会有意识地逐步科学化和成熟化的过程，因此，发展意味着对发展目标进行社会和经济的全面规划与目标预定。

伴随着市场经济全球化的演进，经历了不同的经济增长和经济发展的现实实践，“发展”的内涵再次出现转向，从注重社会发展到更加注重人的发展变化。由于全球化时代以市场经济为基础，资源的全球性配置极大地提高了效率，前所未有地推动了经济发展和物质财富的增长；与此同时，也带来了市场经济的自发性造成的贫富分化的迅速拉大。其结果是经济越增长，社会贫富差距越大，造成社会撕裂。无论是市场经济成熟的发达国家，还是处在市场经济外围的发展中国家，社会不公都成为危及整个社会的问题。当代发展理论认为，如果发展本身不能使人的基本需要得到满足，不能彻底地消灭贫困和不平等，那么发展就失去了意义。

随着世界各国经济与社会的快速发展，全球范围内环境问题日益突出，“发展”内涵出现了从注重今天的发展到注重可持续发展的转向。环境问题包括环境污染的加剧和资源（特别是非再生资源）的耗竭两个方面，其不断恶化不仅会对现实世界造成严重危害，而且会对未来人类社会造成毁灭性的后果。最早引起世界关注环境与发展问题的是著名的《寂静的春天》的警示，而环境与发展问题进入国际治理层面始于 20 世纪 80 年代初联合国发布的《我们共同的未来》，该报告提出了可持续发展的理念，这一理念是确保人类生存与发展的唯一途径。步入 21 世纪，人类更加积极地探索可持续发展的新模式。2015 年 9 月，联合国可持续发展峰会在纽约总部召开。该会议通过了 17 项可持续发展目标，提出在 2015 年至 2030 年之间解决包括消除贫困、气候行动、缩小发展差距等多个方面的发展目标，推动全世界向着可持续发展的目标前进。对此，中国以绿色、低碳、循环、可持续发展之路，落实联合国倡导的目标，多层次推进 2030 年可持续发展议程。作为气候变化巴黎大会通过的《巴黎协定》的坚决支持者，中国高度重视《巴黎协定》对于全球气候治理的里程碑式的意义。该协定确定 2020 年全球应对气候变化行动的目标是将本世纪全球平均气温上升幅度控制在 2 摄氏度以内，并将全球气温上升控制在前工业化时期水平之上 1.5 摄氏度以内，这个目标必须通过世界各国携手共进才能实现，然而，现实的挑战是十分艰巨的，美国宣布退出《巴黎协定》，直接威胁着人类可持续发展目标的实现①。

（二）发展的新问题与挑战

发展越来越成为影响全球以及人类未来的大问题。

第一，新的科技革命浪潮越来越深入地影响着人类社会的发展。科技革命的继续进步，尤其是信息技术的越发普及，大数据、人工智能、虚拟现实、5G 技术等的蓬勃发展，加强了经济、科技、发展、创新在国家发展中的战略地位以及在国际竞争中的优先地位，这无疑是对和平发展潮流的有力推动。面对新技术新机遇，习近平以人工智能技术为例，指出新技术“正在对经济发展、社会进步、全球治理等方面产生重大而深远的影响”②。

第二，在全球化背景下，发展中国家的经济发展遇到了许多新的困难，与发达国家的差距进一步拉大。而发达国家对发展中国家的崛起亦感到不安，主要体现为在资源的控制、市场的占有、技术的发明等方面，二者存在着越来越多的矛盾，发达国家企图利用其在各种国际组织制定规则的优先地位决定发展中国家的经济地位，而发展中国家也越来越多地运用国际组织来维护自己的利益。因此，各类国家围绕着发展问

① 习近平．共同构建人类命运共同体：在联合国日内瓦总部的演讲．人民日报，2017-01-20．

② 习近平．致第三届世界智能大会的贺信．人民日报，2019-05-16．

题的矛盾和摩擦越来越多。

第三，在全球性问题中，传统的发展建立在对环境和资源大肆掠夺的基础之上，但是人类几百年来工业化活动的代价已开始显露，发展与环境、发展与资源的矛盾愈加突出。世界范围内的产业转型正在进行，人类在促进产业转型的同时，还要注意保护环境，只有协调与合作，采取"综合治理"的方法，才能解决人类面临的难题。

（三）和平与发展的"合法性"问题

总结20世纪70年代以来时代的发展，不同的和平模式和安全模式的提出与流变，表明和平处在相对平稳发展中。在世界安全领域，各国不断推进国际合作的安全机制，大国间的军事对话与协调不断增强，国际军控与裁军问题日益全球化、全面化。但是，国际安全领域中的不稳定因素依然存在，构成世界和平与发展主题中的不和谐音符，对世界未来的和平走向具有深刻的影响。不同的力量和思潮都不得不考虑和平与发展是人类共同的问题，不能不思考和正视解决国际问题的"合法性"问题。

首先，国家主权的合法性问题正在受到挑战。任何国家要寻求在当代全球化条件下的和平与发展，就不能闭关锁国，就要对外开放，就得与其他国家交往与合作，就不能不涉及"合法性"问题。越来越多的国家间经济合作日益打破了传统的南北界限和社会制度的差异，开展双边、多边、区域乃至全球的多层次合作。这个新的发展趋势正在通过多种新的发展途径对国家主权产生着冲击。按照传统的国家主权理论，国家主权强调其对内的最高管辖权和对外的独立权。但是国家主权始终会受到国际互动的影响，如通过互动以及国家间的合作或结盟，通过国家间的竞争、对抗甚至战争的形式。在合作中，国家的权利与义务、权力与地位都会得到重新界定①。而国家在参与经济全球化的过程中对本国经济主权的控制和把握也越来越困难，这种经济领域的侵蚀还表现在国家的政治主权、文化主权等方面。在政治领域，国家固有的传统的管辖权由于跨国公司的大量存在和所涉及范围的日益广泛而受到更多的牵制；为了经济利益在政治制度等方面做出让步也很普遍；包括传统文化、意识形态等在内的文化主权被无形地侵蚀也是一种现实。融入经济全球化还意味着国家将承担更多的国际义务和责任等。这些客观的侵蚀

① 李少军. 国际政治学概论. 上海：上海人民出版社，2009：109.

使得一些国家尤其是试图跻身于世界经济主流的发展中国家处于两难的境地，要么为了经济的发展让渡主权，要么为了捍卫主权而继续封闭自己。当国家越来越深入地参与国际合作，国际组织的国际公约、条约或协定的签订或履行也会对国家主权产生侵蚀。进入21世纪以来，一体化趋势加强，国际组织不仅数量增多，而且它们的权威性和功能性也在不断增强，表现为国际组织日益成为独立的国际人格者。国际组织在一定范围内成为国际法的主体，具有独立的法律人格和合法性地位。这种国际法律人格表现为国际组织具有缔约权，国际组织人员具有外交特权和豁免权，有处置管辖相关事务的权力和从事诉讼的能力。比如，“联合国具有法律人格”“世界贸易组织具有法人资格”。国际组织拥有采取行动的自主权，可以与各国或其他国际组织进行谈判和协商，调节国际争端等。国际组织的这种性质和功能往往导致主权国家职能的部分丧失。国际组织的干涉行为已经具有合法性，随着人道主义干涉的不断发生，主权在一定程度上已经不再是传统意义上的绝对主权，而是同保护的责任相联系的主权。

其次，没有发展中国家的发展就没有世界的发展。发展中国家社会发展过程的特殊性不仅仅是时间早晚问题，更重要的是发展中国家的发展起步于复杂的世界格局，面临完全不同的社会问题。其一，发展中国家的发展处于世界体系中的不平等地位，面临着发达国家与发展中国家发展的不平衡。绝大多数发展中国家都是在二战后摆脱殖民主义的束缚、获得国家政治独立的，在经济与文化上依然受到殖民世界体系的影响，在现代化发展道路的选择上依然依赖发达国家的资本、市场以及现代化的经验，甚至是政治模式。因而，在经济、政治、文化等方面，发展中国家普遍落后，在世界体系中仍然无法摆脱对发达国家的依附，在国际竞争中处于不利的地位。其二，发展中国家自身普遍面临“结构二元性”的困扰。摆脱贫困成为独立后的发展中国家共同的主题。追求现代化的路径普遍采取了传统西方现代化的模式，片面追求工业化的发展，放弃传统农业经济，出现了西方现代化中的二元经济结构带来的社会分裂问题。工业化带来城市化以及消费需求的膨胀，农业却停留在自然经济模式而面临凋敝，导致发展中国家在城市与农村的生产方式、工人与农民的生活方式、富人与穷人的分配方式、城乡居民与农民的收入和受教育程度等方面的差距日益拉大，表现在政治与思想文化领域更是如此，社会出现固化的二元结构的矛盾通常因为无法获得社会结构的改造而无法解决，社会成员普遍缺乏必要的思想自觉、智力储备和心理承受力，自觉或不自觉地抵制社会结构变迁。其三，发展中国家还面临着民族文化与外来文化（主要是西方文化）的冲突问题。作为后发国家，发展中国家在现代化社会变迁中不仅仅面临社会与民族国家的现代化，而且面临全球性进程的现代化，先发国家的发展对后发国家具有外因传导性影响，后发国家同时遭遇到自身社会结构和文化的矛盾，是亦步亦趋地模仿先发国家的现代化模式，还是根据本国国情探讨适合自身的现代化模式，成为发展中国家普遍遭遇的发展瓶颈。如果现代化进程缺失广泛的社会动员，现代化就会夭折。从长远发展来看，能否有效地解决发展模式的对立，找到适合本国的发展路径，克服发展的盲目性，不仅需要发展中国家自身的创新突破，也需要世界共同努力去解决发展中国家发展失衡的问题。

最后，国际治理的合法性问题。基辛格认为，一种合法的秩序不可能消除冲突，但却能限制冲突的范围。那么，国际社会如何维护国际秩序的合法化？传统国际政治理论认为，这需要世界格局的各极权力在维护自身利益的基础上达成共识，由大国作为国际秩序的维护者是合法的。若对这样的合法结构发起挑战，其实质是在破坏这种国际秩序的合法性。20 世纪 90 年代冷战结束后出现“一超多强”的世界格局，新的世界格局令国际秩序的合法性再次成为国际社会关注的新问题，如何建构新的国际秩序，使 21 世纪的全球治理成为世界性热点话题。“全球治理”一词最早由詹姆斯·罗西瑙在其著作《没有政府统治的治理》中提出。他首先区分了政府的“统治”（government）与非政府的“治理”（governance）[①]，在这个前提下对全球治理的内涵做了界定。全球治理是指通过控制、追求目标以产生影响的各层次人类活动——从家庭到国际组织——的规则系统，甚至包括被卷入相互依赖的、急剧增加的世界往来的大量规则系统。他强调国家体系不再是当代全球治理的唯一形式，多中心权威的重构是全球治理的发展趋势[②]。随后引发的全球治理的研究

① ROSENAU J N，CZEMPEIL E O. Governance Without Government：Order and Change in World Politics. Cambridge：Cambridge University Press，1992.

② ROSENAU J N. Governance in the Twenty-first Century. Global Governance，1995 (Winter).

热潮出现了三个理论范式：国家中心主义、全球主义及跨国主义。这些理论范式的主题围绕着人类出现的全球性问题，包括和平、安全、发展、人权等主题，旨在建立一套新秩序，包括处理国际政治经济问题的全球规则和制度①。

随着全球治理问题研究的深入，采取什么样的国际机制解决全球性问题成为国际领域中最有争议的议题。斯蒂芬・克拉斯纳提出："机制可定义为特定国际关系领域的一整套明示或暗示的原则、规范、规则和决策程序，行为体的预期以之为核心汇聚在一起。"② 传统国际关系主张大国权力为核心使得国际社会的冲突与矛盾频发，国际机制理论提出国际关系的公平、正义原则应取代传统的霸权原则，以新的合作的合乎现实的道德主义理念，通过建立在国际法基础上的国际秩序，以及法制化手段规范国家的对外行为和国际利益分配的协调，对违背国际道德规范的国家利益极端化和不择手段追求自身利益的国家进行制裁和惩罚。国际机制的出发点与传统的霸权主义贬低国家主权的理论是不同的，在尊重各国国家主权的基础上，强调国际机制对国家主权的约束以及主权国家对国际机制同样具有制约作用。

在各种国际机制理论中，国际干预机制非常经典。国际干预是指"一个国际组织或国家从外部对另外两个国家间的关系或另外一个主权国家的内部事务进行干涉的一种行为"③。国际干预机制在现实中的实施凸显了国际干预机制对国家主权的侵害。目前，国际干预呈现出次数不断增多、涉及问题日益广泛和干预程度不断加深、范围不断扩大的趋势。大多数的干预有助于国际秩序和国际公正的维护，有些干预则难以摆脱大国的控制和霸权的痕迹。当前，对国家主权最大的威胁是来自西方大国的干预，北约对南斯拉夫发动军事行动就是明显的例子，它开了极其危险的先例，即在联合国机制不足以满足其战略要求时可以不需要得到联合国的批准，可以利用任何最适合自己需要的国际机制来采取行动。在经济领域的侵蚀主要表现在参与国际经济机制时，如果国际市场上的游戏规则与本国的传统的游戏规则相悖，就要对别国进行全面制裁；在文化领域，最典型的表现是在国际人权领域。

① 石晨霞. 全球治理机制的发展与中国的参与. 太平洋学报，2014（1）：18-28.

② 王明国. 试析国际政治经济学与国际机制论. 国际关系学院学报，2007（5）：6-9.

③ 蒲傅. 国际干预与新干涉主义. 教学与研究，2000（5）：38-42.

习近平总书记指出："在当今国际治理体系面临分化挑战之时，中国提出并践行人类命运共同体理念，对国际合作共赢传递着强烈信心，广获各国认同，激发起同频共振、同声相应的合作共鸣。"① 推行人类命运共同体的理念，创新改革全球治理模式，是中国作为一个爱好和平的大国为促进世界和平所做出的积极贡献。

① 指引人类进步与变革的力量：记习近平主席在瑞士发表人类命运共同体演讲一周年. 光明日报，2018-01-26（1）.

第五章　发展主题：现代化进程不同路径选择

20 世纪 70 年代以来，发展成为世界共同的主题，聚焦现代化研究成为各国、各个学科共同关注的重大课题。现代化是人类社会特定的历史发展阶段，从全球视野看，当今人类社会正在完成从传统农业社会向现代工业社会的整体转变，广大的发展中国家进入现代化发展进程，世界现代化进入全球化阶段。聚焦发展主题，是当代世界面临的共同现实课题。

第一节　现代化的追寻与历史境遇的迥异

现代化思潮的出现以及全球性的扩展是当代世界历史进程中提出的最重大的现实问题：既有受到战争创伤的发达国家所面临的重建与复兴问题，也有逐步出现的战后摆脱殖民统治的新兴独立国家与地区的发展问题，而后者是尤为引人注目的一个新的世界性问题。对发达国家来说，在经历了现代化进程后，依然面临着再发展问题。先行现代化国家具有发展优势，还是后现代化国家具有追赶的优势或者劣势，世界不同国家的发展模式是不是只有一条西方的道路等问题，都是关系到世界发展的方向与前景的历史根本性问题。

一、现代化的全球性历史发展

现代化是世界历史的必然进程，到 20 世纪 70 年代，几乎世界上所有国家都主动或被动地加入或卷入了现代化的历史潮流。现代化成为各国不得不关注的中心问题。

（一）现代化的全球性发展的三次浪潮

广义的现代化主要是指自工业革命以来现代生产力导致社会生产方式的大变革，引起世界经济加速发展和社会适应性变化的大趋势。具体地说，就是以现代工业、科学和技术革命为推动力，实现传统的农业社会向现代工业社会的大转变，使工业化渗透到经济、政治、文化、思想各个领域并引起社会组织与社会行为深刻变革的过程。现代工业革命是这一历史进程的开端：现代工业生产方式的确立，极大地加速了以国民财富持续增长为标志的发展，人类社会进入前所未有的历史时代；工业革命创立的新的发展机制决定了西方工业化国家的发展速度和发展水平远远超过世界其他地区，从而确立了现代化发展的世界新格局。因此，工业革命所引发的是一场全球性的社会大变革、大变迁。

迄今为止的现代化进程经历了三大发展浪潮。第一次浪潮（18 世纪后期到 19 世纪中叶），是以英国工业革命为开端、向西欧扩散的早期工业化过程。第二次浪潮（19 世纪下半叶到 20 世纪初），是工业化向整个欧洲、北美扩散并取得胜利的过程，同时也是非西方国家被迫卷入现代化的过程，并引发了世界性的战争和经济危机。第三次浪潮（20 世纪 70 年代以后），是发达国家工业革命向信息产业产业结构转型升级与大批发展中国家主动卷入工业化的过程。现代化的历史进程在梯级前进的趋势中发展，每一次浪潮都伴随着现代化矛盾运动过程带来的发展性危机，同时也引发了对西方以及传统现代化模式的反思与批判。

在现代化的世界历史发展过程中，形成了两种起源、类型和道路各不相同的现代化路径。从起源看，早期西方国家是内源型的现代化，其社会经历了内源性变迁，外来发展的影响居于次要地位；而广大的东方国家则属于外源型的现代化，其社会经历了强制性的外源性变迁，内部的发展创新居于次要地位。内源型的现代化大都经历了较长时间相对平稳的发展，并以工业革命和工业化带动整个社会其他方面的变革。外源型的现代化则启动缓慢，很不平稳，充满剧烈的社会动荡，甚至伴随着战争和暴力，变革通常从社会和思想层面、政治层面展开，其后才有了工业化的发生。从类型看，有资本主义类型、社会主义类型和混合类型。不同的类型下又有着不同的模式，后两种类型都是非西方的。社会主义类型和混合类型的出现是 20 世纪以后伴随第二次工业革命的新的世界现象。20 世纪的现代化彻底打破了资本主义一统天下的局面。十月革命在资本主义现代化模式之外确立了社会主义现代化模式。社会主义的现代化是在资本主义世界体系已经形成的特殊历史条件下的突破，也是一种创新的发展，以政治革命带动经济革命，把国民财富和资源的配置转移到推行现代化的国家权力手中，集中人力、物力、财力，适应了第二次产业革命的要求，实现了产业跨越式的发展，使社会主义的苏联成为世界上第二大经济强国，大大缩短了苏联的现代化进程。二战以后的国际格局诱发了一大批新兴国家走上了现代化的道路，包括中国在内的一些国家走上了社会主义的现代化建设之路，而亚、非、拉地区的大多数国家则采取的是混合道路。与原发性现代化国家的传导性现代化以及模式不同，新兴国家在发展战略、国家干预等许多方面形成了具有自身特色的追赶型现代化模式，其中东亚和拉丁美洲一些国家取得了显著的成就，也遭遇了比较大的挫折。

（二）发展中国家的现代化推动全球化进程

发展中国家被卷入现代化进程，是当代世界发展的重大课题，20 世纪 60—70 年代以来，亚洲、非洲、拉丁美洲国家赢得民族独立，开辟了世界现代化的新进程，走内源型的资本主义现代化道路，还是走外源型的社会主义现代化道路，是摆在发展中国家面前摆脱经济贫困状态的必然选项，也是关系国际格局的大问题。由于事关许多国家的世界性历史转变，现代化理论迅速成为一个世界性的热点课题，发展中国家的现代化问题也成为新兴经济学的重点领域。传统现代化道路出现了新的可能，一系列国家通过结合自身的国家发展战略而转变为“新兴工业化国家”（The Newly Industralizing Countries，NICs），西方工业国的发展模式被打破，并使得世界经济资源配置出现了重大变化。发展中国家不再仅仅是政治独立的国家，通过外向型经济的全球化发展，一些国家经济崛起，成为影响世界经济越来越重要的力量，世界经济政治格局也随之发生变化。不断走向现代化的发展中国家成为引人注目的新的世界力量。自 20 世纪 70 年代以来，发展成为迫切问题并被提上了联合国的议事日程。1977 年，联合国正式提出“发展权”概念，以助力发展中国家的发展；1986 年联合国通过《发展权利宣言》，进一步确认了“发展权”的内涵：各国发展权利均等，发展机会是一项不可剥夺的人权。发展概念从国家范畴深入到社会个人生活，成为各国追求的世界性目标。

在多极化、全球化、信息化纵深发展的今天，世界“越来越成为你中有我、我中有你的命运共同体”①，中国的现代化发展越来越具有世界历史性。在这样新的发展历史方位中，习近平坚持以人民为中心，提出五大新发展理念，即把创新作为引领发展的第一动力、协调作为持续健康发展的内在要求、绿色作为永续发展的必要条件和满足人民对美好生活向往的重要体现、互利共赢的开放作为国家繁荣发展的必由之路，以及体现中国特色社会主义本质的共享理念。五大新发展理念既继承了已有的马克思主义中国化成果，同时也是新时代治国理政的新理念。纵观 20 世纪 60—70 年代崛起的东亚，通过外源性赶超型现代化，创造了发展中国家经济崛起的奇迹，形成了具有东亚分工体系的新兴工业化地带，对传统的西方现代化理论提出了挑战。探索晚近起步的现代化中的共同性问题成为 21 世纪现代化理论关注的焦点。中国作为最大的发展中国家，发展道路和发展进程一直备受世界关注。以马克思主义及其中国化成果作为根本指导的现代化道路，摒弃了翻版和再版国外现代化模式的“捷径”，在不断探索和实践中，在曲折发展的过程中，逐渐形成了具有中国特色的现代化方案。它既包括以人民为中心的价值追求，也包括“五位一体”总体布局和“四个全面”战略布局，还包括构建人类命运共同体的世界关怀；不仅为中国实现现代化制定了科学方案，而且为世界社会主义发展注入了新活力，为其他发展中国家提供了新的发展道路的选择。

（三）发展成为全球性历史进程的共同主题

现代化是 20 世纪历史主题的重大内容，亦是 21 世纪各国共同追求的目标。20 世纪许多重大历史事件都围绕现代化展开。对发展中国家而言，被迫卷入现代化进程，引发了社会的动荡甚至战争的爆发；对发达国家而言，它们在现代化的世界历史进程中经历了争夺世界资源的两

---

① 习近平．顺应时代前进潮流，促进世界和平发展．新华每日电讯，2013-03-24.

次世界大战，也经历了经济上的大危机、大萧条，不得不修正其现代化进程中出现的问题。世界范围内形成了这样一种局面：一方面是现代化的全球扩张，一方面是“修正”现代化的努力，这两种相反趋势造成20世纪历史的矛盾发展，“不平衡”引发出不同的类型、不同的现代化模式。进入20世纪70年代，特别是21世纪以来，在和平与发展的时代背景下，世界的现代化进程不仅大大加快，范围扩展到全球，而且深度加强了，新阶段的现代化趋势正在形成。

现代化作为一种世界性的历史发展过程，包括经济、政治、社会、文化、科技等多方面内容，特别是指传统社会向现代化社会的转变和变迁。“发展通常被视为是‘成长’和‘现代化’的同义词。”① 发展观的演变经历了从物到人、从事实到价值、从发展中国家到发达国家的发展演变过程。发展从最初单纯指工业化过程的经济增长，到后来指经济增长与社会变革的统一，强调必须走西方的发展道路，再后来提倡平等和可持续发展，选择符合自身的发展道路。当今时代，“发展”已经成为人们审视时代历史变迁性质的重要坐标框架。

从发达国家来看，在现代化成为全球追寻的发展目标的同时，一方面，与“现代性”伴生的“现代病”威胁着西方。工业文明的弊端导致的人类发展的全球性危机日益加深。所有这些现代化发展的困境使曾经备受尊崇的现代化的合法性愈来愈受到质疑和挑战，人们怀疑单纯的科学技术是否是造就人类文明的唯一手段。因而，在现代化如火如荼发展并走向全球化的进程中，始终伴随着“反现代化”（counter-modernization）运动，引发了世界范围内的反现代化思潮。反现代的后现代主义与反文化的后现代主义相互呼应与影响，或多或少地在各自的领域中生发同一个主题，最终成长为国际性的社会和文化思潮。另一方面，科学技术的进步正在引发全球性生产方式的变革。信息经济成为时代的特征，这是一种以信息为基础的经济，是一个以智力资源的占有、配置和知识的生产、分配、使用（消费）为主要生产要素的经济时代。发达国家率先进入新的继续现代化阶段。在2013年汉诺威工业博览会上，德国正式提出“工业4.0”的概念，并在之后将其列入《德国2020高技术战略》的十大未来项目之一。“工业4.0”是接续前三次工业革命的

① 帕格. 发展理论的反省：第三世界发展的困境. 北京：巨流图书公司，1983：36.

新阶段，意味着通过信息科技推动产业发展的智能化时代的到来。

从发展中国家来看，传统发展理论把现代化的发展视为从传统农业社会向现代工业社会的转型，视为向西方文明转向的过程。然而，20世纪70年代以来发展中国家的实践表明，效仿西方政治模式，通过优先发展政治来带动经济发展的道路纷纷失败；虽然实现了经济增长，但却带来越来越严重的社会贫富问题，出现了“有增长无发展”的普遍局面。20世纪80年代前后是非洲“失去发展”的年代，年均经济增长降至0.5%甚至负增长。发展中国家与发达国家在经济上的差距不是缩小而是增大了。多数发展中国家的发展处于初级水平，面临着诸如经济结构不合理，科技含量低，以牺牲生态平衡、消耗大量资源，甚至依靠大举外债来谋求发展等问题。“贫困陷阱”和“中等收入陷阱”① 成为发展中国家现代化进程中面临的重要问题。如何摆脱长期陷于贫困恶性循环的困境，如何以在收入达到世界中等水平后，顺利实现经济发展方式的转变，走出经济停滞状态，已经成为现实的问题，成为走向现代化必须要解决的问题。过往经济学家从地理环境、资本积累、制度储备、国际关系等方面探寻原因，各发展中国家也在不断尝试中寻找适合自身实际的现代化道路。发展中国家向现代社会过渡或转型过程中所面临的新问题，不仅是当代社会科学各个领域普遍关注的重大课题，而且也是各国政府乃至民众最为关切的问题。

从世界范围来看，各国经济与社会快速发展的同时，全球性环境问题日益突出。不断加剧的环境污染和资源（特别是非再生资源）的严重耗竭，使人们对社会发展的未来、对人类生存的远景产生了沉重的忧虑和危机感。现代化究竟怎样发展？这是困扰人类社会尤其是各国政府的一个大难题。工业社会在20世纪60—70年代遭遇的多重危机启示人们，增长的极限步步逼近，大工业时代行将终结，未来的发展不可能也不应该仍然停留在大工业生产的老路上，人类社会应该走向某种新的生存与发展之路。

---

① 《东亚经济发展报告（2006）》提出了“中等收入陷阱”（Middle Income Trap）的概念，其基本含义是：鲜有中等收入的经济体成功跻身为高收入国家，这些国家往往陷入了经济增长的停滞期，既无法在工资方面与低收入国家竞争，又无法在尖端技术研制方面与富裕国家竞争。

“当今世界，信息化发展很快，不进则退，慢进亦退。”① 从新的产业发展所展现的新的现代化趋势看，当今世界各国现代化程度的高低是由各国社会信息化程度决定的，并以信息产业总产值占国民生产总值的比例计算。信息化是信息活动，包括信息的生产、传播和利用等过程，是一种物质的社会经济现象。信息化过程与计算机应用的普及、通信的现代化、知识功能的强大相伴相生，但信息化还包含着更丰富而深刻的内容：信息与物质、能源、资金、人力一起成为一切发展的必要资源，引起生产和就业的巨大变化，甚至影响到人们的生活和意识。信息产业的发展预示着一个信息时代的到来，在新的科技革命的推动下，世界现代化发展的新阶段日益清晰地展现在世人面前，现代化的历史境遇亦发生了转折，多重结构与多重矛盾交织，成为世界解决现代化难题时必须面对的新问题。

（四）现代化历史进程中不同的道路选择

在相同的和平环境下，有着不同历史条件的世界各国自 20 世纪 70 年代开始推动世界现代化浪潮进入新的历史阶段；20 世纪 90 年代以后，随着市场经济全球化，在新技术革命的推动下，在追求现代化的历史境遇中，发达国家追求后现代化以及再现代化的新发展，发展中国家的现代化面临着更加复杂的国际环境，何去何从成为当今世界现代化发展面临的普遍问题。

1. 发展中国家的现代化深受资本主义世界体系的制约

在客观上，西方发达国家率先实现现代化，已经形成了历史上成功现代化的路径，即通过资产阶级革命使资产阶级上升为统治阶级，确立商品经济在社会经济发展中的制度形态，扫荡传统自然经济生产方式，在新生产力的推动下，通过商品交换形成了产业的全球化布局，通过殖民地带来了对世界经济体系的控制，并强化了其经济、政治以及思想文化在世界范围内的影响，其现代化的特征具有内源性和世界历史性。正如马克思在《资本论》序言中指出的：“工业较发达的国家向工业较不发达的国家所显示的，只是后者未来的景象。”② 发展中国家被卷入世界历史进程后，其现代化的历史无论是被动还是主动，都处于外源性输入的发展形态，即便结束了殖民地的历史，获得国家和民族独立，却很

① 习近平．在网络安全和信息化工作座谈会上的讲话．北京：人民出版社，2016：4.

② 马克思，恩格斯．马克思恩格斯文集：第 5 卷．北京：人民出版社，2009：8.

难在经济上摆脱发达国家和垄断资本对其经济的控制，经济仍然处于不发达状态，在争取现代化的路径上始终面临着各个国家和地区经济、政治和文化发展的不平衡性，经济技术的普遍落后性，以及贫困人口众多等问题，在国际竞争中处于不利地位，现代化发展步履维艰。

2. 发展中国家难以摆脱对发达国家的依附

从世界经济发展的历史看，资本主义的世界经济通过第一次工业革命和交通运输业的发展，促进了国际商品的流通和国际分工，将不同经济发展水平的国家和地区都卷入了相互依赖的世界经济体系。发展中国家的现代化处于资本主义世界体系的边缘，对发达国家和国际资本具有不同梯度的依附关系。尽管发展中国家有着各自不同于西方的人文地理、宗教习俗、政治制度、社会经济，但是受长期殖民统治的影响，大多数国家依赖于本国的一两种原料，以初级产品出口带动经济发展的经济结构并没有得到根本改变，原材料的控制权和定价权都被占领世界市场的发达国家和国际资本所控制，大多数发展中国家在经济的依附性上存在层级性差异，拉美、亚洲和非洲处于现代化的不同层级的边缘地带，非洲被视为发展中国家“边缘化”中的最边缘地带。

3. 发展中国家社会经济结构普遍面临“结构二元性”的困扰

发展中国家经济的二元性、初级产品生产与加工和农业的自然经济结构形成的城乡对立，是资本主义殖民化的产物。而政治独立后许多国家片面追求工业化，忽视农业在本国经济中的地位和作用，加剧并固化了现代化进程中的二元结构，城市的繁荣与农村的贫穷形成鲜明的对照。经济决定政治，在发展中国家的政治和思想文化领域，也凸显了整个社会内部的二元性，内部发展的不平衡加剧了社会的对立和动荡，再加上经济不可避免地受到国际经济危机的影响，发展中国家的现代化在全球发展中成为核心问题，没有发展中国家的发展，就没有世界的发展；没有发展中国家的现代化，就没有世界的现代化。

二、现代化思潮的全球性扩展

从社会思潮的角度看，现代化理论是在第二次世界大战后的全球性工业化高潮阶段形成的。20 世纪 60—70 年代逐步出现了不同路径的现代化思潮、理论与现实的相互撞击、现代化全球性的历史拓展，引发了关于世界现代化与社会变迁、未来发展的新理论架构的出现，不同制度、不同发展阶段的国家面向现代化的发展以实践主题为核心，思潮间相互激荡，极大地拓展了历史主题在发展问题上的内涵，体现了时代的转变、实践的难题和理论的趋势。

（一）西方现代化理论的缘起与挑战

现代化思潮缘起于西方国家，在20世纪70年代发生转向，更多的发展中国家开始以摆脱贫困落后的局面为目标，探索工业化的发展路径、现代化生产与社会方式成为国际社会关注的热点。工业化进程开始向世界多个国家和地区铺开，工业化的全球性进程逐步加快。不同地区不同类型国家根据具体情况进行适应性发展，出现了多种工业化发展模式。“一个新的高潮正在形成之中，即使有些国家还没有开始搞工业化，也把工业化列为其奋斗的目标，特别是那些希望巩固其国家独立，要同先进国家进行竞争并提高国民收入水平的新兴国家的领导人物，尤有迫切感。”① 20世纪60年代以后，“现代化”在西方社会科学研究中逐渐流行，“现代”既有时髦、时新之意，也有“新时代”的内涵，标志着与传统所不同的具有新价值的时代。一时间形成了现代化理论研究热潮，出版了罗斯托的《经济成长的阶段：非共产主义宣言》、穆尔的《社会变迁》、斯梅尔瑟的《经济生活中的社会学》、沃德的《日本和土耳其的政治现代化》、库兹涅茨的《现代经济增长》、列维的《现代化和社会结构》、布莱尔的《现代化的动力：比较历史研究》、维纳的《现代化：增长的动力》、帕森斯的《现代社会体系》和亨廷顿的《变化社会中的政治秩序》等系列著作。其中，帕森斯认为，所谓的现代化不仅是“西方化”，其本质是“美国化”，即以“美国化”作为现代化的全球战略以及世界各国发展的目标和模式。亨廷顿也承认那时的“现代化概念主要是一个美国式的概念”②。罗斯托的现代化经济增长理论认为，美国是现代化的国际样本，每一个国家现代化的发展都要经历五个发展阶段，美国的现代化模式不仅能够带来各国的经济起飞，还能“影响事态发展的资源和能力所及，在世界许多地区帮助维护现代化进程中的国家主权完整和独立自主”③。罗斯托的现代化经济增长理论引起了强烈的反响。经济增长的问题成为世界性的问题。

① 肯普．现代工业化模式：苏、日及发展中国家．北京：中国展望出版社，1985：13.

② 布莱克．比较现代化．上海：上海译文出版社，1996：17.

③ 罗斯托．从第七层楼上展望世界．北京：商务印书馆，1973：84.

以美国为核心的现代化思潮之所以具有世界影响，是由于第二次工业革命推动社会生产力飞速发展，带来了科学技术在社会生产的各个领域的应用；推动了西方资本主义世界（包括日本）出现经济持续增长的局面，经济发生了结构性的变化，工业化处在全面胜利阶段；无论是美国还是苏联都成为世界工业化的大国，工业化的现代化发展范式成为战后发展中国家追求现代化的目标。发展中国家走什么样的工业化道路，成为 20 世纪 70 年代西方学术界的热点，即阐述西方现代化理论以推动资本主义现代化在全球的展开。

西方现代化理论认为，现代化是一个过程。对此，亨廷顿通过九大特征对现代化的概念做了经典的概括：现代化具有革命的特征，即实现从传统社会向现代社会的转型；现代化具有复杂性，它包括生产的变革，也包括引发人类思想和行为的变化；现代化具有系统性，其中一个因素的变化会影响其他各种因素的变化；现代化具有全球性，它起源于欧洲，但已经发展成为世界现象；现代化具有长期性，是一个只有经过长时间的发展才能实现的过程；现代化具有阶段性，在发展中有不同的阶段并向更高水平的阶段迈进；现代化具有趋同性，无论传统社会曾经有过多少不同类型，现代化的社会是基本相似的；现代化具有不可逆性，现代化发展会有回潮和挫折，但仍然是不可抗拒的趋向；现代化具有进步性，在其发展中会付出巨大的代价，最终却能够增进人类在文化和物质方面的幸福。

现代化是全面的现代化，其中包括经济现代化，它以工业和服务业在 GDP 中占据绝对优势为标准，既可以用人均国民收入来衡量，也可以通过农业、工业、服务业各自在国民总收入中所占的比重来衡量。这些基本数据反映工业化及经济的现代化的程度，带来了社会的全面变革。社会现代化，是指社会结构发生的重大转变，即从前现代的传统社会转变为相对性的社会，通过工业革命引发社会结构分层化。政治现代化，通常以西方工业化国家的模式作为现代化的统一模式，所谓现代化就是民主参与对政治、经济、社会、思想等带来的各个方面的变化。亨廷顿从政治结构的分化和政治参与的扩大来界定政治现代化，即政治系统内部权力的分配使之具有治理能力，进而能够促进社会和经济不断进步，同时还能够具备吸收现代化所产生的社会能力用于政治系统能力的提升。人的现代化，是指人作为现代化社会变迁的最基本因素，在这一过程中实现公民在心理和行为上的现代人格的转变，特别是在政治权力系统的公务人员要具备人格的现代性，从而实现真正的现代化。

关于现代化的发展动力，有以下研究：首先是“经济发展决定论”。工业化是现代化实现的推动力，经济的发展带来社会政治和文化的现代化。主张经济发展决定社会政治和文化的变化，认为工业化是现代化的推动力。其次是“文化发展决定论”。受韦伯“新教伦理和理性化”思想的影响，具备新资本主义文化才能实现经济和政治生活的现代化，民主文化是现代化的动力。再次是综合发展决定论。现代化是在政治、经济和文化相互作用的过程中产生的结果。受不同历史文化和地理条件等因素的影响，现代化发展的动力不是单一的，现代化发展的模式既具有多样性，也具有路径依赖性。现代化有英美模式，即通过民主化和工业化推动现代化的实现；有法国模式，即通过先有民主化后有工业化实现现代化；有德国模式，即先有工业化后有民主化；还有东亚模式，日本、韩国现代化的发展更接近于德国模式。

从总体上说，得到国际初步传播的现代化理论主要来源于西方现代社会，是对主要发达国家现代化历史经验的总结，其现代化理论也是根据西方的现代化发展提炼的理论发展图式，仍然停留于现代化是“西方化”的理论困境。进入 21 世纪，全球现代化进程加速，发达国家在新技术革命浪潮的推动下，继续探索发达国家的再现代化理论，其中包括适应信息化时代的德国再工业化理论。

（二）发展中国家的发展理论与道路

经典现代化理论都是从西方出发诠释现代化，它无法解释非西方国家现代化进程中所遇到的问题，更无法指导发展中国家现代化的实践。自 20 世纪六七十年代开始，从发展中国家和非西方视角研究现代化的理论对传统西方现代化理论发起了挑战。从实践上看，社会主义工业化模式以及东亚现代化模式都证明了现代化发展的非西方道路的可能性与现实性；特别是西方遭遇生态危机和能源危机后经济发展进入滞胀期，给发展中国家现代化理论的流行提供了历史的机遇，也暴露了以美国为核心的现代化理论的弊端与缺失，其在西方内部就受到了广泛质疑。对于符合本国国情现代化理论的迫切需求，使得发展中国家的现代化问题成为热点，出现了一批学者投身于研究发展中国家现代化理论，成为现代化思潮的新兴力量。比如，依附理论和世界体系理论都从发展中国家的角度和非西方的角度，打破了现代化就是西化、西化就是现代化的唯一路径的神话，开辟了探索非西方发展路径的现代化模式新领域。进入20世纪80年代，中国作为最大的发展中国家，在经历了改革开放并且将改革开放不断深化的过程中，以追求社会主义现代化为目标，通过中国特色的工业化以及现代化，取得了举世瞩目的成就，实现了飞跃性发展，为世界上想要实现快速发展但又希望保持自身独立的发展中国家开辟了新的选择路径。

从发展中国家的现代化理论看，发展中国家早期追求现代化发展的区域首先是拉美国家。拉美国家在战后工业化发展中依然无法摆脱殖民经济和新的霸权主义的影响，现代化发展时起时落，时好时坏，对以美国现代化为核心的西方理论提出了批判与质疑，拉美特色的“依附论”率先开始了新的探索。巴西的卡尔多索、埃及的萨米尔·阿明和美国的弗兰克等学者，提出了以解决发展中国家发展为主题的系列理论，在世界范围内形成了一股强劲的发展主义思潮。首先，这一思潮以批判的视角看待现代化就是西方化的所谓现代化理论，因为这一理论根本无视帝国主义、殖民主义给发展中国家造成的经济的不平等以及后发现代化的“历史后遗症”，也无视西方现代化理论范式根本不适合发展中国家现代化的实现。由于西方现代化理论把现代化等同于西方化，把现代化等同于工业化，拉美国家在追求工业化的过程中出现了收入分配两极分化、通货膨胀等严重的社会问题。因此，发展主义思潮要求摆脱西方现代化理论的影响，提出符合发展中国家特色的新现代化观，为此，弗兰克提出以“发达”与“不发达”的概念来区分发达国家与发展中国家不同的现代化路径，取代以“传统”代表发展中国家与以“现代”代表发达国家的理论概念，在理论上扭转了现代化理论就是西方理论独霸天下的格局。

发展主义现代化思潮的主要理论成果有普雷维什的“外围资本主义改造论”、弗兰克与多斯桑多斯的“依附论”、伊曼纽尔·沃勒斯坦的“世界体系论”和卡尔多索的“依附的发展论”等，其中最核心的是依附论。依附论从世界视角出发，认为以美国为核心的西方现代化理论本质上是把发展中国家作为资本主义世界经济体系的一部分，发达国家是这个经济体系的轴心或中心，发展中国家则是这个体系处于依附地位的边缘国家。从世界现代化的历史看，这个体系从早期资本主义的重商主义时代就开始了，经过几百年的历史发展造成了西方国家的发达和非西方国家的不发达。而西方国家的现代化理论把这样的历史发展结果在理论上概括为非西方国家的传统和西方国家的现代，从而模糊了长期不平等的历史发展，也掩盖了资本主义世界体系中形成的作为宗主国的发达国家与作为卫星国的发展中国家的剥削与依赖的关系。发展中国家的现代化理论必须正视历史形成的发达国家与发展中国家的不平等关系。一方面，要批判西方中心主义的现代化理论范式，为发展中国家探索现代化提供新的理论武器；另一方面，从发展中国家自身的国情出发，试图解决拉美国家在现代化发展路径上反复出现的"有增长无发展"的经济问题，以及由此带来的社会发展失调的现状，寻求非西方国家现代化发展过程中实现社会整体进步的方法。

"依附论"对西方现代化理论的批判主要表现为扭转了现代化理论观。现代化理论不应该是"一种意识形态抽象的结果"，更不应该是以一种普适的现代化理论涵盖所有国家和民族的现代化发展，要改变发展观念。各国的历史条件不同，各个社会利益集团的利益不同，在不同的阶段对发展的要求不同，"在确定何谓发展和什么是获得发展的手段时，必然会有不同的甚至相互对立的方式"①。埃及学者阿明明确指出西方发展理论的历史局限，提出"西方的发展概念就如西方的效率观念一样狭隘和丑恶"②，并提出多元文明。发展中国家"贫困"和"不发达"的现状是长期的帝国主义、殖民主义统治和资本主义世界体系造成的结果，而并非文化价值观落后所致。该理论还批判"传统社会"与"现代社会"对人类社会历史的抽象裁剪。为此，"依附论"更加注重从全球资本主义世界体系分析不发达国家的经济和社会结构，力图通过"中心-边缘"结构更准确地阐述资本主义和非资本主义、发达国家和发展中国家的关系，主张落后国家实现现代化的出路在于"脱钩"，打碎"中心-边缘"结构，走自力更生、独立发展的道路。依附论确实起到了批判西方现代化理论和发展模式的作用，特别是以"中心-边缘"的共时性结构取代传统-现代的历时性叙事结构，对西方中心主义的现代化观发起了挑战，在西方现代化理论发展潮流中曾经独树一帜，产生

---

① 桑多斯．帝国主义与依附．北京：社会科学文献出版社，1999：276．

② 亨廷顿，等．现代化：理论与历史经验的再探讨．上海：上海译文出版社，1993：100．

了不小的影响。但是这一理论过分强调“中心”和“边陲”的共时性关系，仍然不能帮助发展中国家探索符合自身特点的现代化的道路与模式。

“依附论”在现代化理论上的革命，引发了“依附性发展论”“外围资本主义改造论”“世界体系论”等新理论的陆续出现，在伊曼纽尔·沃勒斯坦看来，这些理论代表着20世纪70年代以来现代化理论的最新趋势。他通过对“依附论”的改造，提出了现代化的“世界体系论”，即把发展中国家的现代化放到世界全球化发展的视野，力图从世界历史的角度，通过发展中国家的现代化变革，在政治、经济和文明三个层面上重新建构世界秩序，把发展中国家的现代化实现与全球化发展联系起来，发展中国家的现代化不再是发达国家现代化的翻版，现代化理论不再是西方国家独有的话语体系，认识现代化历史与路径的方法论也不再仅仅反映西方意识形态。

沃勒斯坦的“世界体系论”主张：迄今为止的世界体系是资本主义世界经济体系。他认为“世界体系论”与其他现代化理论最大的不同是时间与空间的尺度与结构，该理论从全球化历史发展的视角出发，指出目前的世界体系仍然是资本主义性质的世界经济体和生产模式，各种国际交往的经济成分都毫无例外地遵循着资本主义逻辑，所以必须理性地认识到“我们并不是生活在一个现代化着的世界，而是生活在一个资本主义的世界里”①，从马克思主义社会形态理论出发，区分了现代化理论抽象逻辑下掩盖的世界本质；从全球总体的角度看，现代化是资本主义性质的现代化。世界体系理论沿用了“依附论”的“中心-边缘”结构分析方法，并进一步地从中心-半边缘-边缘的结构来分析共处于资本主义世界经济体系中不同国家和民族的横向结构关系。通过横向的解构，提出当代世界并“不存在什么‘现代’和‘传统’社会之分，作为资本主义世界体系一部分的所有社会都是‘现代’社会。差别在于有些属于中心，而另一些则处于资本主义的边缘”，即在现代化历史进程中要区分发达与不发达之别②。针对传统西方现代化理论主张所有的民族和国家在时间上或迟或早必然经历相同或相似的发展阶段，最终步入相同的现代化社会，“世界体系论”继承了马克思从生产方式角度研究资

① 沃勒斯坦. 资本主义世界经济体. 伦敦：剑桥大学出版社，1979：133.

② 德里克. 全球化政治经济学. 马克思主义与现实，1998（6）：39.

本主义的传统，同时吸收了以布罗代尔为代表的法国年鉴学派的长时段分析方法，强烈反对非历史的单线发展论。然而，“世界体系论”由于过分强调横向结构关系及外部因素对一个国家的影响，与“依附论”一样具有历史局限性，仅仅从生产关系方面解释世界体系不平等的机制和发展中国家的“边缘”地位与落后状态，忽视了历史文化对一个国家发展道路和发展方式的制约作用，特别是缺乏如何提高发展中国家的社会生产力、改革政治体制和文化传统的创新等综合性的实证研究，很难在发展中国家的实践中检验理论的成效，为发展中国家提供实现现代化的有力武器。

在现代化理论经历了传统西方现代化理论和非西方的发展主义现代化理论的阶段后，从全球视野重新反思西方现代化理论的研究日益增加。西方现代化理论的核心——“经济增长理论”遭遇许多学者的挑战。1972 年《增长的极限》一书的出版，开创了被称为“批判发展学派”的一个全新思维范式，并对传统西方现代化理论和发展主义现代化理论的发展观给予了否定。1973 年舒马赫的《小的是美好的》，从生态发展的角度进一步丰富了新的发展内涵：现代化的发展要在生产环节变革，产品生产要有利于保护生态环境，要价格低廉，基本上人人可用，还要“具有人性”，有利于发挥双手和大脑的生产能力的“中间技术”的实施。1974 年，联合国第六届特别会议通过的《建立国际经济新秩序宣言》接受了现代化的新发展理念，次年召开的不结盟运动会议把新的发展概念写进了会议文件。

现代化思潮由此进入具有可持续发展内涵的新阶段，或者说全球性现代化发展阶段。1987 年联合国环境与发展委员会的报告——《共同的未来》对可持续发展进行了界定，提出可持续发展既要满足当代的需求，又必须不能损害满足子孙后代的需求。世界发展观念何以产生？其原因在于世界范围的现代化扩展和经济增长，带来了全球性的环境危机和南北贫富差距的拉大。如何解决这一现实挑战？坐而论道远远不能满足世界对现代化和发展的新需求。此后现代化的发展理论逐步进入地区性的实证研究阶段，全球化的发展理论逐渐成为理论界的热点问题。围绕着全球发展问题的对话与交流，1992 年，联合国将“可持续发展”理念列为环境与发展大会的指导方针，从资源和生态环境可持续发展、经济可持续发展、社会可持续发展三方面，从经济发展应包括数量增长和质量提高两部分，从发展循环经济、绿色 GDP 等途径提出了新的发展理论。以此为标志，全球掀起了可持续发展的理论热潮。2015 年通过的联合国 2030 年可持续发展议程于 2016 年元旦启动实施，新的议程包括 17 个可持续发展目标，除了贫困、饥饿、性别平等、清洁等 7 个方面的目标，其他如良好健康与福祉、优质教育、经济适用的清洁能源、体面工作与经济增长等 10 个方面均为此次新增内容，从经济、社会、环境方面建构起系统的可持续发展框架①。中国于 2016 年 3 月、9 月分别通过“十三五”规划纲要和《中国落实 2030 年可持续发展议程国别方案》，对联合国提出的可持续发展议程做出响应，坚持以人为本，强调实现经济、社会、自然、人的协调发展。五大新发展理念更是明确了要把“绿色”作为永续发展的必要条件。中国的可持续发展理念也将在推进“一带一路”倡议与构建人类命运共同体的进程中对世界发展产生着影响。

（三）现代化思潮在中国的兴起

柳克在 1927 年《新土耳其》一书中首次将“现代化”与“西方化”相提并论，1929 年胡适正式使用“一心一意的现代化”的提法，提出了西方化的现代化理论。20 世纪 30 年代通过中国现代化问题的讨论，现代化作为一个新概念在知识界开始运用，从“西化”引申出“现代化”，表明中国知识界对世界潮流的认同，也表明其对中国发展道路的认识逐步深入，将现代化界定为工业化、科学化、合理化、社会化。中国现代化运动从自己的实践中提出现代化的概念和观点早于西方现代化理论约 20 年。是西化还是现代化，以工立国还是以农立国，全盘西化还是中国本位？中国思想界在文化层面对现代化问题进行了初步的探讨。由于远离实践，更由于抗日战争的爆发，这股思潮被无情地打断了。

20 世纪 50 年代，中国的现代化以崭新的姿态重新启动，在中国共产党的推动下走上了社会主义的工业化道路。现代化曾经被理解为“苏化”，在经历了重大的经济结构性调整后，现代化进程成功启动，以社会主义计划经济的模式在很短的时间内初步建立起了工业化体系，国民经济一度发展迅速。但由于内外多种因素，导致在发展上出现了停滞和

① 黄梅波，吴仪君. 2030 年可持续发展议程与国际发展治理中的中国角色. 国际展望，2016（1）.

危机，直到20世纪70年代末的改革开放，才再次进行结构性的大调整，适应世界发展的趋势，创造性地开创了中国特色社会主义道路，从计划经济走向市场经济，开始了走向社会主义现代化的新历程。

20世纪80年代，中国开始了现代化理论的研究与实践，现代化思潮受到西方思潮冲击，更面临着改革开放现代化实践中的重大问题，时代对理论提出了更高的要求。围绕着发展主题，邓小平理论对中国现代化理论做出了巨大贡献，开创了中国式的现代化发展道路，在世界现代化的历史进程中形成了新的现代化模式。党的十六大提出了“走新型工业化道路”，推进社会主义现代化的新的发展阶段的新战略，将继续工业化的发展与推行信息化的新产业结合，降低传统工业化的弊端，加快中国现代化的步伐。2007年，党的十七大在北京召开，胡锦涛在大会报告中提出“中国特色新型工业化道路”的命题，制定了“一条道路，一个方针，三个转变”的发展战略，并对建设工作做了具体部署。党的十八大的召开标志着中国特色社会主义进入新时代，也标志着中国工业化建设进入新阶段。“坚持走中国特色新型工业化、信息化、城镇化、农业现代化道路，推动信息化和工业化深度融合、工业化和城镇化良性互动、城镇化和工业现代化相互协调，促进工业化、信息化、城镇化、农业现代化同步发展”，是对新型工业化的最新设计。2017年10月党的十九大在北京召开，大会报告指出，“把我国建成富强民主文明和谐美丽的社会主义现代化强国”，为新时代中国的现代化建设制定了总目标，同时制定了分阶段的战略规划：从2020年到2035年，在全面建成小康社会的基础上，基本实现社会主义现代化。从2035年到21世纪中叶，再奋斗15年，把我国建成富强民主文明和谐美丽的社会主义现代化强国①。

（四）现代化遭遇西方对现代性的批判

20世纪70年代后，在传统西方现代化理论遭遇非西方的发展主义现代化理论挑战的同时，由于发达工业国家的现代化已经基本完成，经济生活发生了根本改变后进入高海拔平台期，发达国家实现现代化后仍然面临着发展的问题和发展的困境。发达国家的发展主题开始引起学者

① 习近平. 决胜全面建成小康社会 夺取新时代中国特色社会主义伟大胜利：在中国共产党第十九次全国代表大会上的报告（2017年10月18日）. 北京：人民出版社，2017：29.

全新的思考：工业经济不代表世界经济发展的顶点，发达工业国家经济结构正在从工业化向非工业化转变，服务经济在国民经济中的比重持续上升；工业社会不代表人类社会发展的终点，发达工业国家社会结构正在从城市化转入非城市化或逆城市化，城市人口正在向郊区和乡镇迁移；工业文明不代表人类文明进程的终结，发达国家正在向超越工业文明阶段迈进。当然，发达国家的现代化还面临着已有的许多现代性问题，即在工业化以及现代化发展中，在人与自我的关系中出现精神空虚、人际关系严重失调、道德迷失、社会不安等“现代病”；在人与自然关系中出现工业化的弊端导致的环境问题，人类生产与生活环境遭受严重污染而日益恶化；在人与社会关系中出现在物质财富总量增加的同时，社会贫困现象日益加剧。现代化发展的困境使曾经备受尊崇的现代化的合法性愈来愈受到质疑和挑战，人们怀疑单纯的科学技术是否是造就人类文明的唯一手段。对于现代化的弊端、可能引起的危机及这种危机的根源进行新的反思和批判，成为现代西方社会迫在眉睫的社会问题。

20 世纪 70 年代，西方社会思潮进入“后”思潮阶段，一方面，以此区别发达国家与其他国家的不同；另一方面，主要围绕发达国家的发展问题，后现代主义、后殖民主义逐渐成为热门的学术话语体系，在欧美国家广泛传播，其中后工业社会、后现代主义和后现代化研究成为一种“后”文化的思想集合和共同主题下的理论汇聚。德国学者贝克教授称后现代化是“第二次启蒙”。

在后现代思潮中，特别著名的是后工业社会理论。美国学者丹尼尔·贝尔首创“后工业社会”概念，他将人类社会发展区分为前工业社会、工业社会、后工业社会三个发展阶段，目前的发达国家正在从工业社会向后工业社会过渡。他在《后工业社会的来临》一书中预言这样的过渡将出现五大转变：经济方面将出现从产品经济向服务性经济的转变；职业分布将出现从蓝领工人占主导地位向专业技术精英占主导地位的转变；社会中轴地位将出现理论知识处于中心地位，并成为社会变革和制定政策源泉的转变；社会未来方向上将出现控制技术的发展以及鉴别技术需求；制定决策将出现推动创新的“智能技术”的转变。在他看来，美国已经进入后工业社会的第一阶段，在消除工业社会的一些特征的同时，并没有取代工业社会，而是增加了后工业社会的新特点。

后现代化思潮中的文化思潮当属后现代主义。与后工业社会理论预测了后现代化理论的经济社会图景不同，后现代主义则反映了后现代化与经典现代化思潮之间的巨大差异。自 20 世纪 70 年代以来，后现代主义成为西方一股学术理论思潮并在全世界范围蔓延，迅速成为一种质疑西方现代社会主流价值观的批判性文化思潮。后现代主义的基本理论特点在于批判和解构现代性，并在彻底否定现代性的同时，凸显后现代社会的文化逻辑，从而实现对现代性的超越。至今，后现代主义已逐渐成为西方的文化主流，对当代资本主义社会的政治思想、学术时尚、社会运动都产生了极其深刻的影响。其主要代表人物福柯率先质疑理性的普遍有效性，进而彻底否定现代性、现代化的合法性，否定主导世界现代化历史进程的西方工业文明的唯一性。后现代主义是相对于现代主义的一种思潮，它汇聚了福柯、德里达、杰姆逊、拉康、利奥塔、罗蒂、格里芬等一批思想家，对现代主义、现代性和现代化运动中出现的问题和历史局限性进行各具特色的理论批判，表现了很强的以否定性、非中心化、破碎性、反正统性、不确定性、非连续性和多元性为特征的后现代主义思维方式。在理论内容上比较集中的是对现代性的批判。法兰克福学派现代性批判理论在思想界产生了较大影响。他们从对资本主义现代性意识形态批判入手，把科学技术也作为意识形态的一个组成部分，分析工具理性的过分膨胀形成了一种文化意识形态，从而造成人的异化，所谓的现代性在工业社会中使理性变为奴役的工具，现代科学技术成为一切剥削、压迫和奴役的最深刻根源。对于社会民主主义的思想家吉登斯而言，所谓的现代性批判就是对传统意识形态进行创新，现代性主要表现在它是一种包括资本主义、工业主义、国家干预与信息控制以及暴力战争的一整套工业化的制度。这一工业化制度在全球化发展进程中，形成了世界资本主义经济、国际劳动分工、民族国家体系和世界军事秩序，工业化制度的现代性风险将使人类社会面临经济的崩溃、生态环境的灾变、极权主义的兴起和核战争的爆发①。

由此可见，后现代主义是与西方从发达工业社会进入信息化的后工业社会相应的社会思潮，其基本特征是反对各种所谓“现代性叙事”的传统现代化理论。比如，后现代主义在方法上主张非决定论而不是决定

① 黄平．从现代性到“第三条道路”．社会学研究，2000（3）：32-33.

论，主张多样性而不是统一性，主张差异性而不是综合性，主张复杂而不是简单。在认识论上要求完全抛弃传统与现代、本质与现象、主体与客体、退步与进步等思维方法，代之以新的思维方法。在后现代主义的理论视域中，人类社会面临着核武器和环境这两个足以毁灭世界的难题。造成两大世界难题的根本原因是现代性的发展。正如格里芬所说："我们可以，而且应该抛弃现代性，事实上我们必须这样做，否则，我们及地球上的大多数生命都将难以逃脱毁灭的命运。"①

后现代化理论或再现代化理论是发达国家为了解决其面临的发展难题而形成的一种理论思潮或者战略性的规划，即探索工业化以后的发展，或者说发达国家的继续现代化问题。后现代化理论坚持认为从传统社会向现代社会，即农业社会向工业社会的转变是现代化，而从现代社会向后现代社会，即工业社会向后工业社会的转变是后现代化。后现代化是现代化的继续。后现代化的核心发展目标是使个人幸福最大化，将取代现代化以经济增长为核心的目标。后现代化理论是在批判和反思现代主义、现代化运动产生的问题和局限性中产生的，缺乏完整统一的理论体系，在思维方法上强调否定性、非中心化、反正统性、不确定性、非连续性和多元性，在解决难题的过程中更加从肯定论、建设性和后现代化主义的角度，主张积极参与政治活动，提倡多元主义和宽容文化，支持一系列新社会运动，如和平主义、生态环保、女权主义和绿色政治等运动。在肯定现代世界取得了巨大的进步的同时，主张扬弃和超越现代社会的发展。以积极的乐观主义承认现代性的进步性，同时追求后现代化使个人幸福最大化、追求生活质量和生活体验的新发展。

第二节　世界思潮中的现代化思想之碰撞

自 20 世纪 70 年代开始，各国各地区的现代化思潮摆脱了原来民族的发展轨道，汇聚成为世界性的现代化思潮，其中清晰可见的是，无论什么理论流派，引起社会各界和世界回应的现代化思潮争论的焦点主要

① 格里芬. 后现代科学：科学魅力的再现. 北京：中央编译出版社，1995：60.

集中在是西化还是现代化、是资本主义化还是社会主义化、是工业化还是现代化、是发展的极限还是可持续发展、是西方化还是传统文化、是现代化还是后现代化等几个与全球社会密切相关的现实问题上。当然，在不同地区，由于发展的需求不同，在这些问题上的回应也出现了主次、主附或转换的关系。

一、现代化全球性发展遭遇的困境与挑战

现代化的世界性浪潮自 20 世纪 70 年代开始进入全球化时代，从空间上看，世界上几乎所有的国家都以现代化的发展方向为目标；从时间上看，世界各国的现代化虽然同处一个时代背景，但存在着不同结构的现代化发展要求；从现代化的发展趋势看，一些国家在努力追求现代化的时候，另一些国家则率先进入新的现代化发展阶段；从全球性的角度看，各国都无法逃避现代化带来的全球性问题，现代化直面全球性的挑战与危机。

（一）是西化还是现代化

无论是发达国家的现代化理论还是发展中国家的现代化理论都经历了“什么是现代化”的追问，以及“如何发展”的实践主题。从农业社会向现代工业社会的大转变，是世界现代化进程的中心内容，也是当代世界发展面临的最大难题。发展中国家与发达国家并不构成统一的社会形态，也不处在相同的社会和经济发展阶段，而是处在前工业社会的不同发展阶段，在经济上与发达的工业世界处于不平等的地位。因此，在发展道路的选择上，发展中国家一直存在着现代化与西方化、全球化与西方化长期理论争论与现实路径的困惑。在很长的一个时期，西方化就是现代化在社会发展理论中占有绝对地位。战后西方的社会思潮关注现代化的研究时不约而同地认为现代化最重要的工业发展范式都来自西方，西方工业文明就是现代化的终点。美国更是以国家力量推动现代化理论和战略的研究，美国中心主义宣扬以美国为代表的现代化道路是现代化的唯一模式。

（二）是资本主义化还是社会主义化

现代化理论形成于东西方处于尖锐对峙、国际关系很不正常的“冷战”时期，二战结束后，社会主义越出一国范围，成为资本主义西方以外的另一个工业化与现代化中心。面对两种不同路径的现代化，是仿效

社会主义计划经济的工业化发展模式还是走全面西方资本主义化的发展路径，成为摆在许多发展中国家面前摆脱贫困落后面貌紧迫而现实的问题，在战后国际环境下，也成为事关国际格局变迁的政治问题。特别是美国推出的以美国模式为核心的现代化思潮，具有明显的意识形态特征和学术议题设置，其理论特征也具有“冷战”思维，竭力推崇美国式资本主义的现代化是唯一的现代化，现代化就是西方化。

针对这样明确推崇资本主义发展道路的思潮以及议题设置，反对资本主义现代化的新马克思主义流派明确反对现代化就是西方化，认为恰恰是资本主义世界体系的西方化造成了发展中国家工业化进程的步履维艰和社会发展的贫穷落后。萨米尔·阿明提出了著名的“脱钩论”，即通过发展中国家与世界资本主义体系完全脱钩，解除双方的剥削与依赖关系，最终实现独立自主的现代化发展。沃勒斯坦在《现代世界体系》中强调：在资本主义世界体系中，要想改变经济文化较为落后的“外围”国地位，就必须走社会主义道路，社会主义生产方式也只有在新的世界体系中才能得到全面实现，最终由社会主义代替资本主义是世界体系内在矛盾运动的必然结果。在两次世界大战后，尽管总体上的世界体系仍然是资本主义性质的，但社会主义国家的出现与共存，代表着新的世界体系的发展趋势。

20 世纪 90 年代以来，西方学者上升到历史哲学和文化哲学的层面探讨现代化问题，再次提出了是资本主义的现代化还是社会主义的现代化问题。“全球资本主义”理论认为，世界已经进入“全球资本主义”时代，不存在资本主义的中心，已经产生了全球在经济、社会和文化上的同质化；现代化不等于西方化，各国可以依据自身的文化选择自己独特的现代化道路。但与时俱进的西方理论依然没有改变的是，一切现代化的发展都是资本主义的发展。而市场社会主义、生态社会主义思潮的流行，中国特色社会主义道路在理论和实践两个方面都回应了社会主义现代化代表着历史的前进方向。

（三）是工业化还是现代化

在现代化发展的历史进程中，工业化曾经是现代化的核心内容，两者甚至具有同等的含义。工业化曾经被赋予“文明”“现代”的内涵，而非工业化长期被西方人视为“野蛮”“传统”的标志。由于世界大多数国家都是后发进程的现代化国家，它们所面临的国际环境和国内条件是非常复杂和各具特点的。因此，在工业化道路选择上常常发生各种各样的分歧，如中国在 20 世纪 30 年代出现的“以农立国”还是“以工立国”之争。中国共产党在抗日战争时期分析中国落后的原因就是缺乏新式工业，使得日本帝国主义敢于欺负中国，因此，中国共产党认为现代化就是工业化，要努力实现中国的工业化。新中国成立以后，中国共产党逐步把工业化发展为四个现代化，选择了走社会主义工业化以及现代化的发展之路。在 70 年代，拉美和东亚国家已经踏上了工业化的发展进程，在如何加速工业化问题上出现了“进口替代”和“出口替代”之争，在中东等国家出现了以石油为武器对西方不平等的交换制度的抗争等，都紧紧围绕着工业化的道路问题，而工业化又与经济增长和经济发展紧密相关，与各国在世界经济格局中的生存发展紧密相关。发展中国家的特殊性，使得这些国家照搬西方工业化模式及其道路是根本不可能的。一方面，发达国家早已利用资本主义的世界体系，不仅瓜分了世界市场，而且掌握了资源配置的主导权，发展中国家走西方工业化道路就必须与发达国家争夺市场，争夺资源，这显然是不可能的；另一方面，发展中国家的产业早已被世界资本主义殖民体系所决定，单一的原料产业再发达，也只能巩固资本主义的世界体系，而无助于发展中国家的独立发展。即使以石油能源为特征的工业革命在中东地区发生，使这一地区发生了奇迹般的变化，从异常落后的地区一跃而达到世界上人均 GDP 最高水平，但带来的却是经济的畸形增长，这些国家还基本保持着原有的社会政治结构，艰难地走向现代世界。发展中国家走向现代化的历史进程说明，现代化理论是滞后于实践要求的。发展中国家的实践戳破了西方式的发展“神话”，也对激进的现代化理论提出了质疑：现代化不能等同于工业化，工业化有不同的结构和发展模式，现代化比工业化具有更深刻的含义，即使是发达国家的发展也不能全部涵盖现代化的本质和内涵。现代化还是远未结束的历史性课题，需要人类共同加以解决。

简言之，现代化思潮的重心从西方的历史舞台转移到东方的广阔天地，现代化理论越来越具有多样化的路径和发展模式。中国通过改革开放成功地走上了快速发展的现代化道路，中国的独特发展模式也赢得越来越多的理解和赞同。习近平对中国现代化的理论与实践进行了非常形象的概括：“我国现代化同西方发达国家有很大不同。西方发达国家是一个‘串联式’的发展过程，工业化、城镇化、农业现代化、信息化顺序发展，发展到目前水平用了二百多年时间。我们要后来居上，把‘失去的二百年’找回来，决定了我国发展必然是一个‘并联式’的过程，工业化、信息化、城镇化、农业现代化是叠加发展的。”① 作为发展中国家的大国，中国正在全力以赴地探索以信息化带动工业化的新型工业化道路，创新发展着社会主义现代化的道路，以适应全球化发展的要求。

二、现代化全球性持续发展遭遇的难题

随着全球化的加速发展，世界各国都参与到现代化的历史进程中，现代化的全球发展面临着许多新的全球性问题，亟待解决。

（一）是发展的极限还是可持续发展

在20世纪70年代现代化理论流行之初，学界对世界发展的主题基本持乐观主义态度，认为工业化经济增长是现代化的标志，只要发展中国家接受发达国家的经济增长模式，人类现代化发展的前景是无限的。其中最有影响力的就是刘易斯的经济增长理论和罗斯托的经济增长阶段论。英国经济学家刘易斯在《经济增长理论》一书中提出，经济增长与经济发展、经济进步可以看作同义词，在不同场合使用这些名词只是为了“照顾到多样性”②。美国经济学家罗斯托按照经济增长和消费水平把世界历史划分为五个阶段，所有国家和民族的经济发展必然经历传统社会、创造起飞条件、经济起飞、向成熟期过渡、大众消费等阶段是经济发展的“普遍模式”③，因此，发展中国家的不发达状态是人类历史发展中的必然阶段，今天发达国家的发展就是发展中国家的榜样和未来。按照发达国家的发展模式，发展中国家将在自由的市场经济推动下发展到较发达的阶段。发展中国家的市场经济实践表明，获得经济增长后社会依然陷入贫富分化的矛盾中，经济增长的财富非但没有“滴流向下”给穷人，反而“滴流向上”给富人，结果是富者愈富，穷者愈穷，出现了“有增长无发展”的普遍局面。发达国家的发展现实是经济快速增长的同时，带来了资源巨大浪费的全球性危机，西方经济陷入滞胀。

---

① 习近平．习近平关于科技创新论述摘编．北京：中央文献出版社，2016：24-25.

② 陆象淦．发展：一个受到普遍关注的全球问题．重庆：重庆出版社，1998：24.

③ 同②25.

全球经济增长出现了不同层次的新问题，社会发展的现代化遇到了全球性前所未有的困境。一时间关于经济增长的悲观主义流行，意大利罗马俱乐部率先提出了人类社会经济增长极限论，引起了国际性的讨论，这对流行的各种现代化思潮提出了新的挑战①。围绕着现代化发展的主题，理论界掀起了反思经济发展理论的热潮，美国经济学家吉利斯、帕金斯等重新厘清了“经济增长”与“经济发展”的概念。经济增长是指国民收入或人均国民收入的提高，而经济发展的内涵则要丰富得多，涉及经济结构的变化、社会成员参与经济发展、经济结构变迁的程度，以及通过经济发展所获得的社会进步、所引发的社会全面的变革。伴随着经济增长与经济发展关系的讨论，联合国大会 1986 年通过的《发展权利宣言》对发展的概念给予了新的概括：发展是经济、社会、文化和政治的全面进程，其目的是在全体人民和所有个人积极、自由和有意义地参与发展及其带来的利益的公平分配的基础上，不断改善全体人民和所有个人的福利。然而，对发展概念的重新定义还必须面对国际上流行的“增长极限论”，人类资源的有限性影响经济增长，也必然导致发展的极限；人类即使获得了发展，也无法消灭贫困和社会的不平等，发展也失去了意义。

面对“发展极限论”，联合国一些专家在研究世界裁军与安全、环境与发展、南北问题三大热点问题的报告中提出了可持续发展的理论，并认为这是人类生存和发展的唯一途径。1992 年，在巴西里约热内卢举行的联合国环境与发展大会上，可持续发展的道路作为共同发展战略被列为全球性发展战略。随着 21 世纪的到来，世界发展进入新时期。2000 年 9 月召开的联合国第 55 届首脑会议，通过了关于解决全球饥饿、贫困、疾病、环境、教育等问题的《千年宣言》，并制定了相应的宏观、微观目标，在指导全球发展进程中发挥了重要作用。在实践中，新自由主义成为西方国家的主导经济思想，发达国家开始向发展中国家推行以私有化、市场开放和经济自由化为核心的发展模式，引发了发展中国家经济结构调整中的经济动荡和大范围的失败，于是 2015 年 9 月，联合国正式批准通过了《改变我们的世界：2030 年可持续发展议程》，以可持续发展目标（Sustainable Development Goals，SDG）代替了之

① 米都斯．增长的极限：罗马俱乐部关于人类困境的研究报告．成都：四川人民出版社，1984.

前的千年发展目标（Millennium Development Goals，MDG），从经济、社会、生态等维度，以更适合时代需求的、更具体的、更高质量的发展为目标，围绕着新的全球发展问题——减贫做出了总体规划。

（二）是西方化还是传统文化

从当代现代化发展理论看，发展曾经在西方理论中特指传统社会向现代化社会的转变和变迁，是发展中国家特有的。发展通常被视为成长和现代化的同义词。所谓现代化又被许多当代理论解释为西方工业化和西方文明。这种思潮在全球的流行引发了发展中国家对民族文化的现代化的讨论。在东亚有儒家文化思潮的复兴，在中东有伊斯兰宗教激进主义的兴起，在非洲更流行“文化至上论”。

非洲的现代化实践中特别强调“文化至上论”。西方现代化理论认为，非洲的现代化是外源性的，是受外部的冲击，特别是在发达的物质生产以及技术的推动下产生的现代化的转向，这一转向要求非洲国家的制度和社会发展乃至文化层面随之发生变革。现代化的历史进程不仅是经济层面、政治制度和文化层面的变迁过程，还是人们从心理、思想、态度和行为方式上的变迁过程。如果缺乏与现代化相适应的思想文化观念，以及广泛的大众心理和人的全面转变，国家现代化很难实现。对此，非洲的学者有完全不同的看法，他们对西方现代化理论进行了挑战。埃塞俄比亚社会学家泽尼比沃克·塔德斯在《非洲：来自非洲内部的新看法》一文中指出，非洲经济发展缓慢的原因在于“传统发展理论的危机”。马里学者阿米纳塔·特拉奥雷在《沉默的文化》一文中把非洲发展缓慢和产生危机归因为用盲目进口的现代化理论来指导非洲的发展，既无法转换为非洲多样化的地方语言，也无法方便非洲国家的领导人进行理论的运用。那么，什么样的现代化理论能够适应非洲发展的要求？很多非洲学者和政治家认为，没有非洲“黑人传统精神”的现代化，非洲很难获得真正的发展。肯尼亚学者奥萨加·奥达克在《让历史服务于未来》一文中提出，现代化的发展必须把本地丰富的文化纳入其中，使人得到丰富而健全的发展，非洲的现代化才是可行的。塞内加尔著名的思想家、政治家桑戈尔强调以“黑人传统精神”为核心发展非洲的现代化，主张“文化至上论”即文化“第一性”的非洲现代化理论。在桑戈尔看来，文化不是政治和经济的表现，而是政治和经济的基础与最终目的。文化的重要性不仅体现在其占据着社会核心的地位，而且它是构成社会的细胞，甚至可以说是社会之所以存在的理由。蒙博托的现代化发展理论追求“真实性”的发展，他认为只有具有非洲特色的文化发展了，才能带动非洲一切方面的发展，即实现“真正的发展”。因此，他的文化发展理论，把文化与发展看作相互作用、互为因果的关系，其中文化是发展的前提条件，文化发展是人类发展的主旋律，也是非洲“各民族（国家）发展的唯一道路”；在非洲的现代化发展中，“文化既是发展的理由，同时也是发展的目的”，因而“没有文化就没有发展”。

进入 20 世纪 90 年代，世界全球化步伐加快，科学技术迅猛发展，产业结构调整加速，处于不发达区域的非洲发展中国家面临新的挑战。如何确保非洲在世界新一轮的现代化发展浪潮中跟上时代的转变，避免可能产生的边缘化趋势，围绕着现实的发展主题，非洲的思想家们再次掀起了非洲现代化理论争鸣的热潮，再度敲响了“非洲文化危机”的警钟。喀麦隆经济学家芒古埃尔提出“文化结构调整”即“文化重建”的发展理论，更加明确要求继承非洲文化的优秀遗产来发展现代化，同时以开放的胸襟有选择地吸纳世界先进的文化，对未来文化进行改造，重建非洲的“新文化”，实现非洲人思维方式和行为规范的现代化。

（三）是现代化还是后现代化

进入 20 世纪 90 年代，随着全球化思潮的流行和后现代主义对现代性的批判，西方现代化思潮随新自由主义在世界其他地区推广，成为“历史终结论”的现代化模式，而在西方国家内部，现代化思潮出现了沉寂，面对现代化的发展与现代化进程中出现的西方社会病态、现代性所呈现的弊端，一些西方学者对此展开了批判，掀起解构传统现代性的思想热潮。与以往对现代性的批判不同，面对全球化对西方社会的冲击，学者们提出重建现代性的理论，即看到现代性与全球化的相互影响以及辩证的互动，在保留传统社会基质的同时兼顾后现代社会的新质，在全球化中改变传统现代性的同时兼顾消解全球化的冲击，使西方社会的现代化发展得以继续。针对发达国家出现的全球化与现代化发展之间的矛盾所提出的新课题，哈贝马斯认为这是晚期资本主义现代性危机的某些症候，为全球化语境下西方现代性的转向与重建提供了重要启示。因此，他提出在全球化时代发达国家继续现代化的发展主题，围绕这一主题，发达国家的思想家们提出了各自的理论和解决方案。利奥塔认为后现代文化精神对现代性进行了彻底否定和超越，完成了现代性的自我矫正和重构。吉登斯要求反思制度层面造成的现代性及其后果，以理性的自觉对现代性进行重建，或者重写现代性。西方国家围绕现代化与后现代化的争鸣，显示了发达国家正在进入现代化的新阶段，面对全球化时代的到来，即使是发达国家也面临着更加复杂的现代化结构和更加多样化的现代化问题；继续现代化思潮和再现代化思潮的流行说明，现代化与后现代化并不是对立的，在现代化世界历史境遇中出现了三重结构，这是现代化历史上新的特征，即所有现代化国家都面临整合农业、工业和知识服务业不同产业之间的关系，从中探索适应发展趋势的新型现代化道路的艰巨任务，这既是新的挑战，也是新的机遇。历史给世界各国提供了新的跨越式发展的空间，后现代化的创新发展并不像一些西方学者所预言的那样：发展中国家注定不能跨越，只有发达国家持有后现代化的入场券。

第三节　全球化时代现代化理论的回应

随着全球化时代的到来，现代化发展主题出现了新的变化与新的要求，无论共时性还是历时性的发展主题都具有了新的内涵。

一、发展与现代化含义的拓展

全球化新时代出现的发展问题，前所未有地将人类纳入命运共同体，人类必须找出解决发展困境的路径。

（一）传统发展与现代化理论的局限性

从全球化发展视域看，现代化的历史进程始于18世纪的工业革命，现代化的内涵是人类社会从传统的农业社会向现代工业社会转变的历史过程，在这个过程中，人类社会经历了史无前例的社会深刻变化，包括经济、社会、政治、文明等从传统社会向现代社会转变的历史过程。在第二次世界大战以前，这一转变在少数发达国家得以实现，到20世纪70年代工业化在世界其他地区铺开，现代化开始成为一种全球性的历史进程。在此前，现代化主要表现为后发国家即发展中国家对已经进入发达工业社会的国家的追赶，而随着全球性现代化问题的出现，现代化遭遇了全球发展的挑战。20世纪70年代特别是90年代以来，世界现代化发展之路不断出现“发展困境”和“发展危机”，人们对传统现代化理论的局限性和传统单一的现代化发展模式提出了新的质疑和理论的反思。其一，传统现代化是一种单向度的现代化，是片面的现代化。把经济增长视为现代化发展的主要指标和社会变迁的“主轴”，导致了片面追求经济增长的现代化，对发展的片面理解直接导致了现代化的危机，人类社会面临全球性的“发展危机”。其二，传统现代化理论是把传统与现代对立起来的现代化。在理性思维层面把“传统”和“现代”看作水火难容的社会结构和社会形态，在全球范围展开的现代化进程，使许多发展中国家很难找到适合自身的发展之路。其三，传统现代化理论是单线发展的现代化，是“普世价值”的现代化。传统现代化理论从西方中心主义出发，以“普世价值观”定义现代化的内涵，推广西方现代化的模式。把现代化理论作为西方经济、政治、文化制度和价值观念的普及过程，西方便成为所谓的“现代之光”，其理论推进的过程无不造成发展中国家的不发达与不发展，加剧了南北之间的贫富差距。世界一些国家和地区各具特色的现代化理论的崛起与现代化路径的成功探索，从现代化全球发展角度否定了西方现代化理论的历史性影响。

（二）世界现代化方向出现新的重大变化

20 世纪 70 年代以来，世界现代化方向与格局发生重大转折。

1. 全球化时代现代化发展的两次浪潮

全球化时代现代化发展的第一次浪潮以工业化和城市化加速发展为标志。自 20 世纪 70 年代以来，作为现代化发展“晴雨表”的工业化与城市化浪潮在世界各地方兴未艾，形成了依托交通通信等基础设施的工业化与城市化的集群效应，社会更加一体化的城市经济圈在世界各大经济体居于前列的国家中均有出现：美国东北部大西洋沿岸城市群、日本太平洋沿岸城市群、欧洲西北部城市群、美国五大湖沿岸城市群、英格兰城市群等。中国自 20 世纪 90 年代以来，长江三角洲、珠江三角洲和京津冀三大城市群不仅发展速度快，而且经济规模占全国的比重越来越高，成为中国经济发展的引擎。伴随香港、澳门的回归，粤港澳大湾区连成一体，以快速交通网络的构筑、有国际竞争力的现代产业体系，提升了市场一体化水平。宜居宜业宜游的优质生活圈成为中国现代化发展新的空间。随着现代化发展走向新的繁荣，工业化和城市化成为世界发展的风向标，发展中国家纷纷加入工业化和城市化的现代化发展洪流，一些国家获得了成功，迈进新兴国家行列，全球范围内第一次出现整体现代化的高潮。

紧接着是全球范围内新的科技革命时代的到来，引领世界现代化发展方向和潮头再次发生重大变化，新技术、新能源产业化和信息化技术的推进，带来了全球化的技术变革、产业转型、产业外移和社会的变革，现代化再掀第二次全球化的新浪潮。从历史发展看，每一次产业革命来临，现代化都会推进社会的巨大变迁。在世纪之交爆发的以信息化、技术化、知识化、全球化和创新为特征的新的科技革命和信息革命，对全球化时代各国的现代化发展提出了全新的挑战。在应对这一挑战方面，发达国家为了规避工业化造成的环境污染，将低端制造业和污染产业转移到发展中国家和地区，通过产业空心化和资本的全球布局获得新的现代化发展路径，普遍出现了以非工业化（工业转移/工业升级）、非城市化（或逆城市化、城市扩散、信息化）、知识化和全球化的特征，实现了向第二次现代化的历史性转变。发达国家出现了传统工业经济的衰落和新的服务经济的崛起。伴随世界贸易与生产消费的全球化，发展中国家继续大踏步走在工业化和城市化发展的阶段；与此同时，面对新兴产业革命，后发国家显示了顺应发展变局的创新性，加大了新型工业化的布局，迎来了弯道超车追赶发达国家的时代机遇。

2. 世界现代化的重叠发展趋势

当代世界经历了两次全球现代化的发展浪潮，在追求现代化的目标中，社会转型成为世界各国现代化发展的共同境遇，世界现代化的重叠发展趋势在全球化的历史空间中第一次出现。其一，无论是发达国家还是发展中国家都面临着社会转型和变迁的挑战。世界上主要的发展中国家仍然面临着从农业经济向工业经济、从农业社会向工业社会转变的现代化历史进程；发达国家则开始面临从工业经济向信息经济、从工业社会向信息社会转变的新型现代化历史进程。许多发达国家的新兴产业在国民经济中的比重远远超过了工业和农业，许多学者惊呼，传统现代化理论已经过时，无法解释发达国家经济结构出现的重大变化，更不能解释发达国家社会结构面临的新变动。全球化时代的世界现代化处于社会转型的重叠发展中，其产生的社会变革和社会震荡相互影响，世界发展的不确定性前所未有。世界现代化的内涵已经发生巨大变化。这些新变动远远超出了经典现代化理论的范畴。以工业化为标志的现代化不是人类文明发展的终点，只是一个发展的阶段，新的现代化历史进程与发展方向有待新的现代化理论的探索与回应。

其二，全球化发展范式正在扬弃传统现代化发展范式，促进新现代化理论兴起。将全球化纳入现代化以及人文社会科学各个领域的视野，是20世纪晚期开始出现的热潮。“全球化时代”为现代化理论提出了新的问题和新的要求，全球化的回应赋予了现代化理论“崭新”的内容，标志着在全球化时代世界共同面临着发展主题的新变化，当代现代化理论必须要适应这一新的时代。全球化时代是一个世界各国、各民族相互依存、相互联系、相互制约、相互作用，并处在全球整体格局的时代；全球化时代是一个多极化和多元化发展的时代。既有现代性的全球自我扩张带来的“现代性的全球性蔓延”，“在某种意义上，现代性所导致的社会活动的全球化，就是真正的世界性联系的发展过程”①，也有全球性的现代化发展的新要求和新内涵。现代化发展仍然是全球化时代的实践主题。

3．全球化时代现代化发展的新内涵

传统现代化理论的危机主要表现为发展的危机。过分注重经济增长、追求片面的发展，使很多国家出现过度发展或超前发展病毒的泛滥，即使是发展中国家或社会底层的大众也深受消费主义的影响，以过度消费来实现所谓的社会公平，从而体现对超前消费的美好生活的渴望。1997年东南亚金融危机和2008年国际金融危机都是全球化时代对传统发展理论提出的警告，现代化理论必须实现发展内涵和指导思想的转变。新发展观要求破除以物的发展为中心，转变为以人的发展为中心，指导世界现代化的新发展。新发展观要求发展是全面发展。破除传统发展理念只注重单向度的经济增长，导致有增长无发展、资源环境遭到破坏、社会不断两极分化的恶果，转变为在提高发展效率的同时关注社会的公平与正义，注重实现经济、社会、政治、文化等方面的全面发展。新发展观要求发展是可持续发展。破除以往单纯追求经济增长，导致生态系统失衡、自然环境恶化、人与自然关系对立的全球性发展问题，转变为保护自然环境，维护生态平衡，人与自然和谐相处，促进人类社会持续稳定的现代化发展。新发展观要求全球化时代的发展是人类

① 吉登斯．现代性与自我认同．北京：生活·读书·新知三联书店，1998：23，3．

共同的发展。破除以往传统发展造成的南北差距扩大，发达国家和发展中国家的两极分化，在全球化时代的现代化发展中既要重视本国的发展，关注其他民族国家的共同发展，也要兼顾全球整体发展和可持续发展的内在要求。建立一个协调稳定的全球发展新秩序，是全球化时代发展内涵的重要内容。

新型发展观的建立对传统现代化理论的认识论提出了挑战，要求以整体性思维方式取代传统现代化理论单一对立的思维方式。纵观世界流行过的各种各样现代化思潮，无论是现代化理论的“传统-现代”的思维模式，还是“依附论”和“世界体系论”的“中心-边缘”的结构范式，都有共同的特征，即把整个世界视为两极对立的格局，在这样类似“冷战”的思维下，世界各国处于零和的对立关系，相互之间就是你死我活的结局。在这样的思维方式下，人与自然、人与社会、人与自身都处于不和谐的恶性关系中，不同民族、国家、文化也处于相互冲突和对立状态，整个世界处于恶治驱除良治的危机状态，与全球化时代世界各国处于相互依存、相互联系、相互制约、相互作用的大趋势相矛盾。因此，全球化时代的现代化发展要求破除以往的对立局面和各种“脱钩论”，使传统与现代、本土文化与外来文化相互融合，使传统的、本土的文化在现代化发展中得到基因的传递与继承，以特有的鲜活方式得到新的展现和发展。对此，英国学者吉登斯曾经形象地将现代社会称为“后传统社会”，从而实现对现代性的修复。破除现代性所造成的传统现代化社会中的无序状态，改变异化的人们失去了具有其各自文化根基的“精神家园”、成为心灵漂泊的“文化流浪者”境地，需要各国顺应新全球化趋势的自我认同、民族认同、种族认同、文化认同，在新全球化时代现代化重叠发展的空间中，保持传统的现代或后现代的传统。美国后现代学者詹姆逊“针对目前的怀旧”① 指出，这是全球化时代现代化发展的新内涵。

新型发展观的新发展是多元价值取向的共融发展。多元价值取向要求顺应全球化趋势，破除传统现代化理论的单线历史观和“普世价值观”，接受现代化发展都必然植根于每个国家特殊的国情和民族文化传统，在非西方的现代化模式中许多国家通过全球化发展，在尊重本国特

---

① 汪晖，孙燕谷. 文化与公共性. 北京：生活·读书·新知三联书店，1998：98.

色的基础上获得了现代化的成功。比如东亚区域的现代化模式在坚持多样化的同时，在经济、社会体制和生活方式等方面越来越多地融入世界的发展。从世界现代化总体格局上，非西方的现代化发展加速，代表着未来全球化现代化的新趋势，更进一步地证明了承认全球时代现代化是共同性与多样性的统一具有重要的时代意义。“现代化不一定意味着西方化。非西方社会在没有放弃它们自己的文化和全盘采用西方价值、体制和实践的前提下，能够实现并已经实现了现代化。西方化确实几乎是不可能的……世界正在从根本上变得更加现代化和更少西方化。”①

二、全球化时代现代化理论的流变

20 世纪 90 年代以来，随着世界格局的变化和全球化进程的加快，世界现代化研究再次掀起高潮，而且明显带有“全球化”的时代特征，甚至有人认为，全球化理论正在取代现代化理论。具有全球化特征的现代化思潮包括：

（一）生态现代化理论

生态现代化理论是在 20 世纪 70 年代资本主义生态危机与能源危机爆发后产生的理论思潮。西方资本主义的社会生产力充分发展，现代化取得巨大成就，电冰箱、汽车和电视成为人们日常生活必需品，创造了物质的极大丰富；西方国家凭借其强大的经济和科技实力，控制着世界的主要资源，对全球资源进行掠夺性开发，造成了全球生态环境的恶化。由于对生态的破坏和对环境缺乏保护，各种生态事件在主要发达国家轮番发生，直接威胁着人类的健康和基本的生存环境，引发了绿色新社会运动和生态社会主义的反抗。民众生态意识在新社会运动的引领下不断增强，在生活方式上对绿色商品的消费需求不断提升，在这样的背景下，生态现代化的概念逐渐成为发达国家思想界和决策领域的重要话语，甚至主流的新自由主义也开始接纳生态现代化作为解决社会危机的新方案，通过绿色主义、市场经济和政府治理的协调，推动发达国家摆脱危机，实现现代化的再发展。

德国学者胡伯首先提出了生态现代化理论，主张通过新的科学技术，运用市场经济机制，满足企业寻求竞争新优势和市场新利润的需

① 亨廷顿. 文明的冲突与世界秩序的重建. 北京：新华出版社，1999：70-71.

要，顺应大众对绿色产品的社会心态，由政府制定环保政策以及产业政策，通过政策激励机制与相关法制化相结合的方法，实现对传统工业进行生态现代化改造，解决经济增长和环境之间的矛盾，将环境危机转变为资本主义现代化再发展的新机遇。新技术可以实现符合工业生态学原理和可持续发展的绿色产业升级，可以提高物质资源的使用效率，可以通过绿色产业升级和环保产品的生产，因而占据具有全球化发展竞争力的优势地位。这一理论一经提出迅速被传统现代化思潮吸收，新自由主义从反对绿色生态运动转为打起了生态保护的旗帜，声称要推动资本主义生态的现代化，这推动了生态现代化理论在全球的影响。传统现代化理论中主张的“经济不增长就死亡”的市场法则转变为“生态经济不增长就死亡”的新法则。

（二）再现代化理论或继续现代化理论

面对全球化时代的新特征，发达国家的发展出现了后工业化发展的困境，具有现代化发展优势的发达国家该如何继续发展，成为主要发达国家思考的课题，也成为国家发展战略集中规划的重点。进入 21 世纪，世界经济大国之间的现代化竞争再度成为国家间发展竞争的核心问题。我国也有学者将此定义为面向 21 世纪的“第二次现代化”，即从农业时代向工业时代转变是第一次现代化，而从工业时代向知识时代的转变是第二次现代化①。

对于后工业化时代的来临，西方学者在批判传统现代化进程中的现代性造成的社会弊端的同时，致力于对西方现代化发展进行改造，以推进社会向后工业社会发展的转型，现代化理论研究再掀热潮。对此一些学者以后工业社会理论为基础，以全球化为视野，将世界现代化进程划分为两个阶段：从农业社会向工业社会、从传统农业向现代工业的转型是现代化历史进程的第一个阶段，形成了经典的现代化理论和现代化发展路径；随着世界进入全球化时代，在新科技革命的推动下，世界现代化的历史进程开始进入第二个阶段，或者称之为第二次现代化阶段，即从传统工业化向信息化、从传统工业社会向信息社会转型的新型现代化发展阶段。发达国家面临着传统现代化理论的变革，现代化理论研究的主题要适应时代的变化，完成从传统社会向工业社会、信息社会的转

---

① 何传启. 21 世纪的第二次现代化与中国. 国际技术经济研究，2000（1）：15.

换。发展中国家的现代化不仅面临着历史空间的重叠，也出现了结构性的空间重叠，其现代化的发展主题也随之发生变化，即在以工业化为核心的现代化追赶的同时，必须面对工业社会向信息社会的转变的新主题，或者说是新问题，要重新思考发展中国家的现代化发展与路径的适用性。简言之，进入 21 世纪，世界各国都面临着发展主题的转向。

作为世界现代化新阶段的理论提出者，德国的贝克反思了西方工业现代化模式的缺陷和消极后果，发展本身也会带来巨大的社会风险，尤其是工业现代化的发展导致现代化发展的自反性，把人类带进危机四伏的风险社会。由于敏锐地观察到世界现代化需要有新的发展，他撰写了《风险社会》《再现代化》《世界主义的欧洲——第二次现代性的社会与政治》等著作，提出传统工业化的现代化使人类社会日益进入风险社会，在社会大众生活更加便捷、更加富裕的同时，也造就了生态危机、恐怖主义、健康风险等足以毁灭全人类的巨大风险。无论是经济、政治、生态、社会以及个人的风险都会悄然无声突然出现，社会缺乏相应的预防和监督机制，进而使得风险社会全球化。世界现代化进程将告别普通现代化，而进入再现代化的阶段。普通现代化与再现代化具有不同阶段的主题与特征。传统现代化阶段的主题是传统社会向工业社会的转变，建设现代工业社会是普通现代化的主题。再现代化阶段是反思现代化阶段，或称反身现代化阶段，需要创造性地自我毁灭工业社会时代，通过对现代化风险的自我监督，完成对工业化时代的逆转，民族国家、阶级、阶层日渐式微，工业化社会制度体系渐失稳定，工业社会的根基被破坏，“风险社会”形成。与此同时，社会结构和社会行为随之发生转变，从利益认同转为消解阶级的个体化身份认同；多重现代性在结构上促使现代化重叠与多元化，在路径上产生现代化社会的多样性。贝克强调再现代化是一个全球化的过程，必须从世界主义的视野研究现代化新的转型。还有学者强调再现代化要面向工业经济向知识经济、工业社会向知识社会的转变，社会发展的动力主要表现在知识化、信息化、全球化、创新化、绿色化，对个人生活而言主要表现在网络化、分散化、个性化、民主化和教育素质的普遍提高。对于许多发展中国家来说，还没有完成第一次现代化，仍然要把握历史机遇，凝聚两次现代化发展的精华，促进社会现代化的协调发展，既要推动工业化和城市化，完成现代化第一阶段的冲刺，也要兼顾再现代化要求的民主化、知识化、信息化和绿色化的协调发展要求，走出各具特色的现代化发展模式。

（三）我国学者提出的第二次现代化理论

思想是时代的风向标，再现代化理论的出现标志着世界现代化发展的重大转向。最先对世界再现代化思潮进行回应的是我国学者何传启的《第二次现代化》，他认为第二次现代化理论可以称为21世纪的现代化。现代化作为一种历史现象，其发展是有规律的。现代化现象首先出现在少数先行国家，再扩展到世界绝大多数的国家和地区，现代化先发展的成为发达国家，后发展的是发展中国家；发达国家有可能成为发展中国家，发展中国家因其正确的追赶而成为发达国家。从二者之间的转换规律看，发达国家下降为发展中国家的比例为10%，发展中国家升级为发达国家的比例为5%。面对21世纪的挑战，世界各国现代化路径各自不同，有100多个国家仍然处于第一次现代化的发展阶段，有30多个国家已经进入第二次现代化的发展阶段，在未来的21世纪，进入第二次现代化阶段的国家会越来越多，没有完成第一次现代化的国家更多地会选择综合的现代化发展路径。从两种现代化路径的关系看，第一次现代化为第二次现代化奠定了相应的物质和社会基础；第二次现代化在对第一次现代化继承和发展的同时，会产生对第一次现代化规则的“反向”消解，通过知识创新、制度创新以及精英人才推动现代化的发展。在第一次现代化过程中，经济发展是第一位的，旨在满足人类物质追求和经济安全。在第二次现代化过程中，生活质量是第一位的，旨在满足人类幸福追求和自我表现以及精神文化生活高度多样化。发展中国家面对两次现代化的双重挑战，有可能选择两次现代化协调发展的综合现代化模式。何传启认为，作为发展中国家，中国应该选择走综合现代化路径，通过两次现代化的协调发展，采用生态现代化原理和绿色发展模式，走绿色工业化和绿色城市化的发展道路，迎头赶上世界先进国家，达到发达国家第二次现代化水平，形成中国文明的现代转型。中国的现代化发展进程正处在第一次现代化快速发展期和第二次现代化加速跟进期的重叠现代化发展阶段，既有实现两次现代化跨越式发展的后发优势，也有两个历史进程重叠带来的社会变迁动荡的风险和社会矛盾的错综复杂，中国新型现代化道路就是选择第二次现代化的发展模式和路径，实现跨越式的现代化发展和综合现代化的全面进步与发展，努力缩小中国与发达国家现代化水平的差距。

（四）“生活世界”现代化理论

20 世纪 90 年代以来，与吉登斯齐名的法兰克福学派的重要理论家哈贝马斯，继承了马克思的批判精神和人的解放思想，从与当代世界对话的视角，通过对生活世界理论批判性的重新阐释，宣称现代化并没有完成，人们可以通过真诚、真实和有效的语言交流和进行法制、文化教育等向价值理性回归，来实现“生活世界”的现代化，从而最终完成现代化的历史进程。在他看来，传统现代化理论通常是以理性对历史客观性向度进行建构，忽略了人的主体性在社会中的地位和社会发展中的作用。“劳动”与“工具理性”构成了社会现代化的基础，促进了社会系统的现代化；而“交往”与“价值理性”的发展促进了社会的“生活世界”的现代化。由于传统现代化理论过度重视“劳动”，或者强调“工具理性”，客体的社会系统的现代化过度发展，造成了社会系统对主体“生活世界”的殖民，使得主体在现代化进程中缺失。其历史的原因在于社会系统现代化内部有三种资源，即掌握经济权力的货币资源、政治权力的统治资源和凝聚共识的文化资源，前两种资源是社会系统资源，在资本主义现代化的进程中先形成了社会系统的现代化，其后到晚期资本主义才形成了生活世界的文化资源，系统的现代化先于生活世界的现代化导致了系统的现代化对生活世界现代化的侵蚀。在现代化历史的演进中，维持现代社会现代化的三种力量是不平衡的，即“团结与金钱和行动权力之间的分工是不平衡的”①。因此，全球化时代不是现代化的终结，而是现代化在“生活世界”的重建，实现“生活世界”关于价值和规范的统一性，诉诸交往理性，实现交往方式的现代化。“生活世界”现代化理论推动了现代化研究向人际交往、家庭生活、社区、社会“第三部门”等个体、微观、主观、价值等领域的深入推进。

（五）新时代中国现代化强国理论

实现现代化是中国现代历史长期追求的奋斗目标，经历了长时期的现代化理论追寻与探索，对现代化的认识也有着不断变化的发展过程。相较于当代西方现代化理论，中国在世界上更早地区分了“现代化”与

① 哈贝马斯. 后民族结构. 上海：上海人民出版社，2002：202.

“西方化”的概念，对“现代化就是西方化”有过几次文化之争，经历了从西方化到工业化的认识转变，在1949年以前形成了比较一致的共识，就是现代化是社会的进步，就国家社会而言，现代化就是工业化，凡是现代化国家都是工业化国家。中国共产党在抗日战争期间就提出要实现中国的工业化，以改变被帝国主义侵略的落后国情。新中国成立后的中国共产党将“现代化就是工业化”的认识逐步转变为“四个现代化”的多方面现代化发展。改革开放的新时期极大地促进了中国现代化理论的发展与实践，在推进“四个现代化”目标的同时，对现代化的认识不断加深，认识到现代化是从农业社会向现代工业社会的全球性大转变，也是经济、政治、文化、思想领域发生的大变革，更是经济落后国家通过现代化发展，摆脱贫困落后面貌，赶上发达国家的历史机遇。

新时代中国现代化强国理论是在全球化时代世界发展遭遇普遍的共同难题，“世界怎么了，我们怎么办”成为世界共同问题的历史时刻，在经历新中国成立70多年特别是改革开放40余年的现代化实践，在现代化建设实践经验和成就积累的基础上，在中国进入新时代，针对全球化发展变化以及中国现代化发展目标提出的理论概括。新时代中国现代化强国理论充分吸收借鉴了人类现代化发展成果和西方现代化实践所反映的规律，在反思中批判西方现代化中出现的以工业化代替现代化，以西化和资本主义化代替现代化，以西方规则下的全球化代替全球的现代化发展，甚至掀起逆全球化、反全球化思潮的理论错误，依据中国社会主义初级阶段的总体国情和建设中国特色社会主义现代化强国的要求，提出了中国继续现代化的方案。

新时代中国现代化确定了达到世界先进水平、实现中华民族伟大复兴的现代化战略目标：2017年党的十九大提出从2020年到本世纪中叶可以分为两个阶段的现代化战略，第一个阶段，从2020年到2035年，在全面建成小康社会的基础上，再奋斗15年，基本实现社会主义现代化。第二个阶段，从2035年到本世纪中叶，在基本实现现代化的基础上，再奋斗15年，把中国建成富强民主文明和谐美丽的社会主义现代化强国。从现实的全面建成小康社会的实现，到中期基本实现现代化，再到本世纪中叶的全面建成社会主义现代化强国，是新时代中国特色社会主义现代化发展的战略安排。新时代现代化是国家强大和人民生活全面发展的现代化。党的十九大根据中国社会的主要矛盾已经转变为人民日益增长的美好生活需要和不平衡不充分的发展之间的矛盾①，决定了中国现代化分阶段实现全面发展的战略安排，以全面建成小康社会，覆盖经济、政治、文化、社会、生态的全面小康，覆盖所有人口的全民小康，覆盖所有区域的各族人民的小康为引领，开启中国特色社会主义现代化的新征程。第一阶段从 2020 年到 2035 年，基本实现社会主义现代化，即要实现经济、科技实力的大幅跃升，人民平等参与、平等发展权利的基本保障，社会文明程度达到新的高度，人民生活更为宽裕，基本形成现代社会治理格局等。第二阶段从 2035 年开始再奋斗 15 年，建成社会主义现代化强国，实现“物质文明、政治文明、精神文明、社会文明、生态文明”全面提升②。新时代中国现代化是通过“两个布局”推动实施的现代化。通过经济、政治、文化、社会、生态文明“五位一体”总体布局，立足于社会各个领域的全面发展，通过“四个全面”战略布局，确保推动现代化战略的实施。全面建成小康社会构成新时代现代化发展的第一个目标引领，全面深化改革构成新时代中国现代化建设的根本动力，全面依法治国构成现代化治理基础，全面从严治党构成现代化实现政治保证。“五位一体”与“四个全面”，又构成总体系统布局，成为新时代中国特色社会主义现代化发展的“四梁八柱”。新时代现代化是“美好生活”的现代化。“美好生活”是习近平总书记在党的十九大报告中首次提出的，为中国现代化理论增加了新的内容。这一现代化理论强调“把人民对美好生活的向往作为奋斗目标”③，并在之后的会议中多次强调其重大理论和现实意义。“美好生活”的含义是多方面的，既包括物质生活的丰富，也内含了民主的政治生活、多彩的文化生活、有保障的社会生活和健康持续的生态环境等。“美好生活”不仅为了人民，而且其实现也要依靠人民，是一个共建共享的过程。它是对以人民为中心的发展理念的遵循，生活质量是衡量美好生活和社会现代化水平的一个综合指标，生活质量现代化是提高和实现美好生活

---

① 习近平．决胜全面建成小康社会　夺取新时代中国特色社会主义伟大胜利：在中国共产党第十九次全国代表大会上的报告（2017 年 10 月 18 日）．北京：人民出版社，2017：11.

② 同①29.

③ 同①21.

的必由之路。2020 年中国将全面建成小康社会，将开启现代化建设的新征程。正如《中国现代化报告 2019》提出的：在未来 30 年，提高生活质量的现代化将成为国家的发展主题。从个人生活、公共生活、生活环境和生活满意度等方面，通过量化的发展指标，进一步贯彻中国生活质量现代化的战略选择。在 2035 年前后基本实现生活质量现代化，基本建成健康长寿、环境优美的中等发达国家；在 2050 年前后全国平均实现生活质量现代化，基本建成生活美好、人民满意的发达国家；在 2080 年前后（约改革开放 100 周年）高标准实现生活质量现代化，全面建成生活质量和生活满意度达到世界先进水平的美好生活社会。

三、全球化时代现代化理论的新因素

（一）共享成为引领全球化时代现代化理论的新因素

现代化的核心是发展问题。伴随全球化和现代化的推进，西方传统现代化模式弊端日益显现，生态危机、贫富分化、粮食安全等发展困境威胁人类社会的整体发展。对此，共享思想成为化解发展不平等矛盾的有效路径，并构成引领现代化理论的新因素。围绕资本主义在全球化发展新阶段的新样态，世界范围内不仅有致力于整体发展的全球正义研究，而且还有绿色生态主义的共享可持续发展研究、西方政治哲学的公平正义研究、协调劳资关系的分享经济研究、从社会主义中寻求解决不平等的路径等，这些都内在地包含着“发展为了谁、发展依靠谁、发展成果由谁共享”的价值追求。可以说，在中产阶级人数下降、贫富差距日益拉大的西方社会，在发达国家与发展中国家两极分化的背景下，共享发展话语体系彰显出重要的世界意义。从历史发展看，全球化时代的现代化理论范式历经由片面追求经济增长向全面推动社会整体发展转变，由西方化的单一发展模式向多样化发展模式转变，由注重物质财富向注重人自身的发展转变，这些都内含着以人为本的发展理念，发展手段和发展目的逐渐由自发转为一种自觉。

从发展价值观看，全球正义日益成为具有共享意蕴的有影响力的理论，本质上体现了一种以分配正义原则缓和世界性正义难题的发展理念。全球正义具有复杂性，既包含以彼得·辛格为代表的功利主义分析理路，强调富裕国家对贫困国家的“援助义务”，也有以达雷尔·莫伦以道夫、查尔斯·贝兹等为代表的契约主义分析理路[①]建构了机会平等原则、差别原则等全球分配正义原则，还有以涛慕思·博格为代表的人权分析理路[②]，主张全球贫困者拥有社会和经济的发展权利。可以说，他们虽然在理论上仍存在激烈纷争，但都体现了对实现发展正义的价值认同。

从发展手段看，包容性发展成为实现共享发展的有效路径。"'发展'意味着从'不发达'中解脱出来，消除贫困的过程"[③]，解决贫富差距、社会分化和贫困问题的目的就是要实现共享发展，其中，包容性发展是具有共享意蕴的重要手段。国外学者认为人们对贫困的认识历经收入贫困、能力贫困和权利贫困三个阶段，而发展理念也需要实现由"涓滴增长"到"基础广泛增长"、"益贫式增长"以及"包容性增长"的转化。"包容性增长"又称"共享式增长"，注重通过确保低收入群体具有平等就业机会，使贫困地区或贫困人民能够平等享有社会福利[④]。因此，过程参与和结果共享是"包容性增长"的核心理念。在此基础上，世界银行于2008年在《增长报告：可持续增长和包容性发展的战略》中首次提出"包容性发展"的理念，强调在社会各领域"让人人都拥有享受经济增长成果的公平机会"[⑤]，通过社会福利的公平分配实现平均成就的改善和这些成就中不平等现象的减少[⑥]，体现了所有人群都应共享发展成果的观点。除此之外，美国麻省理工学院经济学教授达龙·阿西莫格鲁（Daron Acemoglu）和哈佛大学教授詹姆斯·A. 罗宾逊（James A. Robinson）从制度层面探讨了世界各国的发展水平、贫富差距、公共服务等存在差距的原因，首次提出一种有利于实现经济可持

---

① BEITZ C R. Political Theory and International Relations. Cambridge：Princeton University Press，1979.

② POGGE T W. World Poverty and Human Rights. London：Polity Press，2002.

③ 缪尔达尔. 亚洲的戏剧：对一些国家贫困问题的研究. 北京：北京经济学院出版社，1992：305.

④ OECD. The Framework for Policy Action on Inclusive Growth. Meeting of OECD Council at Ministerial Level，2018.

⑤ 增长与发展委员会. 增长报告：可持续增长和包容性发展的战略. 北京：中国金融出版社，2008：5.

⑥ KANBUR R，RAUNIYAR G. Conceptualizing Inclusive Development：with Applications to Rural Infrastructure and Development Assistance. Journal of the Asia Pacific Economy，2010（15），4：437-454.

续增长的“包容性制度”①。在这一制度下，全民都有机会参与到增长中，经济增长的收益归全民所有。可以说，从摆脱不发达的发展理念定义“共享”，其根本目标就是通过破解经济与社会失衡的弊端，在全球和本国构建“一个包容的社会，一个共享经济、社会、政治福利的社会”，即“共享型社会”。在这一社会中，单纯的经济增长不再是主要目标，高度的民主制度成为重要关切对象，所有公民都平等地享有公共基础设施和优质教育，并平等地享有尊严②。

因此，破解贫富差距、绝对贫困的世界难题得到了国外理论界和国际组织的广泛回应，在共同解决世界发展难题的进程中，国际社会形成了接纳与包容的共识。

（二）中国共享发展理念在世界的出场

“对共享的关注和重视始终是社会主义中国的基本价值认同，这种价值认同集中表现在政策选择和政策设计上。”③ 中国共产党自成立以来，就不断带领人民探索共享共富的道路。在新民主主义社会时期，早期共产党人在对社会主义理想的追求中，树立了为人民谋利益的政治立场，并通过发展民主政治，倡导发展生产，推进社会保障保障人民群众的生存和发展权，这是共享思想的初步显现。之后，共享思想主要以一种与之相关的“共同富裕”思想存在，如毛泽东提出“共同的富、共同的强”的社会主义道路，邓小平强调“先富”思想，江泽民初步探索了“先富”带动“后富”的具体实践等。

“共享”作为中国共产党的方针政策首次出现于党的十五大报告中，提出中国特色社会主义经济在社会主义初级阶段的基本目标是“保证国民经济持续快速健康发展，人民共享经济繁荣成果”④。之后，共享思想不断得到创新性发展，胡锦涛同志更是将“共享”与“和谐社会”相联系，提出共建共享和谐社会，“使全体人民共享改革发展成果”⑤。在

---

① 阿西莫格鲁，罗宾逊．国家为什么会失败．长沙：湖南科学技术出版社，2015：51-57.

② 托莱多．共享型社会：拉丁美洲的发展前景．北京：中国大百科全书出版社，2017：3-7.

③ 韩喜平．整体把握共享发展理念的四个向度．社会科学家，2016（12）：32.

④ 江泽民．江泽民文选：第2卷．北京：人民出版社，2006：17.

⑤ 中共中央文献研究室．改革开放三十年重要文献选编：下．北京：人民出版社，2008：1532.

此基础上，“发展成果由人民共享”① 构成科学发展观的价值诉求，共享开始上升到发展观层面。直到党的十八届五中全会，“共享发展理念”作为一种国家发展战略被正式提出。具体来看，共享发展理念的现实性和紧迫性，由我国的发展差距、民生困境引起，包括全民共享、全面共享、共建共享和渐进共享四层内涵，其是解决社会公平正义的有效手段。可以说，共享作为中国特色社会主义的本质属性，有助于实现发展目的和发展手段的有机统一，丰富和发展了中国特色社会主义现代化理论。

（三）现代化新路径的中国方案

综观世界此起彼伏的现代化思潮，西方国家的发展主题陷入了探索与纷争的矛盾中，发展中国家在现代化路径的选择上出现了分化，世界众多发展中国家长期跨不出“贫困陷阱”，亦走不出“中等收入陷阱”，迫切希望寻求新的现代化方案。与此同时，全球现代化发展日益出现两极分化的趋势：一方面是发达国家与发展中国家的矛盾加剧，发展中国家在现代化的道路上异军突起，成为当今世界经济增长的主力军，多数发展中国家并没有缩短与发达国家的发展差距，在金融危机中又重新回到贫困中；另一方面，发达国家难以走出经济发展的瓶颈和再现代化的困境，在全球化中获得的高额利润都集中到了少数富有阶层人的手中，造成发达国家内部贫困差距的拉大和中等收入群体人数的减少，加剧了西方各国民粹主义的崛起，社会矛盾日益加深，社会动荡不断发生。人类在现代化几百年的历史发展中，依然面临着规模巨大的贫困人口，自然环境不断恶化，恐怖主义和霸权主义依然威胁着世界的和平与安全，全球依然面临着治理困局的考验。发展的主题成为人类面临的诸多新的或旧的共同难题，客观上亟须有效的现实解决方案。

当今世界正在经历百年未有之大变局，中国在现代化的浪潮中，走出了一条从“站起来”“富起来”到“强起来”的中国特色社会主义现代化道路。中国曾经经历百年现代化的艰难探索，是长期处于领先地位的农业文明大国，在资本主义征服世界的浪潮中，传统发展轨道被打断，中国被卷入世界历史的大潮。中国转向现代化发展之路所遭遇的艰难举世罕见，自强不息的中国人探索现代化的思潮不曾中断，在历史上形成了各种各样的现代化方案。从“御夷图强”到“中体西用”，再到

① 中共中央文献研究室．十七大以来重要文献选编：上．北京：中央文献出版社，2009：12.

“中西互补”，从“中国本位”“全盘西化”到“现代化”，从“以工立国”到“以农立国”，等等，各种方案的提出与实践都归于失败，直到1949年中华人民共和国成立，推翻了帝国主义、封建主义和官僚资本主义在中国的统治，中国人民“站起来”了，真正开启了走向现代化的发展之路。经过中华人民共和国成立70多年，特别是改革开放40多年来的现代化实践，中国特色社会主义现代化建设的实践和成就有着空前的经验积累和理论概括。中国现代化道路的世界意义首先是民族独立、人民解放。民族独立就是中国以现代国家的姿态屹立于世界民族之林，这是发展中国家走向现代化发展的基本前提；人民解放就是中华人民共和国成立之初进行了土地改革，使中国人民从此有了当家作主的物质基础和制度保障。随着社会主义改造的进行和社会主义基本制度的确立，中国走上了独特的社会主义现代化道路，独立自主地初步建立起了国民经济体系，打破了单一的西方现代化模式。改革开放以来中国的现代化发展更进一步使中国“富起来”，经济持续增长，快速走出了一条不断跨越“贫困陷阱”以及“中等收入陷阱”的发展中国家现代化之路。因此，中国人民“富起来”的现代化道路的世界意义还在于，中国成功地证明了通往现代化之路并非只有一条，“走自己的路”，探索适合本国国情的发展模式才是现代化的基本法则和根本规律。中国特色社会主义进入新时代，提出了社会主义现代化强国的目标，通过“强起来”实现中华民族的伟大复兴，为世界各国提供实现现代化的中国智慧和中国方案，这是一个全新的方案。中国的现代化强国之路是社会主义现代化强国之路，相较资本主义现代化，更向世界证明了社会主义制度的生机与活力；中国的现代化强国之路是发展中国家战胜各种艰难险阻，从一个落后的农业大国转变为现代化强国之路，为发展中国家提供了全新的现代化方案；中国的现代化强国之路是作为有着悠久历史的大国，古老而独特的文明向现代文明的成功转型之路，为世界多样化文明交融互鉴提供了中国理论。

总之，新时代中国特色社会主义现代化强国的发展，是坚持和平道路的发展，是科学的可持续发展，是人与自然的和谐发展，是不断进取创新式的发展，是依据总体目标规划式的发展，是社会共同提高劳动生产率与共同富裕的包容式的发展，是独立自主同心协力的共同发展，超越了西方霸权式、殖民掠夺式、两极分化式、自发盲目式的发展模式，为发展中国家走向现代化提供了全新选择，为人类和平与发展贡献了中国智慧。

第六章 理论主题：全球化时代的世界历史走向

第一节 全球化时代引发的世界性思考

和平与发展的时代主题，现实实践最迫切的现代化与发展主题，以及新的世界现象——全球化所引发的理论主题，构成了当代世界思潮历史主题的核心内容。自 2008 年国际金融危机以来，世界经济增长乏力，社会政治危机、生态环境危机等不断显现，影响着世界的和平与发展。经历这百年未有之大变局，2017 年习近平同志在到访联合国日内瓦总部时发出了“日内瓦之问”：“当今世界充满不确定性，人们对未来既寄予期待又感到困惑。世界怎么了、我们怎么办？这是整个世界都在思考的问题，也是我一直在思考的问题。”①

一、全球化理论是全球化进程发展到当今时代的必然产物

马克思、恩格斯在《共产党宣言》1888 年英文版序言中写道，“每一历史时代主要的经济生产方式和交换方式以及必然由此产生的社会结构，是该时代政治的和精神的历史所赖以确立的基础”②。这一基本原

① 习近平．习近平谈治国理政：第 2 卷．北京：外文出版社，2017：537.
② 马克思，恩格斯．共产党宣言．北京：人民出版社，2018：12.

理深刻揭示了生产力与生产关系和经济基础与上层建筑之间的矛盾运动是人类历史演进的根本机制。当今世界由科学技术推动的生产力的快速发展，必然带来生产关系的重大调整，生产关系的发展进一步促进上层建筑的调整。这一系列的变化和调整，决定了全球化是一个客观的趋势。在世界各国实现现代化的进程中，无论是何种意识形态、何种发展程度的国家，早晚都会卷入全球化的浪潮之中。参与并融入全球化是历史的潮流，正如习近平同志所指出的，应该看到，经济全球化符合生产力发展要求，符合各方利益，是大势所趋。经济全球化就像一片大海，“如果永远不敢到大海中去经风雨、见世面，总有一天会在大海中溺水而亡”①。

（一）全球化历史进程的新阶段及其特征

全球化是具有世界影响的社会思潮，也是当今时代的重大现实问题。20 世纪 60 年代出现“全球的”（global）一词，到 80 年代出现“全球化”（globalilzation）一词。一个新词汇和新概念的形成总是反映了社会的发展、变化和需要。全球化在各学科广泛出现，逐步变为一个描述人类社会发展现状和未来发展趋势的基本概念。90 年代后中国学者也参与到全球化问题的研究中。人们认为全球化是我们这个时代最重要的特征和发展趋势，如何看待这样迅猛发展的趋势，是一个具有重大理论意义的问题，亦是世界各国无法回避的共同课题。

全球化萌芽于 15 世纪早期到 18 世纪中叶的欧洲。从广义来看，全球化是资本主义生产关系产生以来，世界各国相互联系日益扩大、影响逐渐加深的过程，至今这一过程仍在继续深化。狭义的全球化特指 20 世纪 70 年代以来，特别是西方普遍奉行新自由主义政策以后，世界经济、政治关系一体化的发展趋势。第三次科技革命发生以后，以经济全球化为标志的世界历史进程加速，全球化呈现出新的特征。

第一，经济全球化进程加速。世界市场迅速扩大，世界多边贸易体系、生产体系、金融体系形成。从市场体系看，冷战时期一分为二的世界市场伴随着冷战结束被冲破，统一的市场经济体系在 20 世纪 90 年代形成。从内容看，除世界商品市场外，世界服务市场，包括金融、保险、科技、运输、信息、通信、人才、劳动力等市场也在迅速扩大。经

① 习近平. 习近平谈治国理政：第 2 卷. 北京：外文出版社，2017：478.

济的互补与合作使世界经济体系成为一个整体。从主体看，世界经济全球化使区域经济一体化、全球经济一体化迅速发展，跨国、跨地区的一体化组织，尤其是跨国公司无论在数量还是在规模上都呈现扩大和快速发展崛起的趋势。更值得注意的是，知识经济的迅速发展，推动了新一轮科技革命和产业革命的孕育成长。全球化强化了世界整体之间的相互依存，一荣俱荣，一损俱损，世界成为一个命运与共的共同体；全球化促进了区域性的自主发展，以信息化、智能化产业发展为核心的知识经济的发展为现代化的深入发展提供了新的空间和模式多样化的可能性。

第二，经济全球化推动着政治多极化的重大调整。其一，大国关系日趋均衡，各国之间广泛建立的新型伙伴关系，既彼此配合，相互依赖，又各自独立，相互制衡。其二，国际合作日趋加强，迅猛发展的经济全球化趋势导致了国家竞争方式、安全观念的深刻变化；全球性问题严峻，国家安全的综合性、合作性突出，多边国际合作机制加强，即使是超级大国也不可能忽视国际共同利益，忽视国家间的优势互补，忽视国家间的依存关系。其三，全球性治理机构和协调治理形式获得了快速发展，但随着全球贸易保护主义升级、宏观政策负向溢出效应问题突出、个体及地区收入差距日益拉大、国际货币金融体系不稳定等挑战的增多，西方国家对全球经济治理置之不理的问题日益显现，迫切需要全球治理体系的变革，以适应全球性问题或局部问题的解决要求。跨国的对经济和政治事务的整合性治理使国家作为主体在日益广大的国际舞台、日趋复杂严密的国际体系中发挥作用，国家主权不自觉地受到国际体系的约束。尤其是纳入全球化进程中的发展中国家，受资本主义经济体系的影响颇深，国家主权更易受到挑战。

第三，全球化进程中世界发展的不平衡在加剧。习近平指出，当前世界经济领域三大突出矛盾没有得到有效解决。全球增长动能不足，难以支撑世界经济持续稳定增长；全球经济治理滞后，难以适应世界经济新变化；全球发展失衡，难以满足人们对美好生活的期待①。经济全球化是世界各国利益再分配的过程。世界各国在参与经济全球化的过程中，都追求本国利益的最大化，这是不争的事实。但是，经济全球化主

① 习近平．习近平谈治国理政：第2卷．北京：外文出版社，2017：479-480.

要由西方发达资本主义国家推动，目前通行的市场规则和国际惯例在相当大的程度上体现和反映了它们的利益和要求，发达国家的经济实力和科技水平在世界经济中居于支配地位，是全球经济的“中心”和经济全球化最大的受益者。而发展中国家由于其经济文化发展相对落后，处于世界经济的“边缘”或“半边缘”，与发达国家的差距越来越大。历经40多年改革开放的中国正日益走近世界舞台中央，积极为世界提供中国方案和中国智慧，推动建设开放、包容、普惠、平衡、共赢的全球经济体系，努力“让不同国家、不同阶层、不同人群共享经济全球化的好处”①。

（二）多维度的全球化

全球化并非单指某一领域在全球范围内交往的扩大和发展的深化，而涉及多层次、多领域，具有多维度特征。这种多维度特征使全球化涉及领域宽广，已经渗透到国家交往和人民物质生活和精神生活各个领域，成为人们思考问题、看待世界的新背景、新坐标和新视角。

其一，信息全球化。工业革命使人类走入工业时代，而新的信息革命则使人类步入信息时代，网络交互在方便人们生活的同时，也带来了信息的全球化流动和共享，使人们可以不受自然地理环境、通信工具等的限制实现信息的自由沟通，时间和空间的限制不断被打破，世界连接成一个可以进行“普遍交往”的“地球村”。

其二，经济全球化。不同于资本主义国家初期经济的殖民扩张，当代的经济全球化往往伴随着经济的充分发展和国家间合作的加强。跨国公司的形成、生产要素的全球配置和流动、各国经济的相互交流和依赖、世界经济体系的形成成为经济全球化的重要特征，经济合作、贸易协商是经济全球化的重要内容。

其三，人类问题全球化。在人与自然和人与整个社会的关系上，全球性问题的全球化及其反思，要求人类在共同问题的解决上达成共识。当前，人类面临着共同的问题与挑战，传统和非传统安全问题不断冲击着人类的生存空间，全球气候变暖、资源环境遭到破坏、突发性公共卫生事件等屡见不鲜，霸权主义、恐怖主义仍然存在，严重威胁着人类的生存和生活安全。

① 习近平．习近平谈治国理政：第2卷．北京：外文出版社，2017：479.

其四，社会发展全球化。表现为对社会制度、历史走向上的资本主义全球化或全球化的资本主义的研究，以及对社会主义的未来的展望。

其五，文化全球化。在经济交往、信息交互的过程中，人类文化也在不断碰撞、交流、融合，不同国家、地区、民族的文化和文明在相互交流的过程中借鉴吸收，异质性文化、文明共存，形成人类文化的多元统一体。

其六，制度全球化。现代国家的各项制度，无论是国家经济、政治制度，还是社会制度，都具有全球推广和扩散的特征和趋势。资本主义制度在几个世纪的发展过程中不断扩展，资本主义国家在当今世界仍占据主导地位。其他制度，如市场经济体制、公司制企业管理制度、国际惯例等也为全球范围的国家、地区、团体所采用。

其七，现代化全球化。全球化的这一维度在于全球化是现代化的一个新阶段，世界发展的趋势是由传统走向现代，而现代化的世界又面临着再现代化的挑战。各方面的现代化发展已成为世界各国普遍追求的目标。全球化是现代化过程中不可逆转的趋势，它改变了一个国家、民族的生存发展条件，使其在世界舞台上的历史方位发生变化，对世界政治、经济、文化甚至人的心理等都产生着深刻影响。站在世界历史的高度，现代化表现为全球性的现代化，而当今世界的全球化，则表现为全人类命运共同体化。

二、全球化时代的影响

在全球化背景下，经济全球化、政治多极化和整个世界共同发展中的不平衡趋势，对当今的世界历史发展产生着深刻的影响，这种影响有些是显性的，有些是隐性的，由此产生的一系列重大的全球性问题有些是历史性的，有些是现实的，也有些还是潜流。

（一）和平的时代主题——安全与冲突的制衡

全球化的发展使和平这个时代主题成为世界性的现实问题，成为重大的时代主题，它不仅亟须解决，也有待人类共同完成。

全球化发展对当今时代主题的影响表现在：和平的发展环境与发展趋势成为全世界各国及人民的强烈要求。从世界历史体系看，当今并没有脱离以资本主义为主导的世界体系。正如马克思、列宁所强调的，在世界历史的进程中，民族国家“在经济上‘处在世界市场的范围内’，在政治上‘处在国家体系的范围内’”①，“我们不仅生活在单个的国家中，而且生活在一定的国家**体系**中”②。当今各个主权国家依然存在于资本主义占主导地位的世界体系中，在和平的大环境下依然要以国家利益为最高利益，以维护国家的权力来保证自己国家的安全。正如习近平总书记所强调指出的：“我们要坚持走和平发展道路，但决不能放弃我们的正当权益，决不能牺牲国家核心利益。任何外国不要指望我们会拿自己的核心利益做交易，不要指望我们会吞下损害我国主权、安全、发展利益的苦果。”③

全球化时代安全成为和平主题的延伸。经济全球化、政治多极化和全球发展的不平衡对国际安全、国家安全有了新的需求，20 世纪 70 年代，尤其是 21 世纪以来安全问题出现了新的发展趋势。对于任何一个国际行为体来说，免受伤害或危险的感觉，在任何时候都是参与国际互动的首要目标和条件。安全的最基本特征就是与“威胁”“危机”乃至“冲突”紧密关联。从客观上讲，安全就是不存在威胁，从主观上讲，安全就是不存在恐惧。安全虽然是个古老的话题，但是在和平的发展环境中，安全问题成为和平主题中最主要的问题，也成为全球化的新阶段所迫切要求解决的课题。

自 20 世纪 70 年代中期以来，新的安全观念被提出，关于安全的研究不断地拓展，反映了时代的新变化。国际上各国经济互动的增加和环境的相互影响使人们的关注点发生变化和拓展，人们在关注政治-军事安全问题的同时，也关注经济、意识形态、社会以及生态环境安全等问题。1983 年，国际政治经济学家理查德·乌尔曼向社会呼吁，安全研究不能只放在东西对抗的军事层面，而应关注更宽广的安全议程。这一观点的提出，反映了时代正在发生的转折，西方国家政府和学者们开始将贸易、金融等经济因素和经济危机纳入国家安全的视野，这其中还包括资源、环境问题等。另外，随着国际贸易和国际金融及通信科技的发展，各国经济交往日趋紧密，各国间“相互依存”的趋势愈益明显。人们从更广泛的视角、更长远的角度看待国家安全，并相应调整国家安全战略。日本政府在 20 世纪 70 年代中期提出了“综合安全保障”战略，

---

① 马克思，恩格斯. 马克思恩格斯文集：第 3 卷. 北京：人民出版社，2009：439.

② 列宁. 列宁全集：第 47 卷. 2 版（增订版）. 北京：人民出版社，2017：502.

③ 习近平. 习近平谈治国理政：第 1 卷. 2 版. 北京：外文出版社，2018：249.

按这一战略，国家安全保障仅靠军事手段是不够的，还应依靠经济、科技等其他手段。这表明，在冷战结束前，国家安全观的扩展已经开始从政治和军事领域向经济、科技、资源、能源等领域扩展。但是，总体来看，国家安全观的全面扩展则是在冷战结束之后。苏联的解体，标志着美苏两大军事集团紧张对峙，意识形态和政治、经济体制尖锐对立的安全结构彻底瓦解。西方国家对安全威胁的感知发生了变化。加拿大八国集团问题研究专家约翰·科顿指出，1945 年第二次世界大战结束以来至今，对安全来说大体有三类威胁：旧的威胁、新的威胁和正在出现的威胁。目前世界主要面临的是后两种威胁。按美国国家情报委员会负责经济与全球问题的副主任、非传统安全问题专家乔治·费达斯的说法，冷战时代的威胁是有“威胁者”的威胁，而后冷战时代的一些威胁是“没有威胁者的威胁”。寻找和判断新威胁的来源与种类，成为“非传统安全”问题研究在西方兴起的主观动因。冷战时期的单一威胁已经被全球化时代多层面、多样性和不对称的威胁所取代。比如，跨国安全（transnational security），或称“跨国威胁”，指影响国家、地区和全球安全的问题，如恐怖主义、流行疾病、毒品走私、非法移民、跨国犯罪、环境污染等，这些问题都具有跨国性的特点。澳大利亚安全研究专家阿兰·杜邦认为，这是一种正在出现的“新威胁”，它超越了传统安全思维的国家边界。这些新威胁既可能产生于社会经济领域，也可能产生于自然环境，多数则来自诸如人口过度膨胀、资源匮乏和枯竭、全球气候变暖、移民问题、跨国犯罪等与传统国际安全不同的问题。这些新威胁具有非军事性的特征，往往错综复杂、相互关联，涉及多个层面、多个领域。它使对安全问题的思考焦点从外部转向国内和人民本身。因而，习近平总书记指出，当前的国家安全内涵和外延比历史上任何时候都要丰富，时空领域比历史上任何时候都要宽广，内外因素比历史上任何时候都要复杂。

联合国开发计划署率先提出的人类安全（human security）概念起先出现在学术文章中，而后成为一些主要大学的研究课题。一些评论者认为，人类安全概念的提出标志着一种新的安全范式的出现①。1994 年，联合国开发计划署发表《人类发展年度报告》，提出涉及人类安全

① PARIS R. Human Security Paradigm Shift or Hot Air?. The Massachusetts Institute of Technology，2001：89.

的七个方面，分别是经济安全、粮食安全、健康安全、环境安全、人身安全、共同体安全和政治安全。20世纪90年代后期，主张以“人类安全”作为冷战后和21世纪安全观的加拿大、挪威的政府和学者以及在其领导下建立的由政府与非政府组织参与的“人类安全网络”构成了推动西方人类安全研究和理论发展的主要力量。2001年12月10日，联合国秘书长科菲·安南在他获诺贝尔和平奖的演讲中称，在21世纪，我们开始理解到，和平不仅属于各个国家及其人民，也属于这些国家与社会共同体中的每一个人。国家主权不能再被作为侵犯人权的“盾牌”。这表明，联合国已经将人类安全看作全球安全的重要组成部分和核心要素，切实保障人类安全、促进人类发展成为实现全球安全与世界和平的重要条件。

从“相互依赖”（interdependence）、“彼此共存”（co-existence）到“地球村”（the earth village）、“全球化”（globalization），安全环境的变化导致人们重新判断和界定安全威胁来自何方及有哪些的问题，安全内容和含义也随之逐步扩展，国家或者全球的许多活动领域几乎都逐渐与“安全”一词相关。经济全球化极大地改变了传统的“安全观”。习近平同志强调，必须“坚持人民安全、政治安全、国家利益至上的有机统一，人民安全是国家安全的宗旨，政治安全是国家安全的根本，国家利益至上是国家安全的准则”①。主权国家安全的根本在于政治安全，世界强国无不将此作为国家安全的核心利益所在。这已成为经济全球化时代世界各国的共识。

（二）发展的时代主题——危机与互助并存

全球化历史进程在发展的时代主题中也突显了世界整体的相互联系和相互依存。在新的历史条件下，国家所面对的是全球化的迅速扩展，国家间经济互动的日益增多，以及频频出现的经济领域的危机，特别是经济危机、经济摩擦和经济制裁，都凸显了和平环境下发展问题成为主要的问题，而影响和平的因素也恰恰来自发展中的危机。

危机是全球性的。危机产生的最重要根源是发展中国家与发达国家在经济上存在的明显差距，在以竞争为特征的经济全球化中，发展中国家的不发展不仅是发展中国家的危机，更是全球性的危机。对于发展中

---

① 习近平．习近平新时代中国特色社会主义思想三十讲．北京：学习出版社，2018：255.

国家而言，不发展就是一种不安全，贫困则是最大的不安全，发展的极端不平衡，导致了财富分配的不平等，并构成了可能导致严重不稳定与不安全的根源。不发展的问题是一个世界范围的问题，同样也是世界性的危机。即使在经济成功发展的国家也面临着无处不在的经济贸易战的危机，随着经济全球化的发展，每个主权国家都在最大限度地维护和扩大本国的利益，包括最核心的经济利益，随之而来的是不同层次国家间的经济摩擦和经济战，从经济封锁、经济制裁，到各种各样的贸易壁垒和非贸易壁垒，对象都是发展中国家，经济贸易战主要维护的是发达国家的利益。随着经济全球化的发展，工业化国家会出现生产过剩的危机，发展中国家会因政策失误或社会动荡而导致生产的猛烈下降，看似不同的危机在全球化时代具有复杂性、互动性、连带性和广泛性，并且表现形式越来越多样。

由经济领域发端，逐渐涵盖了政治、社会、文化、生态、健康等领域的经济全球化迅猛发展，各国在全球信息、资源、市场“流动”和“共享”的同时，也不得不“共享难题”和面对各种突如其来的危机的冲击。全球化使一些国家内部的危机与灾难超越了国界，成为地区性乃至全球性的危机与问题。诺曼·梅尔斯在《环境与安全》一文中就曾站在美国利益的角度指出：“美国利益正和菲律宾森林破坏、中东水资源贫乏、萨尔瓦多土质退化、墨西哥人口急增联系在一起。”“帮助第三世界改善环境，就是在帮助美国自己。”[①] 各国在经济、金融、贸易、投资、资源、信息等方面的密切互动，在促进国家经济发展的同时，也带来了一系列问题。国家之间联系的加深和相互依存程度的加大使国家更加敏感与脆弱，他国的危机和风险极易向本国转移和转嫁，经济危机的波及范围更加广泛，国家比以往更容易受到冲击，且受影响的程度将更大。全球化造就了影响更为广泛的“经济危机”；网络信息化的社会给个人或集团创造了通过网络来影响他国或其他集团稳定的技术和机会，跨国犯罪使国家防不胜防，恐怖主义活动更为隐蔽、破坏性也更大；有人曾精辟地指出这种“非对称威胁”给国家造成的“无力感”：“人类好像在一夜之间突然发现自己正面临着史无前例的大量危机：人口危机、环境危机、粮食危机、能源危机……这场全球性危机程度之深、克服之

① MYERS N. Environment and Security. Foreign Policy，1989（Spring）：23，41.

难，对迄今为止指引人类社会进步的若干基本观念提出了挑战。”① 旧的危机已波及全球且尚未消除，新的危机又接踵而至。

（三）全球化的主题——矛盾与治理

21 世纪全球化进程的加快，特别是 2008 年国际金融危机的爆发，充分暴露了以西方发达国家为主导的传统全球化存在着深刻的矛盾。全球化进程面临的三大主要矛盾如下：

第一，全球面临贫富差距加大的矛盾。世界经济发展不平衡的同时，世界分配的不公平加剧了贫富矛盾，在全球范围内既表现为富国与穷国、发达国家与发展中国家的矛盾，亦表现为每个国家内部富人与穷人的社会矛盾，从而引发了世界性民粹主义思潮席卷西方国家，并向发展中国家蔓延的局面。第二，全球面临南北发展转向的矛盾，即发展中国家和发达国家之间的矛盾。第二次世界大战后发达国家 GDP 曾占全球 70%左右，发达国家在国际机构、国际秩序、国际规则方面占主导地位并维护发达国家利益，发展中国家在全球化中基本没有话语权。21 世纪以来，全球化进程极大地改变着南北关系，以中国为首的新兴经济体和发展中国家持续快速发展，其 GDP 总量占到全球 60%，发达国家则下降到 40%，发展中国家在各种国际组织中的地位和话语权不断提升。第三，世界面临新旧全球治理规制的矛盾。伴随着全球化的发展，西方国家的优势随着越来越多的非西方国家对世界事务的积极参与及力量的增强而相对衰落，新兴国家和发展中国家成为决定全球治理新架构的重要“撬动性”因素，参与全球治理的意愿和能力同步增强，在话语权、主导权、规则制定权等方面对美国主导的全球治理体系提出了挑战。

面对当今世界凸显的主要矛盾，主张全球化在各种思潮流变中占主要地位。争议的焦点是要什么样的全球化，以及怎样进行全球治理。新自由主义的极端全球化理论主张以自由市场为全球治理的唯一力量，鼓吹市场至上和国家主权终结。变革论认为全球化是一个社会变革过程，全球治理要适应全球化的多种动因和多样化的路径。怀疑论认为全球化是制造出来的神话，全球化只是国际化。马克思主义的全球化理论强调对资本主义全球化的治理，主张促进发展中国家在全球化中的地位。当

① 托夫勒．第三次浪潮．上海：上海三联书店，1984：178.

今世界面临各种主要矛盾交织的局面，重大历史节点事件频发，全球化进入格局转向、方向转向和主体转向的阶段性时刻，全球性疫情的传播，使各国经济与生活出现重大停摆，再次敲响了全球发展的警钟。全球化，不管你有怎样的认识，它都在哪里，在不确定性中发展问题是确定的。人类在生存之战的大考面前，仍然面临收入分配不平等和发展空间不平衡的问题，它们仍然是全球治理的核心问题。

从传统主导全球化的国家看，逆全球化趋势会加速，即全球化战略的加速调整。欧洲的抗疫方式中已经凸显出其面对危机时政策的参差不齐，在医疗资源上的互相抢夺，正如塞尔维亚总统所说：欧洲团结只是一个童话。以医疗保障为核心的福利国家在“大考”的应对中不仅各扫门前雪，甚至提倡“群体免疫”，试图以成本最低的治理方式逃脱抗疫的。后疫情时代的欧洲社会内部矛盾会加剧逆全球化政策选择。以政治任期为治理模式的美国会加大“美国优先”的单边主义和各类保护主义，利用美元霸权加速全球性资本回流、加速产业回流，为美国经济回血，加剧全球动荡与分化。

从新型全球化的发展趋势看，中国主导下的新型全球化以及新型全球治理必将兴起。通过大危机的考验，中国模式主导下的新型全球化说服力和影响力将进一步增强。新型全球化是秉着共商共建共享的原则，改变全球发展不均衡、不公正、不合理的状态，构建和平、繁荣、开放、绿色、创新、文明、廉洁、安全的世界。在这次全球疫情防控中，中国模式展现出了巨大的制度优势，回答了到底哪种治理体系和治理模式更能够应对全球化发展中的大考，以及以人本为核心的新型全球化的价值指向。

从现实全球抗疫之战的路径看，未来全球化趋势将从资本逻辑主导的全球化向以人本逻辑主导的全球化转变。当中国为武汉确诊病人归零而举国赞叹时，当中国以人民至上、生命至上携手世界抗击疫情时，英国的“群体免疫”以及“应该尽快让所有人都感染上新冠病毒，这样一个月后疫情就会结束，金融和资本市场就会恢复正常”的观点正大行其道，美联储宣布利息归零。两个归零映现了资本逻辑的全球化恶果以及追求金钱至上的本质。

在人类共同经历着一场公共卫生安全的大危机时刻，全球问题再次把世界各国紧密地联系起来，全世界都卷入了病毒的威胁，病人增加，生活停摆，经济断崖式下跌，共同携手抗疫刻不容缓。从公共卫生安全全球合作入手，中国政府正在引领和推进公开、透明的全球化合作，不仅彰显了中国特色社会主义的制度优势，而且在全球公共卫生危机的治理中，践行着中国以构建人类命运共同体为理念的新型全球化治理，为扭转突发性危机的全球困局做出了中国贡献。

以人民生命安全和身体健康为重的中国式“封城”和全民联防联控抗疫提供了中国经验；以医疗工作人员“逆行”的救死扶伤、高效和免费救治彰显了中国社会保障；以人民为中心的治理理念，迅速扭转被动局面，卓有成效控制疫情显示了中国效率；以大国责任担当对疫情信息公开，对发生疫情的国家进行支援，在被美国为首的发达国家污名化中仍然为建立更加健康、安全和公平的世界秩序而“逆行”战斗，提高了中国在引领全球问题解决上的站位；在人类生存危机的大考中做出重大贡献，选择自觉推动全球治理的变革，与一些以全球化领导者自居的国家选择种族主义，倡导集体免疫的优胜劣汰论不同，中国针对疫情的全球多点暴发，提出了不分国籍、不分种族生命第一的新型安全观和全球化治理之道。疫情的解决必须相互依赖，人类共同面对危机是必然选择，继续全球化亦是必然之路。

中国在疫情防控形势持续向好，生产生活秩序加快恢复的阶段，要继续引领国际防疫合作，携手应对共同威胁和挑战，化危为机，推升全球公共卫生治理体系的共建、共商、共享；提升协同攻关、治理能力的早期预警、联防联控的网格化、诊断标准和治疗体系化，以及数据和信息的共享等能力，维护人类的公共安全。在复工复产的经济方面狠抓产业升级，科技创新，防范重大的金融风险，让物美价廉的中国制造奠定战胜此次全球大危机的生活基础，取得全面建成小康社会决胜阶段的成功，为解决全球化的两极分化和分配不公做出中国贡献。

第二节　全球化引发当代世界思潮的百家争鸣

“全球化”时代已经到来。无论是广度、深度、强度还是密度上，全球化的研究日益增多，呼声日益高涨，世界范围内出现了各式各样的全球化主张和实践，形成了当代全球化的强势语境，社会科学的话语体系和问题也随之发生重大更新。全球化理论不断涌现。正如联合国教科文组织在《世界社会科学报告》中所指出的："全球化理论是社会科学领域的一次主要的范式转换，社会科学绝不可能再与从前一模一栏了。"① 以全球化本身作为研究对象的主要理论流派有以下几种。

一、极端论全球化理论

极端论全球化理论也被称作全球主义（globalism），该理论认为经济全球化已经进入新的阶段，国际上和民族国家的旧有制度已经完全过时，正在失去现有的存在基础，市场已经成为解决问题和推动全球发展的唯一力量。这股思潮主张全球化是由市场经济决定的经济全球化，市场的扩展推动了全球化的出现和发展，而全球化体现了市场至上和民族国家的消亡。其主要代表是新自由主义的全球化理论，其对当代世界全球化进程有着重大的影响。

（一）极端论全球化理论的主要观点

在全球主义者的队伍里有多种流派，政治倾向并不相同，但无论是该理论的支持者还是反对者，都把全球主义看作与国家主义相对立的思维方式、价值规范、行为模式。

极端论从空间看，全球是相互依存的，各个国家、地区、民族在经济、政治、文化等方面密切联系，不存在"离群索居"的国家和民族；从经济依存看，全球化中各国的经济发展离不开其他国家和地区，跨国的、地区的全球一体化贸易往来成为经济发展的首要特点，并且共同的市场规则成为国际通行和共同遵守的准则，那种仅谋求本国利益而试图摆脱全球游戏规则，甚至企图自立游戏规则的幻想是不可能的；从共同利益看，全球化的全球性问题是必须共同面对的问题，必须采取共同行动，狭隘的国家主义和民族主义成为不可能；从普世价值观念看，全球化的普遍性促使人类具有共同的价值观念，这种价值取向使得泛价值观成为不可能；因此，应弱化传统民族国家的主权，实现全球一体化。

极端论全球化理论有两大对立的流派。在当代世界影响最大的是新自由主义的全球化理论，它主张个人自主和市场原则战胜国家权力，取代传统文化和生活方式；作为一种新的全球文明，自由民主有着普遍标

① 联合国教科文组织．世界社会科学报告（1999）．北京：社会科学文献出版社，2001：481.

准的经济政治组织和直接的全球治理机制，例如国际货币基金组织和世界市场规则。这种新的全球文明正向世界范围内扩张。另一派极端论全球化理论认为，全球化使国家的经济权利和政治权利正在被解构、被分散，人类行为框架正在被重构。不论各国政治家如何宣扬和鼓吹全球中心主义的优越性，民族国家仍然是全球经济事务管理和国际治理的主体，以及当前全球化条件下最优的组织形式。

（二）极端论全球化理论的流派及其思想

从全球范围来看，新自由主义的观点挟市场经济理论和资本扩张的大潮成为全球化理论的主流，其中具有代表性的有弗朗西斯·福山的“历史终结论”和塞缪尔·亨廷顿的“文明冲突论”等。

1. 弗朗西斯·福山的“历史终结论”

弗朗西斯·福山最有代表性的著作就是1992年的《历史的终结及最后之人》。该著作出版后，在全世界范围引起了强烈的反响，并被译成多国文字在各国转载。福山的全球化理论是以整个世界的历史和现实为分析背景的，他认为历史是普遍的，问题亦是“普遍发展的历史问题”，“正如康德所设定的那样，历史的过程有一个终点，那就是世间自由的实现”①。以黑格尔唯心主义的全球历史观为方法，福山认为马克思与黑格尔一样认为历史有可能终结。黑格尔认为人类终结于自由国家，马克思认为人类终结于共产主义社会。从当代理论发展看，福山认为法国哲学家柯杰夫不仅传承了历史终结的观点，而且提出了以自由平等为基础的“普遍均质的国家”的终结。

福山则以全球普世历史观分析当代社会，这种历史观的正确性已在现实层面得到了验证。比如“经济学中的自由原则——‘自由市场’——也已经传播开来，并且成功地在发达工业国家和二战结束之际陷入贫穷的一部分第三世界国家里，创造了前所未有的物质繁荣。经济思想中的自由革命，尽管有快有慢，但始终伴随着全球范围内的政治自由化进程”②。与此同时，当代经济飞速发展的情况下，科学技术的革新是推动经济进一步发展的有力杠杆，也充分证明了全球普世的历史发展，即在自由思想驱动下，因追求利益在交换中形成相应的价格体系，无论什么体制的国家必然走向市场经济，这种世界的同质化的历史推动

① 福山. 历史的终结及最后之人. 桂林：广西师范大学出版社，2014：80.

② 同①12.

力何在？福山认为，是人的不断增长的欲望决定今天所有社会的普遍特质。从客观的现实的条件看，不要奢望通过消灭军事来达到世界和平。因此，必须实现全球化发展中国家的普遍均质。实现国家的普遍均质不仅意味着历史的终结，也意味着世界的和平。

2. 塞缪尔·亨廷顿的“文明冲突论”

塞缪尔·亨廷顿是美国当代具有重要影响的国际政治学家。他在1993年夏季号的美国《外交》季刊上，发表了《文明的冲突?》的长文，对冷战结束后的世界形势进行了独到的解释和预测，提出了国际政治的新模式的建立，提出了全球“文明冲突论”的理论要点。

第一，以文明为单位作为研究全球化新阶段的理论尺度。在亨廷顿看来，文明是人类的最基本归属，文化认同是人类的最高文化，是人区别于其他物种的根本。全球化时代世界是多极和多文明的世界，由各种文明共同构成。全球化使人类社会发展到了一个新的阶段，后冷战时代的国际关系由各文明的核心国家担任国际事务中的主要角色，因而国际冲突主要发生在不同文明之中。历史并没有终结，冲突依旧存在，但冲突的性质和根源发生了极大变化。其主要表现在历史上的文明冲突是在一个文明体系（西方文明）内发生的，但是21世纪的文明冲突将超出西方文明范围，转变为“西方与其他”文明之间的冲突。一方面，西方文明唯我独尊的局面将受到其他文明的强烈挑战，随着各国的经济现代化及政治民主化进程的发展，人类的民族国家认同感将逐步消失。“非西方化运动”不可避免地导致文明的冲突。另一方面，目前西方文明全力把自己的价值观向世界各地推销，必然要与其他文明发生正面撞击，从而不可避免地导致文明冲突。人类的文化差异及文明特征是最难消除或妥协的。既然文明之间的接触势在必行，文明冲突也就在所难免。

第二，文明冲突导致文明的核心国家争夺全球化世界秩序建构权。20世纪90年代冷战后的世界出现相邻的文明集团之间的暴力冲突，争夺对领土的控制权。亨廷顿强调，全球化使每个文明集团竞相争夺经济权力，争夺对国际组织的控制权，推广自己特有的政治和宗教价值观，扩大自己的文化影响。因此，“未来世界政治的轴心”将是西方与非西方国家之间的冲突。从西方文明看，它处在超越其他文明的顶峰，面临的是在世界政治、经济、军事力量中所占的比重的缩小，非西方文明却处于上升时期，正在向西方文明发起前所未有的挑战。21世纪人类社会面临着非西方文明与文化的复兴，也必然出现非西方文明内部以及与西方文明之间的冲突。由于共同追求现代化的发展，全球政治秩序正沿着文明界限进行重组。具有相似文化的人民和国家正在聚合取代具有不同文化的人民和国家，由文化和文明界定的联盟正在取代意识形态和超级大国关系界定的联盟，文化社会正在取代冷战集团，文明之间的断层线正在变成全球政治冲突的中心地带。

第三，西方文明应对挑战的对策与路径。首先是促进西方文明的自身认同，传统欧洲和北美大陆要彼此团结，扩大合作；在重建文明新秩序中将东欧和拉美社会作为相同文明的一部分，使之融入西方文化；加强国际机构中代表西方利益和价值观的权力控制。其次是削弱敌对文明的崛起，在军事上要加强打击对手，并利用不同文明之间的分歧，遏制其军事力量的扩张，特别是要保持美国在东亚和东南亚的军事优势。其具体的路径是通过以美国为核心的欧美一体化文明创新，由美国承担领导西方世界的责任，并逐步接纳非西方的现代化文明。

二、变革论全球化理论

主张全球化是一个社会变革过程的全球化思潮亦有很大的影响。其代表人物有吉登斯、哈贝马斯等人。他们强调多维度的全球化和全球化的多种动因。

（一）变革论全球化理论的主要观点

第一，全球化发端于西方社会，非西方社会处于被西方吸纳进入全球化的进程，即全球化是西方的全球化，非西方国家处在“被全球化”的旋涡中，全球化是人类历史发展进程中自然形成的一个过程，其本身是一个充满矛盾的体系，本质上是一个偶然形成的历史进程，是不可抗拒的。吉登斯、贝克等人将全球化看作现代性由西方向全球扩展的过程；罗宾逊等人则认为全球化优于现代性，直接推动了现代性的扩展；还有部分人将全球化看作交往扩展和深化的过程。

第二，全球化是推动社会变革的核心力量。在政治与经济变革力量推动下，现代世界和世界秩序得以重塑。这样的全球化进程在历史上是前所未有的，它使得全球范围的政府和社会都必须调整自己来适应这样一个快速变化的世界：无论国际事务和国内事务、外部事务和内部事务统统都被这个核心力量所决定，形成了社会、经济、文化的规则以及世界秩序的“大规模变动更新”。

第三，全球化正在重塑国际秩序。由于全球化促进当代经济、军事、技术、环境、移民、政治以及文化在全球的流动模式是前所未有的，随着被全球化的国家、社会以及社群日益卷入全球秩序，就会造成其他国家、社会以及社群在全球化中的边缘化。新的国际劳动分工所带来的新的全球权力关系结构正在形成，传统以南北划分的全球秩序将让位于正在构建的新的全球化秩序，以及新的结构，这种新的结构正在随着生产和金融日益具有全球和跨国特征，现在世界上超大城市经济群的出现正在重构全球模式与经济活动。

第四，全球化正在重构民族国家的主权。当代全球化正在重组或者重新调整国家政府的权力、功能以及权威，这是历史的必然，任何民族国家都必须适应这种变化。即使在主权没有受到影响的地方，国家也不再能够完全控制发生在自己领土边界之内的事情。复杂的全球系统把无论是金融系统、生态系统还是彼此遥远的社群的命运紧密联系在一起。全球化推动着主权、领土以及国家权力关系的变革。全球化的重构使民族国家不再是世界治理或者世界秩序的唯一中心或者首要形式。因此，各国政府要适应变化，通过制定国家战略来参与全球化的转变，对国家的形式和功能进行调整。因此，全球化并不是“国家的终结”，而是推动各种调整战略的出现，推动更加积极的国家的出现①。

（二）变革论全球化理论主要代表人物及其思想

变革论全球化理论主要以吉登斯、哈贝马斯等学者为代表，把全球化看作是一个社会变革的过程。

1．吉登斯的全球化理论

吉登斯的全球化理论可以说是第三条道路的全球观。第三条道路是社会民主主义面对全球化进程所带来的新问题和新挑战的一种理论转向和实践应对，其全球化的观点是这一思潮的核心观点。首先，必须在思想上认识到全球化是人类社会发展面临的客观现实，它不仅表现为金融层面的“全面全球化的经济”，或经济层面“世界范围内”的联系，而且事实上，全球化已经渗透于人类社会政治、经济、科学、文化生活乃至思想观念等各领域和社会生活的各个层面。因此，吉登斯认为，在全

① 赫尔德，等．全球大变革．北京：社会科学文献出版社，2001：10-11.

球化不断深入的历史进程中，在国家、商业团体和其他组织的政治与经济合力推动下，在通信革命和信息技术的广泛传播建立的全球化的深刻联系中，现代科学技术的迅猛发展及其成果的运用直接推动了全球化的形成。同时，参与主体（国家）的各种政策也影响了全球化进程。全球化深刻地影响了国际（尤其是发达国家）新秩序的建立和力量对比的变化，国家边界正在弱化，政府的活动范围随着全球化的不断推进不仅没有缩小反而扩大了。他主张按全球化要求重新定位民族-国家，正如他所言，“社会民主主义者应当在这个全球化的世界上为国家寻找到一种新的角色定位”①。

其次，必须认识到全球化是现代化的结果。吉登斯提出了“现代性的根本后果就是全球化”的观点。“现代性”是其全球化思想的核心概念。从历史上看，现代性“大约 17 世纪出现在欧洲，并且在后来的岁月里，程度不同地在世界范围内产生着影响”②。从用语上，“在其最简单的形式中，现代性是现代社会或工业文明的缩略语”。从内涵上，它是一种通过现实世界向人类干预所带来的转变及开放的认识态度，是一种复杂的经济制度，特别是工业生产和市场经济，还是一种包括民族国家和民主在内的政治制度。现代性具有的特征使得现代社会发展大不同于任何从前的社会秩序类型，“与任何从前的文化都不同，它生活在未来而不是过去的历史之中”③。从当代西方现代化历史发展阶段看，他认为西方现代化进入了“高度现代性”发展的特定阶段，说到底现代性就是全球化，“现代性内在就是全球化的现代性的全球化倾向，既是客观的也是主观的，它们在地方和全球两极所发生的变迁的复杂辩证法中，把个人同大规模的系统联结起来”④。在吉登斯看来，现代性有四个主要维度的特征：资本主义、工业主义、军备力量和社会监督。现代性正内在地经历着全球化的过程，全球资本主义经济、国际劳动分工、全球军事秩序和民族国家体系等四个维度标志着现代性的全球化新阶段。

最后，超越社会主义和资本主义的“全球世界主义秩序”理论，是其全球化理论的重要组成部分。他认为，现代化进程正处在一种全球

① 吉登斯. 第三条道路：社会民主主义的复兴. 北京：北京大学出版社，2000.

② 吉登斯. 现代性的后果. 南京：译林出版社，2000：1.

③④ 吉登斯，皮尔森. 现代性：吉登斯访谈录. 北京：新华出版社，2001：69.

“反思”的时代。随着社会主义的终结，资本主义也正在成为历史。社会主义与资本主义的对立已经不像过去那么简单和单一了，它们都将被超越，从而使人类历史进入“全球世界主义”秩序时代。信息技术发展对全球化的冲击，结果是多向度的文化运动，以满足“多样性的要求”。因此，必须“反思”全球化，“全球化影响有可能摧毁行为的本土情境，那些受到影响的人们会对这些情境进行反思性重组，而这些反思性重组又会反过来影响全球化”①。反思的结果是构建全球世界主义，在左翼与右翼、保守主义与激进主义、社会主义与资本主义之间找到一种全球化的融合。

2. 哈贝马斯的全球政治论

全球化发展中引发全球化同本土化的紧张关系，在理论上，形成了普遍主义和民族主义的对立。作为法兰克福学派代表之一的哈贝马斯综合自由主义和本土化的理论，提出了后民族国家的全球政治建构观念。

第一，民族国家在全球化发展趋势中面临“合法性”危机。从现代社会发展进程看，民族国家的合法性产生于现代法治国家。通过民族的强烈归属感使原本互相生疏的人们团结一致，在现代国家范围内将国土上的居民划归为具有整体情感的共同体，为现代民族国家的合法性提供了有力的依据。他认为现代民族国家分为三种：第一种是 1648 年《威斯特伐利亚和约》基础上形成的传统的欧洲民族国家，如英国和法国；第二种是后来统一的德国与意大利，它们被称为“迟到的民族国家”，不同的是，这两个国家是因“民族”而统一为“国家”的；第三种是在非殖民化过程中形成的民族国家，非殖民化将民族国家的发展推向了巅峰。在全球化时代，民族国家越来越难以证明其合法性。移民问题带来的移民合法性和文化同化的合法化减弱了民族国家的特征。经济全球化加速了民族国家的衰落，特别是依靠抽象的民族凝聚力很难形成情感一致的共同体。民族国家在全球化市场的形成面前显得无能为力。民族国家的经济在更大程度上依赖于一个世界资本市场，即“国家对世界经济和世界社会的依赖性越来越大，国家就越来越丧失它的自主性和处理事务的能力”②。因此，哈贝马斯认定，全球化与民族国家的衰落必然是

① 吉登斯. 超越左与右. 北京：社会科学文献出版社，2000：53.

② 哈贝马斯，张庆熊. 在全球化压力下的欧洲的民族国家. 复旦大学学报（社会科学版），2001（3）：115.

同一过程，全球化并不要求我们将眼光局限在狭隘的民族组成的共同体中，而是需要着眼于更广阔的全民共同体，一个跨民族的世界共同体。

第二，寻求新的共同体，反对本土化。针对新自由主义拒绝国家干预，肯定在基本人权基础上的私人自律，而无视人民主权所形成的公共自律，主张自发的社会秩序，哈贝马斯指出，当代全球化面临的问题是社会不平等的急剧扩大、社会分裂以及道德堕落和文化瓦解，民族国家丧失其职能和处理事务的能力，又没有产生相应的替代机制，国家公民的政治权利和民主的程序问题亦逐步丧失。因此，解决全球化问题必须依赖不同国家、不同民族的公民形成新的共同体，在跨民族的世界范围内，寻求新的“团结”资源。“本土化”论不过是惧怕全球化的一种种族中心主义，在表面上是维护民族国家，其实质是一种分裂主义和“原教旨主义”。因此，他主张形成新的全球共同体，不同种族及其文化生活方式平等共存，经过多个国家谈判，最终形成统一于有序的全球市场，并有效推动国内市场融合于世界市场，相对保持自己的独特性的新的全球共同体。

第三，以跨民族的组织——欧盟为样本，建立一个具有广泛公民基础的世界共同体。在哈贝马斯看来，解决全球化和多元文化矛盾的途径在于建立一个跨民族的共同体。实现途径是以跨民族的组织——欧盟的实践为样本，超出自己民族国家的视界，着眼于欧洲的整体利益。推动欧盟建立一套完备的民主制度，如“具有普遍代表性的欧洲议会，一个政府化的欧洲委员会、一个取代部长理事会的第二议会”①，用以解决民族国家与日益一体化的市场之间的矛盾，民族国家将被淘汰，取而代之的是跨民族国家的统一政体。因此，哈贝马斯希望通过欧洲一体化推进建立一个具有广泛公民基础的世界共同体。这个世界共同体是跨民族的，将一切世界公民凝聚在一起，并通过立宪保障所有世界公民的基本权利。这个世界共同体通过协商的模式，协调不同利益团体，形成包括所有团体利益在内的广泛的公共领域，在此基础上，设立处理全球事务的行政权力机构。哈贝马斯与吉登斯一样，反对英国脱欧，提出建立作为“命运共同体”的欧盟，即主张提升欧盟的主权，用新思维重振欧洲经济，以“积极福利”再造福利国家，以协商对话的方式解决移民问题，

① 哈贝马斯，曹卫东. 欧洲是否需要一部宪法. 天津：天津社会科学院出版社，2001：22.

实现环保和经济增长的共赢，并与其他国家发展平等的外交关系①。

三、怀疑论全球化理论

在全球化理论各流派中，怀疑论不占主导地位，但是这并没有减弱其观点的应有价值。怀疑论者的主要代表有赫斯特、汤普森以及舒曼等人。他们力图通过历史比较的方法来证明全球主义在全球化的判断上犯了夸大事实和误导公众的错误。

（一）怀疑论全球化理论的主要观点

第一，全球化的神话是制造出来，全球化实际上只是国际化。跨国化这种经济发展趋势是存在的，但国家依然是经济秩序的主要范围和管理者。汤普森和赫斯特强调要对全球化和国际化这两个不同概念进行界定。经济国际化是在相对不同的国家经济体之间进行的，这种发生在公司和部分竞争者间的交换是在国家之间发生的。全球化是指新的经济结构的出现，事实表明，现在的世界经济依然由主要的发达国家主导着，没有出现向全球化经济发展的转向，充其量只是表明出现了高水平的国际化，主要是各国经济之间的互动。全球化不过是一个完全经济主义的神话，把全球化视为完全整合的全球市场。世界远远没有达到全球化的程度，世界经济正在按照三个主要金融和贸易集团——欧洲、亚太地区以及北美洲——从三个向度的全球区域化方向发展。

第二，所谓的国家终结论不符合事实，而且带有强烈的意识形态偏见。信奉新自由主义的人夸大全球化的影响，忽视了民族国家的重要作用，全球主义者对各个国家的情况没有加以区别。韦斯“并不认为国家政府正在受到国际规则的制约，相反提出国家在管制和积极推动跨边界经济活动中的中心地位不断提高。各国政府并不是国际化的消极牺牲者，相反是其首要的建构者”②。

第三，全球不平等深化，传统全球治理加大了南北不平等。他们认为，“不论国际化的确切推动力是什么，它一直没有减少南北不平等，结果相反，随着赋予的北方内部贸易和投资的加强，全球的许多地方被

① GIDDENS A. Turbulent and Mighty Continent：What Future For Europe?. Great Britain，2014：209.

② 赫尔德，等．全球大变革．北京：社会科学文献出版社，2001：7-8.

排除在外，许多第三世界国家在经济上日益边缘化”①。国际化在一定程度上加大了南北不平等。这种不平等推动了宗教激进主义的发展，并不像极端全球主义者所说，世界上会出现一种全球文明，相反，世界正在分裂为文明的集团以及文化和种族飞地。国际关系中的实力政治以及“文明的冲突”都揭露了这种“全球治理”的虚幻本质②。

（二）怀疑论全球化理论主要代表人物及其观点

1. 赫斯特和汤普森论全球化的神话和理论误区

赫斯特和汤普森都是英国研究社会学和经济学的学者。他们认为“全球化”已经成为我们这个时代的关键概念之一。他们共同撰写的《质疑全球化》一书对当前世界流行的“全球化神话”提出了批评，“它夸大了世界市场支配权的程度，剥夺了我们的希望”③。但必须承认“全球化”已经成为理论界和学术界共同关心的话题，并得到了广泛承认和发展，而且以有形的力量渗透到当代人生活的方方面面。他们以大量的现实数据论证全球化并不存在，只是国际经济的变化和发展。目前高度国际化的经济并不是没有先例的。它只是从 19 世纪 60 年代以来就存在的许多不同的国际经济局面或形态的一种。在某些方面，当前的国际经济还不如 1870 年到 1914 年时期开放和一体化。真正的跨国公司相对来说还很少（大部分是在母国政治经济中发挥作用的多国公司）；当代资本的流动性并没有使投资和劳动力从发达国家向发展中国家流动；国外直接投资大部分集中于发达国家，第三世界国家在投资和贸易中所占份额极少；世界经济远没有达到全球化的程度，而仅仅是集中于核心经济国家，民族国家的政策措施仍在起重要作用。

他们提出关于国际经济及其治理的可供选择的方案。面对政治现实和国家内以及国家之间差距悬殊的不平等，在国际经济中仍有争取在超国家和国家层面上实行更多的治理和努力将繁荣与公正联系起来的政治余地。发展中国家要对资本流动实施有限的战略控制，加强对国际和国内经济中的不良和不公问题采取特殊手段的政治意志，形成一定的调控和管理制度。

---

① 赫尔德，等. 全球大变革. 北京：社会科学文献出版社，2001：8-9.

② 同①9.

③ TABB W K. Questioning Globalization. Monthly Review，2001（8）.

2. 舒曼的全球国家论

舒曼认为“全球主义”是经济、政治和文化的转变，这包括不再以民族国家和国际关系作为政治的基本框架，但它们不是被取代了而只是改变了形态。国家成为“全球国家”①。这不同于民族国家或传统的世界政府的概念，这种新力量的主要核心是舒曼所说的“全球-西方国家混合体”。美国、欧洲、日本、澳大利亚以及各种卫星国、主要的国际组织，还有联合国作为合法性的源泉组成了一个联合国家，控制了国内和国际政治。它在世界范围内推动一些价值观（包括民主和人权），使之成为新的全球社会的核心。这种国家的雏形已经形成了，但只有当这种国家不仅仅代表西方利益时才可能真正实现。

四、马克思主义世界历史理论与全球化思想

（一）马克思主义世界历史理论在当代的影响

在马克思主义发展史上，马克思主义世界历史理论是唯物史观的有机组成部分，在马克思主义思想体系中占有重要地位。马克思主义世界历史所指的并不是通常的、历史学意义上的世界史，即整个人类的历史，而是指资本主义形成后各民族、国家之间的经济、政治、文化等各方面形成一个相互影响、相互渗透、相互制约的有机整体，世界由此进入“一体化”的历史。这一思想在《德意志意识形态》中首次被提出，此后在《共产党宣言》《资本论》等一系列著作中不断得到丰富和发展，对当代社会无论是理论层面还是实践层面都有着深刻影响。从理论脉络上看，其后产生了与马克思主义相关的全球化思想；从实践进程看，其促进了在世界历史行列中新的现代化路径的发展，其中包括苏联的社会主义现代化的实践，也包括中国在世界历史中走向社会主义现代化强国的实践和建构人类命运共同体的全球化追求。

第一，历史向世界历史转变是历史发展的必然。马克思认为，在历史发展中，确实存在着一股世界整体化的力量，这就是历史由民族历史向世界历史转变的过程。马克思立足于唯物史观，走向历史深处，用生产力和各民族、国家普遍交往的发展来说明世界历史的成因，从而为世界历史理论奠定了科学的基础。马克思认为：“历史向世界历史的转变，

① SHAW M. Theory of the Global State: Globality as an Unfinished Revolution. Cambrige: Cambridge University Press, 2000.

不是‘自我意识’、世界精神或者某个形而上学幽灵的某种纯粹的抽象行动，而是完全物质的、可以通过经验证明的行动，每一个过着实际生活的、需要吃、喝、穿的个人都可以证明这种行动。”① 这一事实就是在生产力、分工和交往普遍发展基础上形成的各民族的普遍交往。

第二，资本主义大工业生产是世界历史的现实开端。立足于近代资本主义的历史现实，马克思指出，资本主义大工业生产是世界历史的现实开端。从 17 世纪开始，“商业和工场手工业不可阻挡地集中于一个国家——英国。这种集中逐渐地给这个国家创造了相对的世界市场”②。随后，工场手工业和商业在西欧各国相继发展，并给这些国家创造了庞大的世界市场，最终导致机器大工业和资本主义生产关系的产生。资本主义大工业“首次开创了世界历史，因为它使每个文明国家以及这些国家中的每一个人的需要的满足都依赖于整个世界，因为它消灭了各国以往自然形成的闭关自守的状态”③。

第三，世界历史的形成实质上就是资本主义世界化的过程。马克思指出：“资本越发展，从而资本借以流通的市场，构成资本流通空间道路的市场越扩大，资本同时也就越是力求在空间上更加扩大市场，力求用时间去更多地消灭空间。”④ 一句话，资产阶级“按照自己的面貌为自己创造出一个世界”⑤。这就是说，资本膨胀的需要，驱使资产阶级奔走于全球各地，到处落户，到处开发，到处建立联系⑥，使资本主义形成了世界体系，发展为一种“中心-外围”的结构形式。但将历史向世界历史转变过程的社会实质界定为现代资产阶级文明在全球的扩散过程，并不意味着资本主义的社会形态是人类社会和世界历史发展的终极阶段，而是说资产阶级通过社会化、商品化的大生产为实现历史向世界历史的真正转变过程奠定了坚实的物质基础。

第四，共产主义是世界历史发展的必然趋势。马克思主义认为，世界历史虽然是由资产阶级开辟的，但是，其一，资产阶级所开创的世界历史并不是真正的全人类的历史，其自身的局限性决定了资产阶级并不

---

① 马克思，恩格斯．马克思恩格斯文集：第 1 卷．北京：人民出版社，2009：541.
② 同①565.
③ 同①566.
④ 马克思，恩格斯．马克思恩格斯文集：第 8 卷．北京：人民出版社，2009：169.
⑤ 马克思，恩格斯．马克思恩格斯文集：第 2 卷．北京：人民出版社，2009：36.
⑥ 马克思，恩格斯．共产党宣言．北京：人民出版社，2018：31.

能实现全人类的解放。其二，资本主义的社会使人类愈来愈受到异己力量的支配，无法使人类摆脱盲目必然性的支配，而随着单个人的活动逐渐扩大为世界历史性的活动，最终将表现为世界市场力量的支配。其三，资本主义社会也是生产力和生产关系与经济基础和上层建筑矛盾运动的结果，其虽然创造了巨大的社会生产力，但也发展了自身的掘墓人，为自身的灭亡准备了必要的条件，因而其并不是世界历史发展的终点。从历史发展的前景来看，共产主义的实现不是局限在一个民族国家、地域范围的事，而是各民族普遍发展提升的结果，具有世界历史性。正如马克思、恩格斯指出的，共产主义一般只有作为“世界历史性的”存在才有可能实现①。

简言之，尽管马克思并没有遇到当代世界这样的全球性问题，也没有系统化的全球理论，但他从全球视野所阐发的“世界历史”理论对于认识和把握全球化条件下的社会发展及历史趋势具有奠基意义的理论价值和实践价值，对当代世界正在产生着深远的启示和影响。

（二）沃勒斯坦的世界体系理论

沃勒斯坦的世界体系理论产生于20世纪70年代。当时西方流行的现代化理论逻辑是，发展和现代化有一个可以遵循的普遍模式，西方国家遵循这个模式发展起来，发展中国家也可以遵循这个模式发展起来。发展中国家要发展，就必须改变本国的政治体制、经济结构和教育系统，仿效发达国家已经走过的现代化道路。但实践证明，发展中国家的发展和现代化进程受挫，促使一些学者重新思考发展中国家的发展和现代化问题。当时，正在致力于非洲国家发展问题研究的沃勒斯坦根据自己曾经按照现代化理论帮助非洲国家制定发展战略的失败经验，确信非洲国家的不发达并非非洲国家自己的行为所致，而是与16世纪以来起源于欧洲的资本主义世界体系密切相关。

“世界体系”概念，是沃勒斯坦在其所著《现代世界体系》一书中提出来的。世界体系理论有多方面的内容。一是论证世界体系的形成。世界体系理论不同意帕森斯等人关于各个社会是自给自足的独立系统的观点，认为世界自1500年前后的欧洲进入现代史以来，世界就出现了资本主义世界经济体系，而各个国家和社会只是这个体系内部的一个组

① 马克思，恩格斯．马克思恩格斯文集：第1卷．北京：人民出版社，2009：539.

成部分。二是阐述世界体系的结构和运动。整个世界体系的结构包括中心国家、边陲国家和半边陲国家三个部分。其中，中心国家是在世界体系中占主导地位，可以控制其他国家的国家；边陲国家受中心国家控制；半边陲国家是居于两者之间，既可以一定程度控制边陲国家又在整体上受制于中心国家的国家。世界体系的结构决定了不平等的国际分工和世界贸易，也形成了剥削与被剥削的相互关系，整个世界体系扩张变化的必然趋势是老的核心国家的衰落和被新兴核心国家取而代之。现代世界历史体系的发展演进也证明了这一点：世界霸主经历了从荷兰到英国，又从英国到美国，以及美国的衰落的演变。三是论证世界体系的整体发展规律。这是沃勒斯坦最为重视的。他以马克思主义、宏观经济理论、系统论为指导理论，在深入分析 16 世纪以来资本主义发展史的基础上，阐述了世界体系的整体发展规律。沃勒斯坦将资本主义体系周期性变化的规律称为“周期性节律”，认为世界体系的长波是每 40 年至 50 年重复一次，每一个周期中的停滞期都创造出重组世界体系生产格局的能力，产生出新的扩张机制，从而为下一个周期的扩张做好准备。“长期趋势”则用来说明世界资本主义经济体系的诞生、发展和死亡。四是说明世界体系的消亡过程。一方面，沃勒斯坦认为不发达国家不存在退出世界体系的可能性，根据“流通决定论”的观点，社会主义国家不可能摆脱这一体系而成为另一体系，而社会主义国家的经济运行是在遵守资本主义世界经济规则的基础上进行的。另一方面，世界体系并非会制约所有国家，由于世界资本主义经济受到反体系力量和世界体系扩张极限的影响，因而当世界体系在地理范围上扩张到极限时，只有通过进一步的内在扩张才能消除反复出现的危机和强大反体系力量。一旦世界体系不能消除压力，有大的危机来临，世界体系就要崩溃，就会发生革命，“社会主义世界政权”就会取代资本主义世界经济体系。而这种建立在社会主义生产方式之上的社会政权，则会产生满足全人类需要的产品和技术。

沃勒斯坦力图将世界理解为整体，即世界体系。在这个动态的世界体系中，各民族和国家的发展历史不是孤立的存在，而是相互联系、发展演变的整体。沃勒斯坦继承了马克思、恩格斯的观点，他把世界体系中资本主义对现代世界的建构理解为一种生产方式，把资本主义的发展作为一个历史过程。世界经济体系是世界体系（包括经济、政治和文明三个层面）存在的基础，伴随资本主义生产方式的产生和发展逐渐形成，经济体系运动的动力是中心区和边陲区的“不平等交换”和“资本积累”，不平等交换的经济过程造成了不同国家在体系中的不同位置，不同的劳动分工决定了中心、半边陲和边陲区的不同的经济角色。将资产阶级与无产阶级作为纵向的国内劳动分工，并在此基础上提出无产阶级与半无产阶级分化的理论，从而提示了世界劳动分工体系的不平等性①。

（三）不发达与依附理论

不发达与依附的全球化理论的代表是阿根廷学者劳尔·普雷维什，其于20世纪60—70年代提出。该理论从全球经济关系出发，认为广大发展中国家与发达国家之间是一种依附、被剥削与剥削的关系。在全球经济中，发达资本主义国家构成世界经济的“中心”，受发达国家剥削与控制的发展中国家构成“外围”。这一理论受马克思主义的影响，形成了激进主义的依附理论、改良主义的依附理论以及正统主流的依附理论等流派。激进主义的依附理论的代表是弗兰克、阿明等人，其主要的理论主张是“不发达的发展理论”（development of underdevelopment），由弗兰克首先提出，即在“中心-外围”结构中，外围的国家日益走向贫困。因此，他主张“脱钩论”。阿明的理论更为系统地论证了“脱钩论”。资本主义世界经济体系对于“外围”国家发展是制约与剥削性质的。“资本主义已经成为一个世界体系。矛盾并不存在于各个孤立考虑的国家中的资产阶级和无产阶级之间，而是存在于世界资产阶级和世界无产阶级之间。”② 对此，必须展开坚决的斗争。以巴西社会学家卡尔多索为代表的改良主义的依附理论看到巴西、东亚在经济发展上所取得的巨大成就，认为依附依然可以获得发展，发展和依附是同时发生、并存的一个过程，而不是相互对立、相互排斥的两个范畴。因此，不要与原先的资本主义世界体系脱钩，而是要利用与资本主义世界经济体系之间的关系来为本国的现代化发展服务。显然，这是对于东亚模式以及新兴的工业化国家发展实践经验的一种理论上的折射。以多斯桑多斯为代表的新依附论完整反映了拉美国家经济现代化发展的进程。在《帝国主义与依附》这一著作中，他重新定义了依附关系。依附是某些国家的经

① 华勒斯坦. 历史资本主义. 北京：社会科学文献出版社，1996：15.

② 阿明. 不平等的发展. 北京：商务印书馆，1990：308.

济受到它们所依从的一些国家经济的发展和扩大的影响。在主导国家获得扩展和自我发展的同时，依附国家通过这种经济扩展可能获得积极的发展，也可能受到消极的影响。这种客观的经济关系是在这些国家和世界贸易之间形成的相互依存关系，而采取了依附的形式。这样的依附关系有利于发达国家在这种不平等的依附关系中获得发展的优势地位，也是造成外围国家不发达的根源。即便如此，不发达国家也要充分利用这些外部条件，实现自身的发展。简而言之，全球性相互依存关系愈发展，发展中国家对发达国家的依赖就愈加深。

五、马克思主义世界历史理论对当代中国的影响

自地理大发现以来，社会生产力的不断提高和国家普遍交往的扩展推动着人类历史逐渐从区域史走向世界史，如今人类历史早已进入了世界历史阶段，各国各民族的发展也早已汇聚于世界历史的大潮之中。正如习近平同志指出的："今天，人类交往的世界性比过去任何时候都更深入、更广泛，各国相互联系和彼此依存比过去任何时候都更频繁、更紧密。"[①] 经过 40 多年改革开放发展的中国，经济总量的世界排名从 1978 年的第十位上升到 2010 年以来的第二位，对世界经济增长的贡献不断增大，成为仅次于美国的全球第二大经济体。当代中国站在世界历史的高度，审视关注全球化发展趋势和面临的重大问题，以更加开放的心态，坚持和平发展道路，坚持独立自主的和平外交政策，坚持互利共赢的开放战略，不断拓展同世界各国的合作，积极参与全球治理，在更多领域、更高层次上实现合作共赢、共同发展，让世界分享中国改革开放的发展红利。

（一）世界历史视野下的人类命运共同体思想

自世界历史开创以来，西方发达资本主义国家凭借强大的经济政治力量一直在引导着全球治理体系向着利好自身的方向发展，它们甚至凭借自身军事实力，采用西方的政治、经济模式和意识形态，对世界各国，尤其是社会主义国家或中东、拉美非等地区在经济、军事和政治文化等方面进行全面的干扰、破坏和控制。冷战结束以后，美国作为世界上唯一的超级大国，在全球加紧奉行霸权主义和单边主义战略，在称霸

---

① 习近平．在纪念马克思诞辰 200 周年大会上的讲话．北京：人民出版社，2018：22.

全球与对抗别国的道路上越行越远。然而，由西方国家主导的全球化进程遭遇了挫折，甚至出现了“逆全球化”趋势。世界历史的发展已然到了十字路口，“建设一个什么样的世界、怎样建设这个世界”已然成为时代之问。正是在这样的国际形势下，以习近平同志为核心的党中央站在人类前途和命运的高度提出构建人类命运共同体。所谓构建人类命运共同体，即每个民族、每个国家的前途命运休戚与共，世界各国人民应该风雨同舟、荣辱与共，致力于实现和平共处，把世界各国人民对美好生活的向往变成现实。2012 年，党的十八大首次提出构建人类命运共同体这一科学理念，标志着“人类命运共同体”理念在国内的确立①。2013 年 3 月下旬，习近平同志在莫斯科国际关系学院的演讲中，首次向全世界宣告“人类命运共同体”理念②。2015 年 9 月，习近平同志在联合国大会的讲话中提出了系统化的人类命运共同体思想。此后，这一思想不断得到丰富和发展。推动构建人类命运共同体是习近平同志新时代中国特色社会主义思想的重要组成部分，不仅引起世界各国广泛关注，亦获得普遍认同，已多次被写入联合国及相关国际组织的相关文件和决议中，被认为是为变革中的全球治理模式、构建全球公平正义的新秩序提供了中国方案与中国智慧。构建人类命运共同体，核心是“建设持久和平、普遍安全、共同繁荣、开放包容、清洁美丽的世界”③。构建人类命运共同体是个复杂而系统的工程，它需要包括中国人民在内的全世界范围内所有胸怀美好愿望、期待和平发展、憧憬合作共赢、共谋共治安全的人们齐心协力，把对美好生活的向往变成现实，携起手来共同打造人类命运共同体。

（二）世界历史视野下的“一带一路”倡议

“一带一路”，即“丝绸之路经济带”和“21 世纪海上丝绸之路”。2013 年 9 月，习近平同志在访问哈萨克斯坦时提出“丝绸之路经济带”；10 月，又在印度尼西亚国会的演讲中提出建设“21 世纪海上丝绸

---

① 中共中央文献研究室. 十八大以来重要文献选编：上. 北京：中央文献出版社，2014.

② 习近平. 顺应时代前进潮流　促进世界和平发展：在莫斯科国际关系学院的演讲. 人民日报，2013-03-24 (2).

③ 习近平. 决胜全面建成小康社会　夺取新时代中国特色社会主义伟大胜利：在中国共产党第十九次全国代表大会上的报告（2017 年 10 月 18 日）. 北京：人民出版社，2017：58-59.

之路”的合作倡议。“一带一路”借用古代丝绸之路的历史符号，高举和平发展的旗帜，积极发展与沿线国家的经济合作伙伴关系，秉持共商共建共享的原则，共同打造政治互信、经济融合、文化包容的利益共同体、命运共同体和责任共同体。“一带一路”具有深远的世界历史意义。首先，它改变了1492年以来世界范围内人们交往的方向。1492年，哥伦布开辟新大陆之后，以大西洋为核心的世界秩序形成。这条新航路的发现，意味着另一条通道——丝绸之路的衰落。而“一带一路”就是要重新打通欧亚大陆，改变世界发展不平衡的局面，这个前景是极其诱人的。15世纪末以来新航路发现的世界体系，将由于新的丝绸之路——“一带一路”的出现而发生更多的改变，不仅欧亚大陆将再次成为世界交往的核心地区，而且对世界经济发展的影响也是具有历史性意义。“从亚欧大陆到非洲、美洲、大洋洲，共建‘一带一路’为世界经济增长开辟了新空间，为国际贸易和投资搭建了新平台，为完善全球经济治理拓展了新实践，为增进各国民生福祉作出了新贡献，成为共同的机遇之路、繁荣之路。”① 其次，“一带一路”将改变全球的产业链、工业链和资金链，改变经济全球化的方向。随着新科技革命的发展，以新的知识经济为主体的产品需要高速的运输，迅速到达全球市场。到现在为止，以西方国家为主导核心的全球化还是不平衡、不充分发展的。以中国倡导的“一带一路”为主要平台的新型全球化通过在落后地区大力完善基础设施建设，将世界各个地区、角落都连接起来，形成高速铁路旁边将是大量的高速公路、高速公路旁边将是大量的电商物流的全新体系，从而使世界各地区的产业链条、供应链条、价值链条、资金链条将跟着这个体系而反转。此时也将出现新的产业基地、新的经济中心，各国经济的资金流、技术流、产品流、产业流、人员流等在全球化中将会得到更为有效的配置，使得世界上一个一个孤立的小湖泊、小河流，形成世界经济的大海。恰如习近平同志指出的：“‘一带一路’倡议来自中国，但成效惠及世界。”② 最后，中国实行的是跨国的微观治理。“一带一路”的治理模式和现有的全球治理不同，它是从微观着眼；而联合国、WTO这些大的国际组织引领的全球治理是从宏观着眼。如反毒

---

① 习近平．齐心开创共建“一带一路”美好未来：在第二届“一带一路”国际合作高峰论坛开幕式上的主旨演讲．人民日报，2019-04-27（3）．

② 习近平．习近平谈治国理政：第2卷．北京：外文出版社，2017：487．

品、抗艾滋病、反恐等，“一带一路”是在具体的一个国家、一个领域，在具体的治理过程中形成“一带一路”的联合体、共同体，然后再在一个大的区域范围内，共同治理，上升为全球治理和现在的联合国体系的全球治理，互为补充。因此，“一带一路”并不是地缘政治，不是为了建立新的霸权和势力范围，也不是进行“新殖民主义”、实施“债务陷阱”、输出中国模式等等，而是通过共商共建共享，实现“共赢”，最终改变国际关系的“零和”基础，形成人类命运共同体和人类文明的新载体。

第三节　全球化的演进与当代世界思潮的焦点

全球化的演进，推动着世界历史整体向前发展，同时呈现出与以往不同的复杂现状和未来发展的可能性。综观全球化思潮世界性的兴起与影响，无论学术上对这个问题有着多么不同的解答，它确实是现实全球化进程的客观折射，反映了人类以及各国在全球化进程中所面临的共同问题，或者说共同的历史主题。全球化思潮从全球性问题、全球问题的解决方式以及全球化发展的趋势展现了当代世界思潮历史主题的理论图景。

一、全球性问题

全球性问题是事关全人类共同利益的大问题，全球性问题的解决成为我们这个时代必须共同面临的问题。后冷战时代，事关人类生存和发展的全球性问题日益突出，围绕着人类的共同发展，许多问题涉及各国共同的政治经济利益，对当代世界产生深刻影响，成为世界历史发展的严重障碍。

（一）全球性和平问题

和平是针对战争而言的，在和平成为时代主题的今天，和平已经成为历史的潮流。然而，这并不是说和平问题已经根本解决。在全球化迅速推进的和平环境中和平问题变换了形式，产生了新的威胁和平的问题。其中，全球共同面临的安全问题出现了变化，在传统安全地位日益下降的同时，不能不注意到非传统安全，以及问题预防和解决的重要性。如今“国家安全”已经如同“国家利益”和“国家战略”一样，成为各国内外政策表述中使用最为频繁的词汇和概念之一，也得到理论上的高度重视。国家安全，世界才能和平。而国家安全说到底，是指一个国家有效应对内外各种损害性、破坏性因素的影响和威胁，维护和保障国家利益的状态和能力。它包括自然和社会两个方面，前者指国家对各种自然灾害的预防和救护，保持有利于人类的生态平衡；后者指保卫国家的领土、主权不受侵犯，国家的经济、文化、科学发展不受破坏，社会制度、人民生命财产和生活方式不受威胁等。而后者对国际和平环境更为重要。当今对世界和平产生重大威胁的全球性问题主要是霸权主义和新干涉主义、恐怖主义、极端民族主义以及民粹主义等问题。

1. 霸权主义与新干涉主义

随着两极格局的和平解体，霸权主义出现了新的形式，以美国为代表的新干涉主义成为引起世界关注的政治思潮和政治实践。随着冷战结束，联合国采取了日益增多的维和行动，广泛地介入了地区冲突，特别是一些国家的内部冲突。这种干涉行动与《联合国宪章》所确立的主权原则发生了矛盾，于是，有关“干涉”的理论争论也就出现了，并形成两种对立的观点。限制主义认为，只有在行使《联合国宪章》第 51 条所规定的单独或集体自卫权，或是联合国安理会根据《联合国宪章》第 42 条授权采取军事行动时，可以不理会《联合国宪章》第 2 条第 4 款的不干涉主权原则。因为人权与正义永远从属于联合国维持世界和平与安全的主要目的，对人道主义干涉持否定态度。相反，反限制主义认为，当人权受到极大侵害以至震惊人类良心的时候，就可以不理会国家主权和不干涉原则。人权就从单纯的国内利害问题变成了合法的国际关注问题。这对当代世界的每一个国家来说都是一种重大的抉择：发达国家越来越重视人权，发展中国家更加强调国家主权，成为关系各国切身利益的重大问题。而现实中的美国新干涉主义的大规模实践，把这一问题的讨论推向了高潮，成为世界性的话题，而话题的主要内容围绕着主权、人权、霸权、战争的正义性等问题展开，关系到世界格局的演变和国际安全的未来走势。所谓新干涉主义，即人道主义干涉，是冷战结束后干涉主义的主要表现形式，正在成为 21 世纪世界冲突的一个重大因素。新干涉主义同时是为谋求霸权而服务的。霸权主义与新干涉主义成为多极化发展的障碍。

2. 恐怖主义

自冷战结束后，几乎每年都要发生重大的恐怖事件，恐怖主义构成了世界局势不稳定的一个重要因素。无论是原本十分稳定的国家，还是一直处于动荡的国家，都受到了这股浪潮的冲击。2001 年发生在美国的“9・11”事件，作为一个标志性事件表明恐怖主义已经成为一种极其严重的全球性威胁。它以暗杀、劫持人质、爆炸、劫持交通工具、武装袭击、生化袭击等暴力活动为表现形式，以政治性的恐怖活动为目的，以抗拒社会的极端思潮为理论武器，其最根本的目的是要对政治进程施加影响，改变政治现状。当今引起全球共同关注的是 2020 年 1 月 3 日凌晨美国在伊拉克巴格达机场对伊朗一名少将发动无人机袭击，使得美国和伊朗两国的矛盾再次走进了螺旋式上升的恶性循环之中。联合国秘书长古特雷斯发出警告，“世界无法承受又一场海湾战争”。法国、德国和英国领导人针对中东局势发表联合声明，呼吁各方采取克制和负责任的态度，以缓解紧张局势。目前比较受全球关注的恐怖主义存在着三大发展趋势：其一，以宗教极端势力为背景的恐怖主义很可能出现较大的上升趋势，其破坏性和杀伤性几乎是不受制约的。其二，使用大规模杀伤性武器的“超级恐怖主义”，已经成为当代国际社会面临的现实威胁，比如生化恐怖主义。其三，恐怖主义组织正日益形成一个全球网络，这种网络没有权力中心，只有不同的节点，与这样的“网络恐怖主义”做斗争，对各国将是更大的挑战。

3. 极端民族主义

极端民族主义又称极端主义。民族主义其实自现代国家产生以来就一直伴随着人类历史的进程在发展。作为一种思想、观念或意识形态、社会运动，民族主义曾经大大推进了资本主义世界的民族国家体系的产生，同时在 20 世纪也大大推进了民族解放运动，改变了世界格局，使历史朝着新的发展方向前进成为可能。20 世纪 90 年代以来全球性民族主义浪潮大体包括四个部分：其一是苏联解体、东欧剧变后出现的民族分离主义浪潮，其二是非洲国家频繁出现的部族、民族冲突，其三是西方国家以新法西斯主义、白人至上主义为表现形式的种族主义浪潮，其四是历史遗留下来的种族冲突等。民族冲突的不断加剧，无疑对国际和平构成了严重挑战，成为引发战争甚至造成世界性动荡的根源，对相关国家和地区的稳定造成极大的威胁。同时民族主义泛滥也凸显了不同国家的历史主题在内容的主次上有所不同，有确立独立国家诉求的民族主义具有最大的战争危险性。国家统一任务还尚未完成的国家，在实现民族统一的过程中也会产生民族主义的激烈对抗。

4. 民粹主义

民粹主义作为一种社会思潮，在世界近现代历史上，伴随着资本主义现代化进程曾经反复出现，表现为以平民诉求为特征的，具有反精英主义取向的激进的民主主义思想潮流。民粹主义最初出现于 19 世纪下半叶，几乎在北美和东欧同时兴起。19 世纪末的美国西南部农民试图控制当地政府的激进主义行为，以及俄国知识分子和东欧农民对平均地权的强烈要求被认为是第一代民粹主义。20 世纪六七十年代，民粹主义蔓延世界五大洲，成了一个游荡世界的幽灵，从西欧到南美，从西亚到北非，而拉丁美洲庇隆和阿连德等人领导的民族复兴运动则被视为第二代民粹主义复兴的象征。20 世纪 80 年代，尤其是 90 年代以来，民粹主义在东西两半球，尤其是在东欧和北美，成为人们关注的热点，从而形成了民粹主义的第三次浪潮。进入 21 世纪以来，民粹主义在世界范围内呈现新的崛起态势，其中以欧美发达资本主义国家的民粹主义最为突出，它标志着民粹主义第四次浪潮的到来，并成为具有世界性影响的国际思潮。2011 年 9 月，上千名示威者聚约在纽约曼哈顿，拉开了“占领华尔街”运动的序幕，在持续两个多月的时间里发展成席卷全美的群众性占领运动。“占领运动”是美国民粹运动的重要拐点，其参与者在美国 2016 年大选中加入了桑德斯的左翼民粹阵营或特朗普的右翼民粹阵营。2015 年的欧洲难民危机，使得第二次世界大战后长期遭受压制的民粹主义思潮和民粹主义政党东山再起，欧洲地区掀起了一股民粹主义复兴浪潮。当前欧洲民粹主义复兴主要表现为街头频发的反移民行动以及民粹主义政党影响的迅速壮大。频发于发达国家的新民粹主义蕴藏在金融资本主义强势崛起以及由全球扩张引发的世界经济危机中，其表现是民粹主义政治运动，政党力量、政治领袖和政治影响力席卷大西洋两岸，对发达资本主义国家自身和全球社会产生着巨大影响。欧美社会内部矛盾激化，英国脱欧、特朗普主义、法国“黄马甲”运动等成为助推新民粹主义兴起的标志性事件，“集体右转”的民粹化成为所谓“民主典范”国家的政治生态。值得关注的是，新民粹主义还将民族国家内部经济社会发展不平衡矛盾外化于全球性矛盾，与经济民族主义、种族主义、本土主义、单边主义、贸易保护主义等多种消极社会思潮合流①，在世界向何处去的重大全球性问题上逆潮流而行，在世界全球化进程中引发动荡与回潮，加剧了 21 世纪世界经济发展的不确定性。

（二）全球性发展问题

发展问题已经成为世界公认的战略问题和非常重要的现实问题。而发展的最大障碍就是发展中的波动，即发展中出现的危机。每个国家经济发展都面临着各种各样的危机，但随着经济全球化的迅猛发展，各国相互依存、相互影响，一荣俱荣、一损俱损，各国发展中的危机已经被更大的危机所压倒，以至一国的危机就会演变为世界性的危机。

1. 生态环境问题

在和平环境下，与军事威胁相比，生态环境威胁是更严重的问题。自 20 世纪 70 年代以来，人类社会越来越注意到生态问题的严重性，它是日常的、没有间断的，也是没有国界的问题，构成了一个最典型的全球性问题。生态环境问题也是各种思潮中反映最普遍的问题，几乎没有思潮不涉及这一问题，特别是 20 世纪 90 年代以后，“绿色”旗帜几乎成为各种思潮都会高举的旗帜。人类在生态环境方面所遇到的问题，既有原生的自然环境问题，如地震、海啸，也有人为的次生环境问题，如各种污染、沙漠化、臭氧层耗竭、生物多样性丧失等。生态环境问题涉及不同层次，如国内问题、国际问题和全球问题。人类共同面对的生态环境问题大体包括三个方面：其一是人口压力和城市化，加剧全球的资源危机和环境恶化；其二是资源的过度消耗；其三是环境日趋恶化，人类生存环境恶化等。生态环境的恶化给人类带来的威胁甚至不亚于战争造成的危害。“全球生态环境的恶化可以被比喻为第三次世界大战，由于这场大战，大自然在崩溃、在衰亡，如果让这种趋势继续发展，自然将很快失去供养人类的能力。”②

2. 经济增长与可持续发展问题

在全球化进程中，发展成为共同主题，各国普遍的经济竞争构成了各国最基本的关系，经济利益因而成为国际关系中最核心的内容。维护经济安全成为各国的目标。从全球范围看，由于发达国家和发展中国家在经济上存在着明显的差距，在南北问题上发展中国家的不发展是一种

① 时殷弘．特朗普当选美国总统对世界和中国的含义．太平洋学报，2017（1）：98．

② 马骧聪．国际环境法导论．北京：社会科学文献出版社，1994：44．

危机，贫困化是更大的危机，使发展中国家在国家战略上处于不利的地位。当很多发展中国家为了经济发展，纷纷走上西方的工业化道路。工业化实施的过程中，由于二元经济的严重性，造成了失业率的增长、少数人财富的增长、政治参与权的丧失、传统文化的丧失以及对未来的迷茫，环境的代价需要后代来承担。有些国家面对的是成功的发展，有些国家面对的是失败的发展，而很多国家贫困化在进一步加深，全球的贫富差距在进一步拉大，许多国家在世界经济的发展过程中，与发达国家相比越来越落后。全球的两极分化、国内的两极分化，构成了严重不稳定与不安全的根源。

进入 20 世纪 90 年代以来，可持续发展思想及其影响下的社会生态运动涌现，势头不减，仍然是社会各界及国际社会关注的焦点。2015 年 9 月 25 日至 27 日，193 个联合国会员国在可持续发展峰会上正式通过了《改变我们的世界：2030 年可持续发展议程》这一成果性文件，提出推动未来 15 年内消除极端贫困、战胜不平等和不公正与遏制气候变化这三大全球宏伟目标，形成经济、社会、环境三大支柱格局。在全球环境治理层面的基本结论是：全球环境治理体系的重要性将显著上升，新型伙伴关系将强化环境非政府组织与市民社会的作用，未来全球环境治理将形成以数据和指标为驱动的特点，联合国系统内环境机构的作用将进一步强化，联合国环境署的发展受到关注，环境与气候变化中的资金融资与技术转让渠道将进一步多元化，气候变化问题与其他环境问题将在全球和国家层面深度融合。

3. 从文化同质到文明冲突问题

全球化的广泛发展，促进了文化的全球性发展，文化全球化趋势已然出现。伴随着经济全球化的进程，文化间的交流正席卷世界的每个角落，文化逐渐成为资本掠夺的一种新工具。以美国为代表的西方国家借文化交流之际，大肆推行文化霸权，不断对包括中国在内的发展中国家文化安全制造危机。西方全球化思潮流行将文化全球化等同于文化同质化。这一观点承袭了工业社会趋同论的思路，认为文化由经济、政治、科技等方面的发展决定，冷战后世界“文化变化的方向是更加趋于均一”，“文化差异的重要性将变得越来越小”①。在这一思想指导下，西

① 麦哲. 文化与国际关系：基本理论述评. 现代外国哲学社会科学文摘，1997（5）：13.

方社会开始把文化的全球化等同于文化的西化，认为世界各国的民族文化都应该按照西方世界尤其是美国的文化模式进行发展。塞缪尔·亨廷顿是对西方传统现代化理论的全球化话语的重要批判者。他提出著名的文明冲突论，指出世界历史的发展将强化不同文明间的差异和冲突，因此必须用欧美一体化来捍卫和保护西方文明。

全球化发展出现的新变化，虽然没有改变资本主义世界体系占主导地位的历史，但是改变了资本主义对全球的控制方式，以往以民族国家为基点，通过商品输出、资本输出与武力征服等实体手段来建立殖民主义与资本主义的世界体系，正在为资本主义新的对全球的控制方式所取代，即主要是通过人才掠夺，或信息、科技、政治、文化及大众传媒等的控制，造就全球的“新殖民”或“新帝国”结构。全球互联网、话语生产、知识经济及其文化传播成为其借助的主要手段。全球冲突将越来越从实体层次向信息文化层次转变。亨廷顿的《文明的冲突与世界体系的重建》、丹尼尔·贝尔的《资本主义文化矛盾》、利奥塔德的《后现代状况》、尼葛洛庞帝的《数字化生存》等，在不同程度上展示了这一全球图景。

而以萨义德、斯皮瓦克、霍米·巴巴等人为代表的后殖民主义理论家则提出了文化殖民主义理论，这是对文化霸权主义，尤其是西方的“东方主义”的超越性批判和反思。美国学者萨义德指出西方文化中有一种“东方主义”，其主旨就是断言西方优于东方，认为西方是主体，东方是客体，东方几乎就是西方的发明，是西方文化话语根据自己的意识形态需要构建出来的。东方世界是野蛮、落后、怪诞和丑陋的，欠缺理性，道德沦丧。相反，西方世界则洋溢着理性光辉，道德完美，成熟可靠。然而，文化殖民主义认为，西方的“东方主义”并不是对东方的真理性认识，而是企图以西方的政治信仰、权力运作、价值标准为取向，将基于其基本经济制度上的文化理念和价值观扩展到发展中国家，以达到用经济和文化方式控制发展中国家目的的一种“新殖民主义思想”。在这一过程中，发展中国家也必然面临着文化上“传统自我”与“现代自我”的抉择。

为了保护本国文化，许多发展中国家纷纷采取了“守势”来抵御“强势”文化的入侵。信奉伊斯兰文化的中东国家对这一问题的态度尤为典型。在社会远未实现文化自觉的形势下，中东社会迫于外部压力而选择了现代化。随着中东现代化进程的推进，西方化的生产方式、价值观念、世俗文化和商业文化不断得以蔓延和渗透，西方文化霸权的扩张，使得中东的伊斯兰世界所面对的异质文化的压力进一步加大。

二、全球治理——全球问题的解决方式

从当代世界思潮的历史主题看，不仅时代主题是当今世界亟须解决的时代问题，同时还有大量在全球化背景下产生的全球性问题需要解决，全球治理的提出，就是对传统国际政治和国家主权概念的超越，表明了全球性问题的复杂性和国家中心思维的局限性。在现实的实践中，全球治理就同国家主权论产生了激烈的矛盾和冲突。世界银行在 1989 年关于非洲的报告中首次提出了“治理危机”（crisis in governance）；1992 年世界银行年度报告以《治理与发展》为题再次提出面向全球发展的治理；为推动关于全球治理的研究发展，联合国有关机构成立“全球治理委员会”，并创办《全球治理》杂志；2000 年联合国千年大会上，联合国秘书长在其报告中全面阐述了有关全球治理的问题。全球治理成为各国学者关注的新的焦点和学术热点。

（一）全球治理的提出及其背景

1. 全球治理的缘起与内涵

进入 21 世纪以来，随着国际力量对比此消彼长的变化和全球性挑战及风险的增多，关于什么是全球治理、怎样进行全球治理成为各方争议的热点。其实，在解决国际重大问题的现实过程中，“治理”一词被广泛应用，“全球治理”的概念被明确提出。由于国际社会重大问题的解决不像主权国家那样存在一个超越地方的中央政府，缺乏超国家的权威，同时全球化相互交往形成的一体化使得国家主权和政府的作用受到了前所未有的削弱，就如何解决全球问题而言，全球治理就提上了日程。最初其理论研究的范式是在假设一种国家间的新治理模式正在取代传统的“统治”方式，在国际大舞台上产生一个由多种组织、多个个人共同参与的“全球治理委员会”，以公正、安全和再分配等为价值观对全球进行反统治的“全球治理”。对此，中国的态度是“加强全球治理、推动全球治理体系变革是大势所趋。我们要抓住机遇、顺势而为，推动国际秩序朝着更加公正合理的方向发展，更好维护我国和广大发展中国家共同利益，为实现‘两个一百年’奋斗目标、实现中华民族伟大复兴

的中国梦营造更加有利的外部条件，为促进人类和平与发展的崇高事业作出更大贡献”①。在日益紧密的一体化世界体系中，全球治理越来越成为各国学者在“百年未有之大变局”中关注的新焦点和学术热点。

如何确定全球治理的内涵？各国学者相继推出“世界政治的治理”“国际治理”“全球秩序的治理”“世界范围的治理”“国际秩序的治理”等概念，至今尚未形成一致的、明确的定义。“所谓全球治理，是指通过具有约束力的国际规制（regimes）解决全球性的冲突、生态、人权、移民、毒品、走私、传染病等问题，以维持正常的国际政治经济秩序。”② 这是我国最早引介和研究全球治理理论的著名学者俞可平教授对于全球治理的定义。由此，全球治理是围绕全球性问题，由全球各个国际主体之间制定有约束力的国际规制，达致维护正常的国际政治经济秩序的目的。其涉及各国政府主体及亚国家组织主体，如联合国、世界银行、世界贸易组织、国际货币基金组织等国际组织，还涉及非正式的全球公民社会组织参与全球治理的类主体。

2. 全球治理理论产生的原因

全球治理理论产生的现实背景是：其一，各种全球性危机频发，全球性问题复杂多样，凸显了在全球化发展中加强全球治理的时代需求。尤其是进入 21 世纪以来，世界各国越来越成为“你中有我、我中有你”的人类命运共同体，任何一国都不能孤立地解决全人类共同面临的种种问题，必须通过协调合作的精神才能解决这些问题；全球化在促进生产力加速发展提升的同时，也带来了一系列新的问题。正是在这样的历史背景下，全球治理应运而生。习近平同志在联合国日内瓦总部的演讲中指出：“人类也正处在一个挑战层出不穷、风险日益增多的时代。世界经济增长乏力，金融危机阴云不散，发展鸿沟日益突出，兵戎相见时有发生，冷战思维和强权政治阴魂不散，恐怖主义、难民危机、重大传染性疾病、气候变化等非传统安全威胁持续蔓延。”③ 无论从规模、范围还是影响后果上来说，这些问题都具有全球性，它们的解决途径与国际社会整体联系在一起，因而也就有了全球意义。全球问题的产生和解决迫切需要全球治理。其二，从全球发展需求上看，全球治理是国

① 习近平. 习近平谈治国理政：第 2 卷. 北京：外文出版社，2017：448.

② 俞可平. 全球治理引论. 马克思主义与现实，2002（2）：25.

③ 同①537.

家间相互依赖日益发展的需要。各国之间的相互依赖和紧密联系会使发端于一国的国内危机，因人员的流动和国际合作加强等因素而迅速扩展到周边及其他国家，形成全球性的影响和震荡。为维持全球的正常秩序与安全，各国必须携手合作进行全球综合治理。在共同携手解决全球性问题和全球性危机中，传统的国际社会、联合国和各国政府不再是全球治理的唯一责任者，国际社会交往中产生了许多活跃的非国家行为体，为多层次、多角色的全球治理创造了条件。其三，全球化发展进入了信息革命的时代，信息革命的快速发展使得不同国家、地区，不同阶层之间的知识差距进一步拉大，造成穷者愈来愈穷、富者愈来愈富的局面，也造成“信息鸿沟”在新的经济结构层面再度出现，信息霸权与反霸权、控制与反控制在全球范围前所未有地展开。国家间有必要携手合作建立国际协调机制，使信息作为一种生产要素在国际上进行合理的流动和配置，以缩小信息发展差距。

3. 全球治理的各种主张

第一，全球化时代需要新型的全方位的全球治理理论指导全球治理的转向。詹姆斯·罗西瑙首次提出顺应全球化新变化的全球治理转型。在他看来，全球化具有了不同于威斯特伐利亚体系或领土国家体系下的传统全球化时代，当代全球化是一体化和碎片化并存，全球化趋势和地方化趋势并存，团结和冲突同时发挥作用的新全球化，他将全球化一分为二，既存在一个以国家为中心的世界，还处在一个多中心的世界。在这两个系统中产生次国家的、跨国的、国际的和全球的多种形式的、多层次的全球治理。他在《没有政府的治理》一书中提出了全球治理是没有政府治理下的权威转移。在转移中，包括“世界政治的治理”、“世界范围的治理”、“国际秩序的治理”、“全球秩序的治理”或“生物圈有机整体的治理”都涉及“全方位”的全球治理。他试图从总体上将全球治理理解为连续统一体（continuum），这个统一体普遍存在于跨国和次国家层次之间、宏观和微观之间、非正式和规制化之间、国家中心和多元中心之间以及合作和冲突之间。全球治理在新全球化时代发生权威的转移和转向，从多个方向重构权威是时代的大趋势①。全球生活框架已经渗透着数不胜数的各种治理形式，并在不断增加和变化。因此，全球治

① 休伊森，辛克莱，张胜军. 全球治理理论的兴起. 马克思主义与现实，2002（1）：44.

理既包括国家机制的治理，也包括非官方机制的治理；既包括国家之间的发展治理，也包括人类日常生活领域的治理。

第二，全球治理观的重建。随着新全球化时代取代传统全球化到来，全球政治经济处在重组过程中，构建什么样的全球主导价值观非常重要。罗伯特·考克斯分析了全球治理价值观的演变。在考克斯的历史研究方法中，不同历史时期全球治理的表现形式必然受到特定历史阶段普遍深入的意识形态模式以及经济和国家模式的影响和限制。在 20 世纪 80 年代中期，全球治理观受到来自“极端自由主义”（hyperliberalism）和“国家资本主义”两大流派的影响，并左右着全球治理实践。“极端自由主义”以美英为代表，主张奉行全球化原则塑造全球治理模式，“国家资本主义”主张依据传统的领土原则及国家主权来推进全球治理发展。到后冷战时代，极端自由主义逐渐上升为全球治理的主导模式，在知识、政治和经济领域成为具有意识形态影响力，引导政治、经济实现极端自由主义的全球治理模式①，并通过重要的国际金融机构、七国集团国家政府的财政部、私人性国际关系委员会和商业团体组成制度化全球治理，把具有跨国政治-意识形态倾向的全球治理观推向了高潮，也奠立了金融资本力量在全球政治经济治理领域的中心地位。一时间，自由主义的全球治理观风靡。以全球化为导向的知识精英和权威人物有足够的理由使用全球治理概念，主导着即将出现的全球信息秩序。新自由主义的全球治理观进一步引发知识精英在全球知识、智慧层面探讨新的信息全球化向度的全球治理观的出现，探索善治的全球治理最佳路径和方式。

第三，全球治理是国际规制的构建。随着全球治理思潮的扩展，如何治理成为学者们广泛思考的问题，包括全球治理中各行为主体的规则及其制度性安排。由于全球性问题的多样性，国际治理主体的多层次性，也由于和平与发展的时代使得全球在经济、政治、通信和消费文化等各个方面的相互依存，面对传统的国际规制激增却难以解决问题的弊端，全球治理领域需要重新构建符合时代发展需求的、设计和组织良好的国际治理体系规制。马克·赞奇主张将原有的国际规制纳入更广泛的治理体系中，重新变革国际政策协调模式②。构建全球治理的国际规

① 休伊森，辛克莱，张胜军．全球治理理论的兴起．马克思主义与现实，2002（1）：46.

② 同①48.

制，要对各行为主体的行为进行新的承担法律责任的制度安排，引导其行为达到公共事务治理预期的目标。其基本路径是，其一，通过国际制度安排解决全球公共事务治理，超越传统的市场模式或政府模式的路径，也超越传统的治理主体，从国家范畴上升到国际组织范畴共同安排与治理。其二，通过全球治理的国际规制实现全球治理的法治化。超越传统的由大国或大国集团控制全球治理的路径。即通过绝大多数普遍认同的原则解决国际纷争，从强权治理转向国际规范、协议、原则和决策程序的制度治理。其三，通过全球公共问题治理的国际规制的建构，促进和扩大各个行为主体在全球公共问题治理上的合作，从而将国际社会纳入有序运行的价值规范。重建全球治理国际规制的理论流行说明，要改变新自由主义的霸权治理模式，为全球公共问题提供一种新的治理方式。然而，正如斯蒂格利茨在其著作《全球化逆潮》中所指出的，“全球治理是困难的”，“善政必须以代表性、合法性、透明度和问责制等几项简单原则为基础”①。当今的国际制度不论是在规范制定方面还是在操作实践方面，只能在有限的程度和范围内对国际社会的运行发挥有限的规范作用。

（二）国家主权的相关理论

在全球化发展的新时代，经济全球化越来越将世界各国经济纳入统一的世界经济体系中，各种经济一体化组织不断出现。在世界经济一体化发展的同时，在一体化组织内部与组织之间出现了各国利益分配不均衡的现象，发达国家为了谋求更大的利益，不但打破发展中国家的主权壁垒，还在国际治理领域推广具有意识形态特色的“全球思维”，主张“全人类利益高于一切”。因此，在全球化进程中出现了各种反主权理论的流行，冲击着传统国家主权，世界各国特别是发展中国家面临着国家主权弱化论、国家主权让渡论、国家主权过时论、国家主权强化论等的挑战。

1. 国家主权弱化论

传统的全球治理是以“国家主义”为基础的。后冷战时代，发展成为世界各国的现实主题。现代化的发展促进了全球化的经济开放与商业交往，也带来了国际经济一体化的步伐大大加快。原有国际秩序存在的

① 斯蒂格利茨. 全球化逆潮. 北京：机械工业出版社，2019：67.

经济不平等、分配不均衡在推进本国经济发展的同时，也带来了对国家经济决策的冲击和利益的损害，而这样的结果建立在全球化特别是经济一体化的规制中，相应的国家主权受到制约，国家主权的绝对性、权威性和排他性也受到了某种程度的削弱。于是国家主权弱化论取代了传统主流的国家主义主权观。其一，国家主权的绝对排他性受到削弱。为了获得国家经济的发展，作为加入一体化经济组织的国家，就要遵循相应的国际一体化组织的国际条约协定、规范和惯例，从而使原本为一国独有的特殊权力，转变为国际社会共同拥有的一般权力。其二，国家主权的不可分割性受到削弱。随着各种全球一体化、区域一体化组织的建立，国际组织在世界经济发展中的地位越来越重要，对世界和地区事务的影响力与决策力越来越深入，换句话说就是对国家主权的渗透力越来越强，受组织对行为主体的约束，相应的主权国家需要对等地遵循该组织的规制。其三，国家主权的单一性受到削弱。以往全球化的进程中，全球性交往局限在政治和外交关系中，而随着新全球化时代的到来，各国之间的全球化从经济领域扩展到政治、文化和社会生活各个领域，国家主权以政治、外交为主轴的单一性向全面多维立体的主权范畴转变，国家内部主权结构也相应地表现为政治、经济、文化、社会生活等各个方面，因而改变了国家主权的单一性。

2. 国家主权让渡论

全球化时代各种经济一体化组织的建立，都意味各参与国要在遵守一系列国际条约、协议、机制和规则的前提下，承诺遵循相应规则参与其组织活动。那么，相应的主权国家就要让渡出一部分原来拥有的权力，通过加入一体化组织使这部分主权成为国际社会共同拥有的权力。在不同层次的一体化组织建立的过程中，出现了各种层次的国家主权让渡。其一，将国家主权部分让渡于国际经济组织，接受国际经济规则调节。1997年东南亚金融危机中的韩国不得不向国际货币基金组织求援以控制危机，国际货币基金组织则以提出的一揽子经济改革方案为前提，要求韩国必须遵守该方案才发放相应贷款。其二，将国家主权部分让渡于区域经济组织。各成员国对部分主权的自愿让渡更有利于发挥区域经济组织的职能。比如，欧盟一体化组织在扩张国家联盟的过程中，要求申请加入的一系列国家必须遵守欧盟的规则，让渡其市场权限并设置考验期，考核通过方能加入欧盟。其三，将国家主权部分让渡于跨国公司等非国家的国际投资机构。全球化时代发展的重要特征就是跨国公司通过全球资源配置，广泛地渗透到各民族国家和区域，由于跨国公司具有资本、技术、资源和市场的优势，使得发展中国家为了吸引其投资，将税务政策、公共开支、利率、信用管理、外币兑换、资本管理、资源开发、社会福利安排等权力部分进行让渡，且竞相压低税率。这已是不争的事实。其四，将国家主权部分让渡于双边或多边协定或条约。各国在国际规则上对自身行动的一些自主权的让渡，也表现为世界各国接受条约、协定来协调行动的过程，以促进双边与多边的共同体建设。

3. 国家主权过时论

随着经济全球化的发展，“全球价值观”“全球意识”日渐盛行，人们对国家主权的认同下降，甚至认为传统国家政权是对人的个性、民主、自由和人权的束缚，是陈腐甚至趋于反动的观念，是统治阶层、压迫阶层的工具或战争的根源。因此，主张以“全球公民社会”机制逐渐取代现行的以国家主权为依据的国际关系原则。这样的全球公民社会只有通过新干涉主义路径实现，即在新全球化时代建立以美国领导的、制度化的霸权体系，才能确保全球公民社会的和平与安全；必须确保美国利益优先的原则，才能确保美国成为和平与发展的维护者；必须实现世界各国政治体制的资本主义单一制度性，才能确保依靠美国力量实现世界的和平民主，而以政治或军事干涉向所谓的“非民主”国家进行西方价值观的输出与干预是美国的历史使命，即以确保美国在世界的霸权取代各国的国家主权。

4. 国家主权强化论

在后冷战时代，一些处于经济动荡的现代国家面临严峻挑战，不遵循霸权国家和国家联盟意志，随时就可能被霸权国家通过战争手段消灭，这使得在夹缝中求生存的一些国家的国家主权在国家中的作用非但没有减弱，反而获得了前所未有的增强。一些学者曾经认为全球化时代是“民族国家的终结”的时代，在现实国家关系与国际关系中，如伊朗等国家在全球化进程中，无不强化其国家主权，以适应国际政治的发展变化，在全球化时代顽强地生存，以核威慑的传统国家安全观震慑霸权国家的压力和挑战。在经济全球化的发展中，东亚经济发展模式也证明了在全球经济发展周期动荡中，保持国家主权在经济上的宏观调控，在政治上的威权主义，能够保障社会现代化的平稳和可持续发展。

三、全球化发展的趋势

全球化的理论流行直接涉及的理论焦点问题就是全球化的历史发展趋势，这是对未来选择中不能回避也无法回避的现实问题，也是理论上必须回答的世纪性高难度课题。

（一）全球化与资本主义的关系

从现实看，全球化思潮作为当今世界思潮在全球的传播与流行，与20世纪70年代以来的新自由主义有着密切的联系。新自由主义主张以西方为中心的全球化、以资本主义为模式的全球化、以市场化和私有化为基础的全球化。因此，新自由主义全球化理论带有明显的“西方中心论”倾向和“国家中心论”倾向；在其推行的过程中遭到“反西方中心论”和“反国家中心论”思潮的批判与质疑，使真正全球视角的全球化理论在大辩论中得以全面展现。从学术思潮看，以沃勒斯坦为代表的世界体系论从历史发展的向度，提出了资本主义全球化的历史发展与历史结构，其内在矛盾决定资本主义全球化的未来必将为社会主义的新型全球化体系所取代；罗马俱乐部开创了全球问题的研究视角，从全球资源与人口的矛盾出发，从社会空间结构揭示了资本主义全球化存在着增长的极限与自然的极限。这两个向度的观点对传统新自由主义建构的全球观发起了挑战，随后在学术界强化了整体研究世界的视角，一时间，全球化概念开始在国际经济学、国际政治学、国际文化学中得到普遍应用，并逐渐规范化。作为一个新的理论研究主题，国际经济学范畴的一体化让位于全球化概念，成为概括未来时代特征的同义词；国际政治学中民族中心的方法让位于全球中心的方法；国际文化学中的“世界文化”概念让位于具有世界整体意识的“全球村”概念。但这只是全球化与资本主义关系争论的开始。

全球化与资本主义的关系，关系到全球化的历史走向与社会发展问题，自然就成为全球化思潮关注的核心问题。无论是极端论全球化理论、变革论全球化理论，还是怀疑论全球化理论都不能不涉及对这个问题的回答。

当代的全球化趋势归根到底是和资本主义在当代的发展变化密切相关的。全球化进程首先且主要是由发达资本主义国家引导和推动的。当代全球化实质是在当代资本主义主导下的全球化，全球化问题产生的根源也是源自当代资本主义，特别是发达资本主义的问题。事实上，全球化思潮首先在西方兴起，因而不可避免地带有资本主义的印记、局限和弊端，全球化的内在矛盾和风险就不容忽视。经济全球化趋势实质上是当代资本主义发展到一个新阶段的综合结果和外在表现。经济全球化的重要特征是市场经济的全球化。西方资本主义国家实行市场经济已经有几百年历史，现在世界范围内占主导地位的是资本主义市场经济，其固有的周期性波动及其弊端也将影响整个世界。经济全球化和市场经济全球化进程主要是由以美国为首的西方发达资本主义国家引导和推动的，它在平等竞争的旗号下掩盖了其经济霸权主义、金融霸权主义、技术霸权主义，实行有利于发达资本主义国家的社会发展战略，给发展中国家带来新的霸权威胁，妨碍发展中国家国家主权的维护和经济的发展。经济全球化实际上是向全球强制推行以美国为首的西方大国所制定的国际经济法律和规则，往往使发展中国家处于不利地位。现行的国际经济法律和规则是以西方发达资本主义国家的经济社会条件为依据的。执行它们，对于经济文化落后的广大发展中国家的经济主权和民族经济势必造成冲击，使其国家作用减弱，甚至牺牲部分经济自主权和决策权。这将有利于西方发达国家及其跨国公司的利益，而对发展中国家的民族经济将造成损害，甚至可能导致发展中国家无法行使政府职能。以美国为首的西方大国凭借其资本和技术上的优势和控制力，倚仗信息技术的先进和跨国公司的强大，利用全球化进程在全球范围内实施资源的不公平分配，致使南北贫富差距继续拉大。国际金融市场的急剧扩大、金融创新工具的增多以及投资的自由化，对世界经济的发展有好处，但也导致国际投机猖獗，蕴藏着破坏性、传染性很大的金融危机。全球化也为西方垄断资产阶级推行其思想文化战略提供了便利条件。

经济全球化趋势在将资本主义的文明成果扩展到全球范围的同时，也不可避免地把资本主义的固有矛盾扩展到全球范围，在全世界范围内重现资本主义的各种矛盾和痼疾。在不可能有“世界政府”加以干预的情况下，资本主义市场经济的盲目性和自发性不可避免地引发全球性的经济金融风险和危机。为缓解不断增加的泡沫压力，西方大国在全世界掀起了所谓推动世界经济的“全球化”进程，倡导货币、资本和商品市场的自由化，以及对于国有工业和基础设施的迅速私有化。其结果是，大多数国家的政府控制其国内经济、金融活动的能力被大大削弱了。以美国为首的国家向世界推行新自由主义，是使世界经济在可控制下解体的经济政策，这种政策的主要目的在于摧毁有利于第三世界工业发展的力量。通过开辟所谓“全球化”道路，对民族国家的经济实施决定性打击，而民族国家的经济主权也将在“全球化”中被取消，形成了全球化时代世界经济的基本矛盾是“国际化”和“民族化”之间的矛盾，其主要表现是西方发达国家同发展中国家的矛盾，即资本主义的“中心”同“外围”的矛盾。当前，西方世界正遭遇着资本金融化、产业空心化、社会投机化、难民大量涌入等全球化问题，面临着中产阶级减少、就业率下降、贫富差距急剧拉大、社会矛盾尖锐化和冲突加剧等社会问题，西方资本主义自由民主制度面临着动摇的危机。但是，我们仍然生活在资本主义占主导地位的时代，这是我们理解当今世界现实和变化的基础。要理解当前的时代，不仅要了解资本主义的分析方法，同时也要对社会主义理论及其历史经验进行系统的梳理，我们要把这些研究放在资本主义的世界经济框架下进行考察。

“人类社会发展的历史证明，无论会遇到什么样的曲折，历史都总是按照自己的规律向前发展，没有任何力量能够阻挡历史前进的车轮。”① 在人类还没发现地球以外文明的情况下，地球就是资本主义发展的极限。全球资本主义发展到尽头，取代它的必将是全球社会主义的新时代。全球化为未来社会主义进一步发展准备了物质技术和社会文化条件。从全球资本主义到全球社会主义、全球共产主义将是一个漫长的、曲折的历史过程，但是，辩证法所昭示的这一大趋势是不会改变的。

（二）全球化与社会主义的关系

面对全球化发展的事实，是回避还是主动迎接挑战，对社会主义的现实发展是一个挑战。作为仍然在追求社会主义发展的古巴，尽管在资本主义世界体系的重重包围之中，也仍然参与到了这个思潮的讨论中。20 世纪 90 年代，卡斯特罗注意到全球化的经济发展趋势及其对世界的影响，并从发展中国家的角度对这一问题进行了思考。他认为全球化不是新现象，马克思早就提出了全球化世界的观念。而“到目前为止我们是朝着资本主义的新自由主义全球化迈进，但我个人认为，这是持续不

① 中共中央文献研究室. 十八大以来重要文献选编：上. 北京：中央文献出版社，2014：259.

下去的”①。这个任由盲目规律支配的资本主义全球化必将走向灾难。“我想象不出除了社会主义全球化还会有另外的全球化，不可能有另外一种。”② 只有用社会主义的全球化替代新自由主义的全球化，全球化才是平等的、公正的，才能解决第三世界的问题。他强调全球化是客观的历史发展趋势，也是历史发展的机遇，谁也无法单独解决自己的问题。但是按照新自由主义的全球化发展（拉美就是它的实验场），不仅没有使世界经济迅速发展，相反这种全球化是占主导地位的富国对穷国进行统治的工具，它使得各种不平等因素更加深化和持久，也是发达国家之间为获取世界市场资本而展开的逐利性竞争的大舞台。这样的全球化必然加速全球的贫富分化。正如习近平同志所指出的：“收入分配不平等、发展空间不平衡已成为全球经济治理面临的最突出问题。”③ 因此，如果世界不进行深刻的改革，就会出现各种各样的危机，第三世界应该团结起来，一起建设国际经济政治新秩序，在当代，“当一切都全球化的时候，解决的办法也是全球化”。因此，卡斯特罗反对资本主义不公正的全球化，主张有社会主义前景的全球化，主张发展中国家积极参与全球化和全球化治理。

对中国来说，全球化既是挑战，也是机遇。中国 40 多年的改革开放过程实质上就是对全球化的积极拥护与参与。中国在融入全球化的过程中，一方面，通过引进外资和先进技术促进了自身经济实力和世界影响力的增长和增强；另一方面，中国在逐渐走向世界的同时，还面临着诸多挑战，如贸易保护主义、单边主义、逆全球化思潮。因此，只有不断全面深化改革，对外实行更大范围的开放，积极实施互利共赢发展战略，才能确保自己在全球化进程中积极融入全球化，推动构建人类命运共同体，为人类社会做出更大的贡献。

（三）全球化与后工业社会的关系

后工业社会思潮致力于对社会发展的前景进行研究和预测，以应对新科技革命所引起的变革，思考和解决科技发展对于社会发展的正反效应的问题，着重研究新科技革命对人类社会未来发展的影响，预测和设计人类社会的未来前景，以摆脱现有的工业社会遇到的发展困境。这一

①② 卡斯特罗．全球化与现代资本主义．北京：社会科学文献出版社，2000：276.

③ 习近平．为建设更加美好的地球家园贡献智慧和力量：在中法全球治理论坛闭幕式上的讲话．人民日报，2019-03-27（3）.

路径的思考开启了世界全球化思潮，而它对全球化的探索是从两个方面展开的：一方面是科技革命与全球化，另一方面是全球性问题与全球化。第一，对新科技革命社会后果的预测。新科技革命的迅猛发展，不仅促使社会结构出现了一系列的重大变化，而且加速了社会变化的过程，它在给工业社会注入新的活力的同时，有可能使工业社会进入一个新的发展阶段，展示了全球化未来发展的趋势不是资本主义，也不是社会主义，而是后工业社会。第二，对全球性环境和发展关系问题的反思。在科学技术有效推进社会发展的同时，一系列的负面问题也随之产生，如人口爆炸、资源枯竭、环境污染和能源危机等，最终，这些问题和其他问题缠结在了一起，成为全球性的环境和发展问题。全球性问题尤其是环境和发展问题的凸显和加剧，要求人们在思考环境和发展关系问题的过程中，必须从全球范围来关注人类的前途和命运，走可持续发展之路。

后工业社会思潮在揭示全球化发展重大变化的同时，预测人类社会最终将进入一个新阶段，这个新阶段将取代现存的资本主义制度和社会主义制度，在避免双方弊病的同时，将使双方的优点融合起来。在这个问题上，主要代表有丹尼尔·贝尔的“后工业社会”理论、阿尔文·托夫勒的“第三次浪潮”理论和约翰·奈斯比特的“信息社会”理论。

贝尔按照其技术中轴原理（又称中轴原则）认为，技术是决定社会形态更替的根本性力量。基于技术的发展变化，人类社会可区分为三个发展阶段，即前工业社会、工业社会和后工业社会。贝尔认为，资本主义的社会、阶级结构和文化矛盾的新变化将使资本主义和社会主义制度走向趋同，马克思设想的资产阶级和无产阶级之间的矛盾也将消失，知识阶级将成为社会的最高阶级，代表新阶级的价值观——后工业社会的价值观将兴起，因而，取代资产阶级意识形态的社会主义思想将不复存在，社会主义的历史必然性也将成为不可能。

托夫勒的“第三次浪潮”理论将人类社会的发展划分为三个发展阶段：农业浪潮、工业浪潮和知识浪潮。托夫勒认为，由技术浪潮不断推动的人类文明经历了以锄头为象征的农业革命时期的第一次浪潮，以英国工业革命为首的第二次浪潮，如今正在经历以电脑计算机为标志的由重大技术和知识推动的第三次浪潮。第三次浪潮带来的新文明是不同于“乌托邦”的“实托邦”，无论是进入现代工业化进程的资本主义国家还是社会主义国家都要向“实托邦”进行过渡。第三次浪潮采用的是知识化、多样化、小型化、个人化、分散化和产销一体化等原则，实现人类社会对美好生活的向往。他认为资本主义和社会主义的共同特征是工业化，其都是第二次浪潮的产物，具有同源性、同构性以及矛盾的同类性，伴随技术化和全球化的发展，第三次浪潮的出现将导致资本主义和社会主义的合流，最终将它们融合成为一个整体，具有超民族性。

奈斯比特的“信息社会”理论认为，基于社会信息化发展的程度，人类社会的发展可区分为三个发展阶段：农业社会、工业社会和信息社会。信息化已然成为社会发展的大趋势。始于 20 世纪 50 年代的信息社会开辟了全球通信的新时代，信息已经成为社会最重要的资源，“知识生产力已成为决定生产力、竞争力和经济成就的关键因素。知识工业已成为最主要的工业，这个工业向经济提供生产所需要的重要中心资源”①。信息社会的发展将使资本主义和社会主义两种社会制度之间的差距得到弥合。私有化是资本主义和社会主义的共同前景。因为私有化已经成为一种全球性的潮流，在这种情况下，社会主义将通过市场机制的方式向资本主义趋同。信息社会所展示的新特征使得当今时代正处于工业社会向信息社会转变的过程中，在不久的将来其必然成为人类社会发展的未来社会形态。

（四）全球化与反全球化思潮和运动

在“全球化”尤其是经济全球化、世界一体化进程加速推进的今天，却出现了一个引起世界各国及舆论高度关注的分裂化现象，这就是在世界范围蓬勃兴起的反全球化运动，但其本身也构成了一种“全球化”。

反全球化运动是西方自当代以来各种反资本主义新社会运动的延续。20 世纪 70 年代，更多关注性别、种族歧视和生态等内容的女权主义运动、种族/少数民族运动（例如美国的黑人或法国的北非移民后裔）、反移民运动、绿党和其他生态运动在西方纷纷出现。其运动形式包括：通过召开论坛和会议的形式对西方主导的全球化进行抨击，在发达国家的官网、大型跨国公司和各种全球性经济机构与组织的网站宣泄对全球化不满的情绪，组织大规模的游行示威等。

在全球有重要影响的反全球化运动组织有：致力于游说西方发达国

---

① 奈斯比特．大趋势．北京：中国社会科学出版社，1984：14-15.

家撤销第三世界国家债务的“减免债务”（Drop the Debt）组织，由北美洲多个组织组成的松散网络“直接行动网络”（Direct Action Network）组织，强调亚洲地区、发展中国家贫富悬殊的“关注全球化中的南方”组织等。世界社会论坛（WSF）是反全球化运动中为数不多的几个至今仍然比较活跃的组织之一，它以“另一个世界是可能的”作为一个最具有标志性的口号，表明其致力于反对新自由主义的全球化运动，以寻找资本主义主导的全球化替代方案为目标；吸引了主要来自发展中国家的学者、环保主义者、女权主义者、土著居民、劳工、农民、学生、无政府主义者、反战主义者、同性恋者等各个群体、阶层的人士。迄今为止，该论坛已经成功召开了十届。

准确地说，反全球化运动的人士首先反对的是西式传统的全球化，即以西方主要发达国家主导的全球化，如马来西亚总理马哈蒂尔就曾经愤怒地指责西方全球化：“西方国家要求亚洲国家具有更大的透明度，但却对自己的全球资本主义牌号尽力遮掩并不让质疑，现在是到了打破此禁忌、公开讨论全球化的问题的时候了！”[①] 反全球化运动针对的主要矛头是西方发达国家主导的全球化，特别是维护其根本利益的跨国公司及各种国际经济组织。“全球化越深入，所获利润也越丰厚”的大型跨国公司只关心其垄断利润的增长，建造“血汗工厂”，控制发展中国家的经济命脉，根本不顾及社会民众的福利，对发展中国家的文化和生态造成了破坏。反全球化运动主张西方发达国家的跨国公司应该担当起更多的责任，尤其是社会责任。

反全球化运动还把矛头对准世界贸易组织、世界银行、国际货币基金组织等国际经济组织，把它们视为西方发达国家主导的全球化进程的主要推动者，或者跨国公司的“奴仆”。这些国际经济组织“没有把钱给第三世界，而是给第三世界的精英，他们使这些国家保持开放，以便大公司来砍伐森林，取走矿藏，建造血汗工厂，给工人一块钱制造耐克运动鞋”，剥夺了发展中国家的独立性和主权，使发展中国家失去利用本国自然资源获得发展的机会，造成发展中国家不可避免地贫困化[②]。随着反全球化进程的深入，近年来西方左翼在理论上发起了对新自由主义全球化的批判。以美国著名学者杰姆逊、法国学界首领布迪厄等为代

① MOHAMAD M. A New Deal for Asia. Malaysia：Pedanduk Publications，1999：9.

② 新帝国主义. 墨西哥《至上报》，2000-05-05.

表的西方知识界思想领袖对新自由主义全球化进行了经济、政治、社会、哲学文化等全方位的理论批判，已然成为反全球化运动的思想旗帜。从实质上看，反全球化人士的反全球化运动及其理论直接质疑的是资本主义的全球化，反对的是在全球化的借口下，发达国家资本主义发动新的一轮带有掠夺性的资本主义全球化。

（五）全球化与逆全球化思潮和运动

“全球化”是指在全球范围内人员、资金、生产要素的自由流动和合理配置，以此由经济范畴向政治、文化、科技、生态环境等领域逐渐扩展，并超越国境，形成多样化、相互关联、相互依赖的现代化发展状态。“逆全球化”是与“全球化”背道而驰的力量。与由民间底层推动的“反全球化”相比，“逆全球化”是西方发达资本主义国家采取的国家干预与调控行为。其本质是修复新自由主义带来的危机，继续保持资本主义国家在全球化进程中对全球范围资本增殖的控制，达到维护自身利益所推行的政策。习近平同志指出，当前“逆全球化思潮正在发酵，保护主义的负面效应日益显现，收入分配不平等、发展空间不平衡已成为全球经济治理面临的最突出问题”①。由 20 世纪 80 年代美英推动的全球化，通过新自由主义彻底私有化和全面市场化的模式，推动金融资本主义在全球范围的扩张，欧美迅速成为全球化运动中的获利方。然而，自 2008 年国际金融危机以来，全球经济持续低迷，随着一大批新兴发展中国家在欧美主导的“全球化”进程中实现崛起，发达经济体与新兴经济体出现分化，在经济动荡中以美国为首的发达国家认为自己逐渐丧失了全球化中最大的红利和话语权优势，指责全球化有问题，要求重新调整全球化的走向，并直接采取非常规的措施，例如实施单边主义、贸易保护主义等政策，抛弃不符合自身利益的“全球化”，通过“贸易战”推进“逆全球化”政策。作为全球一体化程度最高的经济体欧盟，2016 年 6 月英国通过公投脱离欧盟，并最终在 2020 年 1 月 9 日通过了《脱欧协议法案》协议退出欧盟。面对全球化最强的主导力量美英出现的逆全球化发展趋势，一方面表明发达国家在经济危机的打击后依然要控制全球化的主导权，特别是全球化规则的制定权，“美国和其他发达国家制定了全球化的规则，管理着治理全球化的国际组织。发展中

① 习近平．为建设更加美好的地球家园贡献智慧和力量：在中法全球治理论坛闭幕式上的讲话．人民日报，2019-03-27（3）．

国家的人们抱怨说，发达国家已经制定了这些规则，并以不利于发展中国家的方式管理着这些国际组织”①。另一方面表明21世纪以来以中国为代表的新兴经济体在全球总份额中占比快速上升，美国等发达国家的份额逐渐下降，“以美国为主的发达经济体的整体经济份额在全球总份额里占比越来越低，而中国等新兴经济体的份额在快速地上升，一降一升，反映了美国的全球主导地位在弱化”②。美国因而认为自己在全球化过程中的利益相较以前受到了极大的损失。为重振美国经济，2017年以反建制、反主流、反全球化而上台的美国总统特朗普正式开启了逆全球化发展模式，其核心是推行“美国优先”的政策，主张让制造业重返美国，通过采取贸易保护等非常规的手段发起贸易战，引发一场全球层面的经济结构的再造，以对全球利益进行再分配。全球其他各国被迫面临着以强硬的保护主义和资源要素流动壁垒为特征的逆全球化的冲击，一场全球化与逆全球化的博弈在全球范围内展开。

逆全球化是多种因素综合作用的产物，其产生有着深层次的原因。第一，当前逆全球化思潮是世界性经济危机的必然产物。由20世纪80年代美英推动的全球化，通过新自由主义彻底私有化和全面市场化的模式，推动金融资本主义在全球范围的扩张，欧美迅速成为全球化运动中的获利方。然而，这种获利既建立在全球化中发达国家与发展中国家发展失衡的基础上，也建立在获利的欧美内部社会利益失衡的基础上，是一种失衡全球化。2008年国际金融危机之前，全球经济蓬勃发展，全球化发展也达到了前所未有的程度。然而，全球金融危机的爆发使得欧美国家内部不平等状况加剧，社会阶级矛盾激化。从全球化中获益最多的是具有强大的经济政治影响力的富有阶级，他们通过将中低端制造业转移到成本更为低廉的发展中国家而获得超额利润，赢得了全球范围的市场空间，进而加剧了金融资本的垄断。而依赖于制造业提供就业岗位、满足生活资料的底层民众不仅没有通过新一轮全球化获得收入的增加，还需要承担“产业空心化”所付出的代价，越来越多的劳动者因无法适应产业结构的快速变化而失业，中产阶级人数的持续下降导致了社会经济地位不平衡现象日益加剧。在这一过程中，普通民众在经济上的被剥夺感空前强烈，经济焦虑成为社会秩序失衡的导火索，保障就业和

---

① 斯蒂格利茨．全球化逆潮．北京：机械工业出版社，2019：1.

② 陈建奇．当代逆全球化问题及应对．领导科学论坛，2017（10）：10.

争取社会福利成为街头抗争的主要诉求。那些自认为本来就属于“全球化的输家”，受教育程度低、处于经济边缘的低收入群体，在全球化进程中其身份、地位也受到影响并被社会所排斥，因而表现出反全球化和反精英的态度。而作为经济全球化最大受益者的欧美发达国家在以美国/美元为中心的新一轮全球化中，遭遇了资本金融化、产业空心化、社会投机化、难民大量涌入的全球化问题，面临着财政税收下降、社会福利支出增加的“福利国家陷阱”，政治精英们看不到产生这些社会矛盾的根源，将其一致归咎于全球化。第二，逆全球化的出现与深陷经济危机泥潭的政党政治变局直接相关。如今，民众的经济生活仍未恢复至经济危机前的水平，社会贫富差距拉大，中产阶级生活长期得不到改善甚至下降，引发社会阶层的对立，进而出现激进的民粹主义式的政治表达，导致很多国家政党格局发生结构性变化。其中，主张国家主义、民族主义、白人优先等民粹主义的政党力量日渐增长，比如意大利的“五星党”和“联盟党”、法国的“国民阵线”、德国的“另类选择党”等活跃于欧美政治舞台。这些民粹主义政党通过激化“小人物”对精英统治的不满情绪动员“全球化输家”起来反抗“腐败的精英”，因而获得了更高的选票。而传统的主流政党面对短期内糟糕的民调却找不到应对民粹主义政党挑战的良方。第三，伴随欧美发达国家的移民政策和投资政策等的去全球化倾向，新一轮的民粹主义与民族主义回潮。传统政党和政局现状遭遇的信任危机，以及全球化浪潮中暴露出的制度性缺陷，特别是政党政治在国家治理体系和治理能力方面的失衡与弱化，导致民众的迫切诉求不能得到有效回应，从而激发出底层民众对法国大革命式的民主价值的回归和政治极化社会心理的偏好，甚至出现左翼民粹向右翼民粹转变。在应对欧美国家全球化的困局中，新民粹主义找到了以民族主义的共同价值以及文化共同体的价值指向，表现为强烈的、一致对外的民族和族群情绪，有着强烈的社会心理共鸣与共振。如今，欧美社会都面临着如何摆脱资本主义政治危机、经济危机和文化危机的现实课题，全球化时代社会内部矛盾的无解便将大众的视线转移到外部，在政府政策制定中表现出去全球化的态势，比如退出《跨太平洋伙伴关系协定》、联合国教科文组织，提高边境税，对别国发起贸易战等。因此，美国等发达国家为继续维护资产阶级的霸权地位，通过实施单边主义和贸易保护主义进一步抑制中国等新兴经济体的崛起，其根本意图是为了掩盖资本主义社会内部的冲突矛盾①。正如习近平同志在世界经济论坛2017年年会开幕式上所指出的，“把困扰世界的问题简单归咎于经济全球化，既不符合事实，也无助于问题解决。”“经济全球化确实带来了新问题，但我们不能就此把经济全球化一棍子打死，而是要适应和引导好经济全球化，消解经济全球化的负面影响，让它更好惠及每个国家、每个民族。”②

① 甘子成，王丽荣. 逆经济全球化现象研究：理论基础、本质透视及应对策略. 经济问题探索，2019（2）：187.

② 习近平. 习近平谈治国理政：第2卷. 北京：外文出版社，2017：477，478.

参考文献

马克思，恩格斯. 马克思恩格斯选集：第 1～4 卷. 3 版. 北京：人民出版社，2012.

马克思，恩格斯. 马克思恩格斯文集：第 1～10 卷. 北京：人民出版社，2009.

马克思，恩格斯. 马克思恩格斯全集：第 1 卷. 2 版. 北京：人民出版社，1995.

马克思，恩格斯. 马克思恩格斯全集：第 3 卷. 北京：人民出版社，1960.

马克思，恩格斯. 马克思恩格斯全集：第 19 卷. 北京：人民出版社，1963.

列宁. 列宁选集：第 1～4 卷. 3 版修订版. 北京：人民出版社，2012.

列宁. 列宁全集：第 26 卷. 北京：人民出版社，1959.

列宁. 列宁全集：第 47 卷. 2 版（增订版）. 北京：人民出版社，2017.

毛泽东. 毛泽东选集：第 1～4 卷. 2 版. 北京：人民出版社，1991.

邓小平. 邓小平文选：第 3 卷. 北京：人民出版社，1993.

江泽民. 江泽民文选：第 2 卷. 北京：人民出版社，2006.

胡锦涛. 胡锦涛文选：第 2 卷. 北京：人民出版社，2016.

习近平. 习近平谈治国理政：第 1 卷. 2 版. 北京：外文出版社，2018.

习近平. 习近平谈治国理政：第 2 卷. 北京：外文出版社，2017.

中共中央宣传部. 习近平新时代中国特色社会主义思想三十讲. 北京：学习出版社，2018.

中共中央党史和文献研究院. 习近平关于中国特色大国外交论述摘编. 北京：中央文献出版社，2020.

习近平. 论坚持推动构建人类命运共同体. 北京：中央文献出版社，2018.

习近平. 习近平谈“一带一路”. 北京：中央文献出版社，2018.

习近平. 习近平关于科技创新论述摘编. 北京：中央文献出版社，2016.

中共中央文献研究室. 习近平关于全面深化改革论述摘编. 北京：中央文献出版社，2016.

习近平. 中共中央关于坚持和完善中国特色社会主义制度、推进国家治理体系和治理能力现代化若干重大问题的决定. 北京：人民出版社，2019.

习近平. 深化文明交流互鉴共建亚洲命运共同体：在亚洲文明对话大会开幕式上的主旨演讲. 北京：人民出版社，2019.

习近平. 决胜全面建成小康社会　夺取新时代中国特色社会主义伟大胜利：在中国共产党第十九次全国代表大会上的报告（2017 年 10 年 18 日）. 北京：人民出版社，2017.

习近平. 坚定不移沿着中国特色社会主义道路前进　为全面建成小康社会而奋斗：在中国共产党第十八次全国代表大会上的报告. 北京：人民出版社，2012.

习近平. 之江新语. 杭州：浙江人民出版，2007.

梁启超. 清代学术概论. 上海：上海古籍出版社，2019.

王明国. 全球治理引论. 北京：世界知识出版社，2019.

郑永年. 大趋势：中国下一步. 北京：东方出版社，2019.

靳诺. 命运与担当：如何看全球治理中的中国角色：英文版. 北京：外文出版社，2019.

李少军. 国际政治学概论. 4 版. 上海：上海人民出版社，2018.

齐鹏飞，陈宗海，等．改革开放 40 年的中国外交．北京：中共党史出版社，2018.

王逸舟．西方国际政治学 历史与理论．3 版．上海：上海人民出版社，2018.

张云飞，李娜．开创社会主义生态文明新时代．北京：中国人民大学出版社，2017.

陈岳，蒲傅．构建人类命运共同体．北京：中国人民大学出版社，2017.

刘伟，张辉．全球治理：国际竞争与合作．北京：北京大学出版社，2017.

李民骐．资本的终结：21 世纪大众政治经济学．北京：中国人民大学出版社，2016.

王浦劬．国家治理现代化：理论与策论．北京：人民出版社，2016.

张康之，张桐．世界的中心：边缘结构．北京：中国社会科学出版社，2016.

何亚非．选择：中国与全球治理．北京：中国人民大学出版社，2015.

杨雪冬，王浩．全球治理．北京：中央编译出版社，2015.

俞可平．论国家治理现代化．北京：社会科学文献出版社，2014.

邢文增．新帝国主义：理论、现实与发展趋势．北京：中国社会科学出版社，2014.

刘鹤．两次全球大危机的比较研究．北京：中国经济出版社，2013.

庞中英．全球治理与世界秩序．北京：北京大学出版社，2012.

俞正樑．全球化时代的国际关系．2 版．上海：复旦大学出版社，2011.

陈立思．社会思潮与青年教育．北京：北京大学出版社，2011.

吴易风．当前金融危机和经济危机背景下西方经济思潮的新动向．北京：中国经济出版社，2010.

侯衍社．“超越”的困境“第三条道路”价值观述评．北京：人民出版社，2010.

王义桅．超越国际关系：国际关系理论的文化解读．北京：世界知识出版社，2008．

殷叙彝．民主社会主义论．北京：中央编译出版社，2007．

王珉主．当代西方思潮评介．杭州：浙江大学出版社，2005．

段忠桥．当代国外社会思潮，北京：中国人民大学出版社，2004．

王志伟．现代西方经济学主要思潮及流派．北京：高等教育出版社，2004．

张之沧．马克思主义与当代西方社会思潮．上海：上海人民出版社，2003．

邢贲思．当代世界思潮．北京：中共中央党校出版社，2003．

程光泉．全球化理论谱系．长沙：湖南人民出版社，2002．

王振华．重塑英国：布莱尔主义与“第三条道路”．北京：中国社会科学出版社，2000．

王列，杨雪冬．全球化与世界．北京：中央编译出版社，1998．

张国清．中心与边缘：后现代主义思潮概论．北京：中国社会科学出版社，1998．

俞可平．全球化时代的“社会主义”．北京：中央编译出版社，1998．

陆象淦．发展：一个受到普遍关注的全球问题．重庆：重庆出版社，1998．

辛向阳．“趋同论”研究．北京：中国人民大学出版社，1996．

吉登斯．动荡而强大的大陆．北京：北京大学出版社，2019．

卢斯．西方自由主义的衰落．太原：山西人民出版社，2019．

斯蒂格利茨．全球化逆潮．北京：机械工业出版社，2019．

托莱多．共享型社会：拉丁美洲的发展前景．北京：中国大百科全书出版社，2017．

克莱恩．休克主义：灾难资本主义的兴起．桂林：广西师范大学出版社，2017．

英格尔哈特．静悄悄的革命：西方民众变动中的价值与政治方式．上海：上海人民出版社，2016．

朗班．资本主义新论．北京：东方出版社，2015．

施韦卡特．超越资本主义．北京：社会科学文献出版社，2015．

阿西莫格鲁，罗宾逊．国家为什么会失败．长沙：湖南科学技术出版社，2015.
福山. 历史的终结及最后之人. 桂林：广西师范大学出版社，2014.
斯托克曼. 资本主义大变形. 北京：中信出版社，2014.
皮凯蒂. 21 世纪资本论. 北京：中信出版社，2014.
沃勒斯坦. 现代世界体系. 北京：社会科学文献出版社，2013.
基辛格. 大外交. 海口：海南出版社，2012.
松鲍法维. 人类风险与全球治理：我们时代面临挑战的解决方案. 北京：中央编译出版社，2012.
克罗斯兰. 社会主义的未来. 上海：上海人民出版社，2011.
吉尔平. 国际关系政治经济学. 上海：上海人民出版社，2011.
亨廷顿. 文明的冲突与世界秩序的重建. 北京：新华出版社，2010.
詹纳. 资本主义的未来：一种经济制度的胜利还是失败?. 北京：社会科学文献出版社，2004.
伊诺泽姆采夫. 后工业社会与可持续发展问题研究. 北京：中国人民大学出版社，2004.
沃勒斯坦. 世界体系分析. 南京：南京大学出版社，2003.
奈. 美国霸权的困惑. 北京：世界知识出版社，2002.
施威卡特. 反对资本主义. 北京：中国人民大学出版社，2002.
辛格. 谁的新千年：他们的还是我们的?. 北京：中国人民大学出版社，2002.
科兹. 来自上层的革命：苏联体制的终结. 北京：中国人民大学出版社，2002.
华勒斯坦. 自由主义的终结. 北京：社会科学文献出版社，2002.
鲁格曼. 全球化的终结. 北京：生活·读书·新知三联书店，2001.
艾尔斯. 转折点：增长范式的终结，上海：上海译文出版社，2001.
吉登斯. 第三条道路：社会民主主义的复兴. 北京：北京大学出版社，2000.
卡斯特罗. 全球化与现代资本主义. 北京：社会科学文献出版社，2000.
贝克著. 全球化与政治. 北京：中央编译出版社，2000.
岑皮尔. 变革中的世界政治：东西方冲突结束后的国际体系. 上海：华东师范大学出版社，2000.

多斯桑多斯. 帝国主义与依附. 北京：社会科学文献出版社，1999.

斯蒂格利茨. 社会主义向何处去. 长春：吉林人民出版社，1998.

托夫勒，等. 创造一个新的文明：第三次浪潮的政治. 上海：上海三联书店，1996.

亨廷顿，等. 现代化：理论与历史经验的再探讨. 上海：上海译文出版社，1993.

阿格尔. 西方马克思主义概论. 北京：中国人民大学出版社，1991.

阿明，高恬译. 不平等的发展. 北京：商务印书馆，1990.

帕格. 发展理论的反省：第三世界发展的困境. 北京：巨流图书公司，1983.

FRANKOPAN P. The New Silk Roads the Present and Future of the World. London：Bloomsbury Publishing，2018.

OECD. The Framework for Policy Action on Inclusive Growth. Meeting of OECD Council at Ministerial Level，2018.

WESTRA L：Ecological Integrity and Global Governance. London：Routledge，2016.

MITTELMAN J H. Contesting Global Order：Development，Global Governance，and Globalization. London：Routledge，2011.

后　记

终于付梓成书的时刻，正值庚子年新冠肺炎疫情席卷全球，突显了21世纪世界的紧密相连、人类的休戚与共。人民第一、生命第一，中国发出抗击疫情的人类最强音，续写着新世纪站在新高度的历史坐标。这是一个常写常新的课题。通过重大的历史事件，把握历史的主航道，是一个不断深入研究与实践的长过程。

由衷地感谢我的博士生导师许征帆先生，在学术、事业、人生方面都给了我无微不至的教诲，让我受益终身。最近与已有94岁高龄的导师交流。每一次看望许老师，面对面的对话，都备感珍惜，有发自内心的感悟。在病房的窗前，种着几盆植物，是生命的颜色。老师侧身躺着，醒来的时候，能看见满盆的绿色。虽然没有言语，但老师慈祥依旧，气色更好了。我们大声说开会，他睁开眼，看看是什么会。我们笑了，淘气的学生，趁机摸摸老师的头发，捏捏老师的耳朵。生命的温度安详平静地传递在温暖的午后。我们的导师，像一棵大树，绿荫如冠，努力摇动着另一些树；像一座青山，顽强晕染着另一波绿色。谨以此书，致敬导师许征帆先生。

本书系中国人民大学21世纪中国马克思主义研究协同创新中心项目成果，以及北京市社科基金重点项目“新世纪以来国外流行社会思潮”（项目编号18KDA002）阶段性成果。

韩海涛

于时雨园

2020年5月

图书在版编目（CIP）数据

当代世界思潮历史主题探究/韩海涛著. --北京：中国人民大学出版社，2020.6

（马克思主义研究丛书）

ISBN 978-7-300-28267-1

Ⅰ.①当… Ⅱ.①韩… Ⅲ.①社会思潮-研究-世界-现代 Ⅳ.①D091.5

中国版本图书馆 CIP 数据核字（2020）第 102828 号

马克思主义研究丛书

当代世界思潮历史主题探究

韩海涛　著

出版发行	中国人民大学出版社		
社　　址	北京中关村大街 31 号	**邮政编码**	100080
电　　话	010－62511242（总编室）		010－62511770（质管部）
	010－82501766（邮购部）		010－62514148（门市部）
	010－62515195（发行公司）		010－62515275（盗版举报）
网　　址	http://www.crup.com.cn		
经　　销	新华书店		
印　　刷	唐山玺诚印务有限公司		
开　　本	720 mm×1000 mm　1/16	**版　　次**	2020 年 6 月第 1 版
印　　张	18 插页 2	**印　　次**	2024 年 6 月第 3 次印刷
字　　数	279 000	**定　　价**	99.00 元